博士学位论文：我们这样写
Doctoral Dissertation Writing: Methods and Experiences

李修建 张 颖 / 主编

文化藝術出版社
Culture and Art Publishing House

图书在版编目（CIP）数据

博士学位论文：我们这样写 / 李修建, 张颖主编. —北京：文化艺术出版社, 2023.3
ISBN 978-7-5039-7390-1

Ⅰ.①博… Ⅱ.①李…②张… Ⅲ.①博士学位论文－写作 Ⅳ.①G643.8

中国国家版本馆CIP数据核字(2023)第023739号

博士学位论文：我们这样写

主　　编	李修建　张　颖
责任编辑	贾　茜
责任校对	董　斌
书籍设计	李　响　马夕雯
出版发行	文化藝術出版社
地　　址	北京市东城区东四八条52号（100700）
网　　址	www.caaph.com
电子邮箱	s@caaph.com
电　　话	（010）84057666（总编室）　84057667（办公室） 　　　　 84057696—84057699（发行部）
传　　真	（010）84057660（总编室）　84057670（办公室） 　　　　 84057690（发行部）
经　　销	新华书店
印　　刷	国英印务有限公司
版　　次	2023年3月第1版
印　　次	2023年5月第2次印刷
开　　本	710毫米×1000毫米　1/16
印　　张	21
字　　数	280千字
书　　号	ISBN 978-7-5039-7390-1
定　　价	78.00元

版权所有，侵权必究。如有印装错误，随时调换。

编者絮语

一

2022年春季学期，受中国艺术研究院研究生院副院长郑光旭老师之托，我们为全院在读博士研究生开设写作规范课程。在实际授课的五个下午，我们倾其所有，全力以赴，盼能为他们即将面临的开题考验助一把力。郑老师数次强调该课对艺术学专业，尤其是创作类博士生的重要性。在正式开设这次集训式的写作课之前，2020年，他已委托我们为全院在读博士生做了为期半日的座谈会，面对面解答有关毕业论文的各种疑问。

坦白讲，这对我们自身能力而言实属勉强。我们既非写作学的专家，也不是论文写作的好手，写作与治学无一精擅。多年来，我们努力振作精神，多次以各种形式为全国各高校，包括本院本专业在读研究生开设写作辅导相关的课程。从拟题到综述，从架构到注释，各种规范已经讲到了唇干舌燥，生怕愧对委托方的嘱托和同学们殷切的眼神。

就写作规范而言，我们发现，在"理都懂"与"操作难"之间存在鸿沟，往往是"一学就会，一写就废"。一些常见问题与基本原则，看似清楚明白，而几乎在每位同学身上，依然会出现不同程度、不同方式的难题。看来，思路亟须调整。经讨论，我们尝试将重心从讲解规范转变为兼顾个性。于是，就有了前述 2022 年春季学期的授课模式：先由学生逐个讲述本专业的一篇优秀论文或专著，结合它来陈述自己的初步选题，必要时提出困惑；再由我们针对性地点评其报告，并进行具体解惑。从紧接着各专业的开题情况看，这种模式的收效似乎比较明显。

当然，这绝不意味着我们的新思路能够解决全部问题，哪怕仅就写作领域而言。博士学位论文是一种特殊写作，对规范性和独创性都有要求。它需要写作者在本专业领域内扎实积累的基础上，完成长时段的专注写作；又要求其遍览相关成果，集大成且有过人之处，即迈出"创新"的关键一步。总之，这份劳作，既是熟地上的"耕耘"，也是新土地上的"垦荒"。就此来看，论文写作的辅导课程，至多能够在技巧与规范的部分提供一些有限的帮助。就专业修养而言，写作课帮不上忙，除了写作者自己勤恳本分、焚膏继晷的独立阅读与思考，别无他途；就独创性而言，写作课更是爱莫能助，因为它有时并非勤勉的必然结果，而可能极其任性地留驻于偶然性的领地。

灵光的闪现，对于任何写作来说，不都至珍至贵吗？在构写毕业论文的过程中，恐怕没有哪位博士候选人不暗暗期待灵感女神的眷顾，抑或其他幸运之神的降临。这或许就是传说中的"博论玄学"吧！

更何况，博士论文，远远不止于一个"写"字；它的"难"，也往往不是难在"写"上。

多次听到前辈学者们感慨，一辈子最认真的读写时光，往往是读博那几年；一生中写得最好的那本书，脱胎于当年的博士论文。实际上，博士论文之所以总会烙刻上一生中最深的一段记忆，不单单由于毕业后心绪纷乱、冲劲陡降、后继乏力，继而覆上层层"怀旧滤镜"。最宁静专心的那几年光阴，又有谁不是倾尽全力，克服书里书外种种崎岖惊险，从孤立无援中杀出一条路，才修成正果抵达终点的呢？今日看到的珠玑文字精彩华章，无不出于难以为外人道的孤独鏖战。

谁也不握有制胜法宝，也不可能编得出一本"博论宝典"。那我们能做什么呢？

或许，我们可以让目光交错——看向往昔的自己，也看向另一个孤独的身影；看向迷惘中的自己，也看向志同道合的另一群赶路人。

有时，老师的偶然点拨、学长的一句鼓励，可能迎来熄火状态中自己的那个专属缪斯。寝室的一次夜谈、家人的一声问候，甚至校园的一处草木，可能在闪回时定格为高光画面。就这样吧，我们来编一部"过来人话当年"的书，来给曾经的岁月留念，给拼搏中的你点灯。

二

为平衡各人文学科，并适当向艺术研究倾斜，我们遴选出23位于2017年以后（有个别例外）在国内外知名高校与科研院所获得博士学位，且在本专业领域成绩斐然的青年学者，发出如下约稿函。

尊敬的　　　先生/女士：

博士论文写作是每个博士生都要面对的头等大事，当事者常有无从入手、不得门径的困惑。过来人的经验，很可能会为他们指点迷津，提供方法上的指导、情感上的激励，启发他们写出自己的合格乃至优秀的博士论文。

有鉴于此，我们拟主编《博士论文，我们这样写》（暂定书名）一书，选取20余位近年毕业的优秀博士学位获得者恳谈个体经验。该书将由文化艺术出版社出版，全国发行。素仰您学养深厚，乐于分享，特向您约稿一篇。

文章体例如下：

1.字数以8000字至1万字为宜。

2.聚焦博士论文写作，反思写作过程中的所感所得，追味甘苦，总结经验。

3.内容不必拘泥，表述大可生动，要在言之有物，真挚可读。

李修建　张　颖
2022年3月16日

非常欣慰的是，我们的定向征稿得到了各位年轻学者的热烈回应。作者们所习专业有所不同，涵盖文、史、哲、艺诸门类各专业；聚焦之处亦有差异，或展示了从选题到成文的整体思路，或着眼于解决写作过程中面临的某一问题；文风上或沉静内敛，或理性思辨，或激情洋溢，或幽默达观。可以说，一篇有一篇之面目，一篇有一篇之性情，但都如约稿函上所说"言之有物，真挚可读"。大家敞开心扉，极为坦诚，将自己的经验与教训毫无保留地和盘托出。

统而观之，这些经验与教训又呈现了博士论文写作中的共性问题。下面，我们试着以提问的方式，对这些共性问题做一提炼。

博士论文面临的首要任务是选题，在选题过程中，可能会遭遇如下问题：

1.是不是开题时间临近，始终定不下选题？

2.选题从何而来？自己选择，还是导师指定？

3.自己选的题目，为何屡被导师否定？

4.导师提供的题目自己没有兴趣，或者自认为能力有限，驾驭不了？

5.选题过大，或者过小，难以写出一篇博士论文？

6. 选题已在学界有充分研究，自己难有推进和创新？

7. 选题在学界少有关注，研究起来颇为困难？

8. 是否少有关注的选题就值得研究，如何判断不是伪问题？

9. 选题看上去像写教材？博士论文和教材的区别是什么？

10. 选题被批缺乏问题意识，怎样才算具有问题意识？

11. 如何培养问题意识？

12. 如何判断选题的学术价值？

13. 如何基于自己的知识储备和学术兴趣，最终确定一个好选题？

选题确定之后，下述问题或许接踵而至：

1. 如何确定参考文献？

2. 如何查找文献？有哪些图书馆、数据库和工具箱？

3. 有些必要文献难以获取怎么办？

4. 如何阅读和整理文献？有哪些读书经验值得借鉴？

5. 如何有效利用一手文献和二手文献？

6. 为何要做文献综述？综和述分别指什么？

7. 如何做文献综述？怎样算一篇合格的文献综述？

8. 如何在文献综述中体现学术史视野和对话意识？

9. 如何选取研究方法？

10. 如何形成研究思路，构建论文大纲？

11. 如何安排论文章节布局，体现逻辑性？怎样算是逻辑清晰？

拟定了提纲，搜集好资料，在论文写作过程中，更多问题可能扑面而来：

1. 面对海量文献资料，如何根据自己的思路布局成篇？

2. 论文如何开头，如何结尾？

3. 如何有理有据地论证自己的观点？

4. 如何对前人研究进行批判性对话？

5. 如何遵循学术规范，保障论文的学术品格？

6. 怎样合理安排写作时间？有效对抗拖延症？

7. 如果不得已要做重大调整，或推倒重来，怎么办？

8. 写作过程是否整理出小论文发表？

9. 怎样克服焦虑心态？

10. 如何在写作时保持劳逸结合，缓解压力？

11. 写作过程是否要和导师、同学多多交流？

12. 如何应对来自社会和家庭的额外压力？

13. 初稿完成之后，如何修改完善？

以上问题，当然没有穷形尽相，但确有相当的共性，相信读者能在这本书中或多或少找到答案，获得启发和教益。在某种程度上可以说，这是一本博士论文写作的绝佳指南。

需要特别说明的是，书中每篇文章各有其好，我们按照作者姓名音序做了排列。在此特向各位作者谨致谢忱！

目　录

001　作为一项严密工作的博士论文写作
　　　——关于博士论文写作的一些经验和教训　陈　辉

015　博士论文写作经验教训杂谈　杜　望

027　博士论文与悬浮态：理想和现实的相遇　董丽慧

041　记一件难忘的事
　　　——关于论文写作的散步与对话　冯　庆

056　我与我周旋久：一场关于博论的修行　高明祥

069　永远不要等准备好才开始写！
　　　——针对博士论文写作中的拖延情绪　黄雨伦

081　近乡情更怯
　　　——关于博士论文的前前后后　黄金城

093　历史学博士论文写作经验浅谈　焦天然

105　博士论文写作心得　李寒冰

119　博士论文写作的"道"与"技"：一份作为标本的"小传"　李　静

136	探索艺术领域的认知边界
	——以结构化思维撰写舞蹈学博士论文　毛雅琛
151	最初的信念，恒久的问学泉源
	——记忆里的博士论文　彭　志
165	厚积、善思、求新：博士论文写作漫谈　孙大海
179	穿越图像丛林：博士论文写作的四个步骤　万笑石
190	如何及时完成博士论文？
	——一种项目管理的方法　王一楠
213	面向世界　回答自我
	——我是如何理解并写作博士论文的　王玉玊
230	博论的三个浪头　汪尧翀
242	博士毕业求生指南：一个"幸存者"的自述　吴　忌
253	博士论文写作经验分享　叶　青
266	用积极的心态，拥抱真理的太阳　杨　子
279	从"半折心始"到"垂帷制胜"
	——我的博士论文写作经验谈　杨　宁
292	博士论文写作经验谈　杨　肖
303	博士论文：一种潜能的写作　尉光吉
316	编后记

作为一项严密工作的博士论文写作

——关于博士论文写作的一些经验和教训

陈　辉

2018年毕业于中国人民大学哲学院外国哲学专业
现就职于中国人民大学

◆ 在选题的研究意义方面，其实更多地应该考虑如何将问题的讨论推进得更为深入和更具新意，尽管这对我们提出了更大的挑战。

◆ 从文献资料的整理阶段开始，一直到论文每个章节的写作，我都一直比较严格地遵守这些形式规范，尤其是在注释和文献方面，我一直都严格遵循着体例进行标示。

转眼之间，博士毕业已经四年。回想起博士研究生期间的学习和生活，最难忘者莫过于同博士论文的纠缠。在这种纠缠中，有着面对复杂难题时的挣扎，也有着突破自己能力界限时的欣喜；有着日复一日坚持时的枯燥，也有着文思迸发时的兴奋。接下来，我将简单地回顾一下个人在博士论文写作过程中的一些经验和教训，以期为读者们提供一些可资利用和参照的案例。

一、选题

对于博士论文的写作来说，首先需要面对的一个核心难题就是论文的选题。对我来说，这个难题曾困扰了我很长时间。现在回想起来，这个难题的最终解决，在很大程度上取决于对如下一些问题的思考和决断，或者说，取决于对如下准则的综合作用。

第一个问题或准则在于论文本身的类型或取向。不同类型或取向的论文，其在选题和写作上的要求并不一样。在这方面，我非常地确定，而这种确定源自个人的兴趣。我在硕士研究生阶段的专业是哲学中的美学，在这个专业中，学位论文可以指向不同的方向，例如哲学和美学理论研究、文化研究、文艺批评等。现实中，很多人往往会徘徊在这些不同的方向上，无法做出选择。但对我来说，这却并不构成问题，因为我的兴趣一直都在于理论研究，而且由于博士阶段转入外国哲学专业，因此，理论研究更成为唯一的选择。实际上，在我看来，虽然进行一项研究不能完全凭借兴趣来展开，但不可否认的是，相比于不感兴趣的选题，感兴趣的选题更能够激发个人的研究激情，这种激情能够帮助个人更有效地对抗博士论文研究和写作过程中的枯燥、腻烦等情绪，因此，个人的学术兴趣其实是选择论文主题时的一个重要准则。

个人的学术兴趣让我很确定要进行理论的研究和阐释，但是确定具体选择什么议题进行研究却并非易事。为了解决这个难题，我给自己提出的第二个问题或者说准则关涉研究基础或学术储备。具体来说，在当时，我主要倾向于选择一个自己已经具备一定研究基础或学术储备的问题进行研究，因为这样可以缩短前期的准备时间，以便将更多时间留给对问题的深度探讨。我在硕士研究生期间的主要阅读是围绕现象学和当代法国理论展开的，而硕士学位论文讨论的则是当代法国现象学家马里翁的图像理论，依据上述准则，我给自己提出了两个议题：其一，是围绕图像问题进行拓展性考察，澄清现象学传统中图像理论的基本谱系和问题；其二，是围绕某个法国现象学家的理论进行研究，例如萨特、梅洛-庞蒂、列维纳斯、利科、亨利、德里达、马里翁等，而根据当时的阅读情况，马里翁当然是我最熟悉的现象学家。在这里需要进行说明的是，研究基础可以构成我们选题时的一个重要参照，但却不是绝对参照，实际上，只要有足够的耐心和时间，不具有研究基础的问题同样可以成为我们的论题。

第三个问题或准则主要关涉研究的辐射效应。博士论文可以说是我们展开的第一个真正有分量的学术研究，在很多时候，它也基本上是自博士阶段开始我们在十年内进行的最重要的学术研究，同时，它还在很大程度上决定了我们未来的学术领域和学术视野。因此，从一种实用主义的角度来看，选择一个辐射效应较强的问题进行研究其实非常重要。我认为，在这一点上，博士论文的选题与通常的学术研究选题还是存在很大差异的。很多学术问题或者思想家的思想本身是很重要的，它们完全值得并且应当成为相关研究的选题，但由于其所涉问题域的偏狭性，或者其影响的有限性，它们似乎并不适合作为博士论文的选题。正是基于上述原则，我在考虑博士论文选题时，一直在避免过分偏狭的问题领域或者现象学家。例如，在自20世纪80年代兴起的法国新现象学中，除了亨利、马里翁等现象学家之外，还有很多其他非常重要的现象学家也值得我们进行研究，例如雅尼科、罗马诺、克雷蒂安等，但由于他们思想影响的有限性，因此，我并未将其纳入选题的考虑范围。

第四个问题或准则主要关涉选题的研究意义。简单来说，值得我们作为选题并花费大量时间去进行研究的议题应该是具有一定学术价值的。在这方面，我们通常会将这种学术价值理解为要去填补某种空白，也就是说，要选取一些真正重要同时还没有人进行研究的议题。我在考虑博士论文的选题时，其实主要也是从这种意义上来理解选题的研究意义的。因此，通过对相关研究文献的阅读和相关研究现状的比较，我从考虑选题的中期开始，就基本上将注意力集中在两个前人很少涉及的论题上：要么澄清现象学传统中图像理论的基本谱系和问题，要么阐释马里翁的充溢现象理论。实际上，现在看来，我当时对研究意义的这种理解是很狭隘的。去探究前人未曾探究的问题固然是学术研究意义的一个重要方面，但大部分时候，在人文社科领域中，其实很少存在完全未被探讨过的问题，很少存在真正的空白，因此，在选题的研究意义方面，其实更多地应该考虑如何将问题的讨论推进得更为深入和更具新意，尽管这对我们提出了更大的挑战。

　　第五个问题或准则主要关涉对选题困难的评估。每个学术问题，都包含着其独特的研究困难和障碍，其中，有些困难和障碍需要随着研究的深入而逐渐显现出来，而有些困难和障碍则可以基于我们对问题的了解而预先显现出来。因此，在确定论文选题时，最好是对选题所涉及的困难和障碍进行预先的评估，看看这些困难和障碍是否是我们想要去面对和解决的，是否能够通过我们的努力而得到解决。例如，就我个人所选择的两个方向的选题来说，第一个方向的选题，即有关图像理论谱系的考察，需要面对海量的文献和纷繁复杂的理论线索，有些文献由于语言的问题，在短期内是我个人无法阅读的，同时，完成这一研究需要的时间远远超过博士研究生的正常学习时段，而且如果完成这一研究，其最终成果在体量上将会极为庞大，远远超出了博士论文的要求，因此虽然这是一个非常重要的问题，但在某种意义上并不适合作为博士论文的选题，只能等到博士毕业之后再进行研究，而这也正是我目前正在进行的研究。与之相比，第二个方向的选题，即围绕某个现象学家的理论进行研究，则要简单很多。在这个方向上，如果选择像萨特、梅洛-庞蒂等经典现象学家，所面对的主要困难和障碍就在于二手文献的体量比较庞大，但是因为学界长期的积累，在观念的理解上则相对容易一点；如果选择像亨利、马里翁这样比较新近的现象学家，所面对的二手文献的体量则相对较小，但是由于学界积累不多，在相关观念的理解上就要困难很多。正是基于对这些困难和障碍的评估，我最终放弃了第一个方向的论题，而选择了第二个方向。

第六个问题或准则主要关涉导师的意见。在个人的学术成长中，导师其实发挥着很重要的作用，因此，博士论文的选题一定要同导师充分地交换意见，并及时获得导师的指导。就个人的经历来说，我的博士导师欧阳谦教授在我论文的整个写作过程中都给予了我严格的指导，在经过很长时间的徘徊之后，我最终将博士论文的选题定为"马里翁的充溢现象理论的阐释"，这同欧阳老师的支持和建议是分不开的，而老师的信任和期待则让我拥有充分的信心沿着自己的兴趣去展开思考和写作。

简而言之，在确定博士论文的选题时，我个人所遵循的总体原则就是：充分考虑论文选题所关涉的问题范围以及可能出现的困难，对这些问题和困难进行评估，看看哪个方向的问题和困难是具有重要的学术价值，值得自己去探究的，是自己有兴趣、有激情、有耐心、有基础去面对和解决的，同时也是能够从导师那里获得足够支持的，进而确定自己论文的最终选题。

二、资料的搜集和处理

在考虑论文选题期间以及确定论文选题之后的一段时间里，有一项非常重要的工作就是文献资料的搜集和处理。

就文献资料的搜集而言，由于我论文的相关研究需要主要依赖外文资料，尤其是法文资料，因此在很长一段时间内，资料问题一直都困扰着我。然而，幸运的是，通过不同途径，这一问题最终得到了圆满解决。在这里我想简单介绍一下个人搜集资料的几个主要途径，以供大家参考。

其一，是电子资源。随着电子化、网络化等的日益深入，近十多年来，很多学者已经越来越适应和依赖电子文献展开相关研究，电子文献在学术研究中的作用也越来越重要。在我进行博士论文写作的那几年，有很多电子资源网站可供免费使用。在这些网站上有大量的外文书籍，尤其是很多经典思想家的著作。很可惜的是，由于不同的原因，近几年这些网站中的很大一部分已经不再能够正常使用。另外，很多高校和科研机构的图书馆还购有大量中外文数据库，并配有很方便的检索系统，从中我们能够很便利地搜集到二手研究文献，建议大家对其进行充分开发和利用。

其二，是中国国家图书馆、上海图书馆等的馆藏文献。由于我所在的中国人民大学离国家图书馆很近，而且通过学校图书馆的"BALIS资源"馆际互借通道能够免费借阅到国家图书馆和上海图书馆的馆藏外文文献，因此，我所需要的相关文献资料有一些就来自国家图书馆和上海图书馆，其中尤以国家图书馆居多。实际上，这一借阅通道对于很多高校和科研机构来说都是可用的，因此也建议大家对其进行充分利用。

其三，是交流学习。对论文相关资料问题的真正完全解决最终其实还是依赖两次交流学习，其中一次是去台湾辅仁大学进行为期一个多月的研习，另一次是受国家留学基金管理委员会资助赴美国芝加哥大学进行联合培养博士研究生学习。其实，交流学习所带来的收获并不仅仅限于文献资料方面，它们对我个人学术视野的开阔也产生了非常重要的作用。

与资料的搜集问题相伴随的是资料的处理。我个人的研究和写作习惯是，在开始正式写作之前，会对核心的一手文献和二手文献进行比较完整的阅读。而伴随着这一阅读的是，按照相关主题对文献资料进行分类整理，写下大量阅读笔记，确立一套适合博士论文研究和写作的关键词系统，以方便后期写作时对资料进行检索和回顾。在这里，我想特别说明一下阅读笔记。对我来说，由于记忆力总是有限的，面对体量巨大而又纷繁复杂的文献资料，更加不能完全依靠记忆力，因此阅读笔记就成为我的首要选择。在具体的阅读中，我曾尝试过不同的笔记形式。最开始的时候，我主要是延续之前阅读的习惯性形式，即在笔记本上以正在阅读中的具体著作或论文为单位记笔记，笔记的主要内容一般是简要总结著作或文章的基本观念和论证逻辑，列出论著所关涉的不同问题或主题，同时简要摘抄之后可能会用到的材料。但是之后发现这种形式不便于写作时进行检索和回顾，于是又改成了以活页纸张或卡片的形式围绕不同主题或问题记阅读笔记，这样同一部著作或文章就会散落在不同的主题卡片上，这种形式非常类似于老一辈学者们经常讲到的做卡片。然而，由于主要是依靠手写，在尝试过一段时间之后，个人还是觉得这种形式的效率比较低，于是索性抛开以前的笔记习惯，直接用电脑来记录，这样不仅效率比较高，而且由于电子文档具备搜索功能，在论文写作时非常便于检索和回顾。

实际上，对资料的阅读和整理是一项非常耗时耗力又枯燥的工作，就个人而言，我花费了九个多月的时间才基本完成这一工作。但在我看来，这项工作却是非常必要的，并且能够取得非常好的效果。

首先，最重要的是，通过完整的阅读，我们能够对论文选题所涉问题域的基本结构、环节等进行比较全面的把握，并以此为基础，基本上确定论文写作的基本框架、视角、方法等，同时对论文写作中可能存在的主要理论障碍有一个基本的了解。事实上，如果行诸文字的话，就其直接效用来说，所有这些了解、把握和确定等既构成一份成熟的博士论文开题报告的核心内容，也构成博士论文导论部分的核心内容。此外，由于前期阅读的完整性和对相关论题把握的全面性，我对论文基本框架的界定相对来说就比较成熟，在具体的写作过程中，框架结构也就没有进行重大调整的必要，由此省去了很多不必要的麻烦。同时，由于对相关资料进行了分类整理，因此我能够很容易地找到各个部分所对应的文献资料，确定自己需要参考或引用的内容。

其次，对文献资料相对完整的阅读，尤其是对二手文献的阅读，能够让我们获得有效的指引，去寻找和扩展论题研究可能需要的文献资料。

实际上，由于个人在学术视野、方法等方面的限制，我们很难一劳永逸地完成对论题所需文献资料的搜集，有时候，面对某个具体问题时，我们甚至对其所涉及的理论史事实和相关原始文献非常陌生，并由于这种陌生感而不知从何处着手来展开对问题的讨论。由此，我们需要随着研究的不断深入，来拓展和完善相关资料。而在这方面，二手文献的相关讨论就能够给予我们有效的指引，在我看来，这也是二手文献对我们来说所具有的一个重要意义。

再次，对文献资料相对完整的阅读和有条理的整理对提升我们的学术研究能力来说，具有很重要的作用。博士论文是博士研究生生涯的核心任务，但却并不是其全部意义。对我来说，与完成博士论文相伴随，甚至比其更为重要的是，突破自己的能力界限，提升自己的学术研究能力，或者说，博士论文的写作在很大程度上旨在研究能力的突破和提升。在这些所谓的学术研究能力中，其实就包含着学术阅读和文献整理的能力。而提升这两种能力的最有效途径恰恰是去展开切切实实的操作，以足够的耐心去亲自处理体量庞大且纷繁复杂的材料。

最后，需要特别强调的是，前期资料整理中所进行的相关分类和所确定的论文整体框架等并不是完全固定的，而是会随着问题研究的深入和写作的逐步推进而进行不断的改进和优化。

三、写作

无论是选题的确定，还是文献资料的搜集、阅读和整理，实际上都是在为博士论文的正式写作做准备，因此，可以说写作环节才是完成博士论文的核心环节。在我完成博士论文的进程中，这也是耗费时间和精力最多的环节。从个人的经历来说，我认为对如下一些写作原则的遵循或许保证了我自己最终比较好地完成了博士论文。

（一）规范性原则

作为学位论文，博士论文实际上具有一整套严格的学术规范需要我们去遵守，因此在我看来，博士论文的写作在某种意义上是一种非常程式化和规范化的写作，而不是一种太过个人化的写作。正是基于这一理解，我在具体的写作过程中一直遵循着规范性原则。

首先，这种规范性在最浅层次上涉及博士论文的形式规范，例如论文的引用和注释体例、参考文献体例、字体字号、标题层级等，其中尤以引用、注释、参考文献等的体例最为关键。很多人在论文的写作环节都不太重视这些形式规范，而是习惯于在论文的修改阶段才具体关注它们。我的写作习惯则不太一样。从文献资料的整理阶段开始，一直到论文每个章节的写作，我都一直比较严格地遵守这些形式规范，尤其是在注释和文献方面，我一直都严格遵循着体例进行标示。看起来，对形式规范的遵循加重了写作过程的任务，甚至很多时候有偏离写作重心的嫌疑。但就我个人的经验来说，这样做实质上降低了整个博士论文完成的难度，因为在具体写作过程中注意这个问题，其实并不需要耗费太多精力，这样做实质上是将很复杂的境况分解成比较简单的环节，同时这个过程还能够让我们养成非常好的写作习惯。相反，如果等到论文写作完成之后，在修改阶段再来处理这个问题，我们所面对的境况远比我们想象的要复杂，而且难免会有所遗漏。近几年来，我也开始参加一些不同层级的学位论文的评审和答辩，在这个过程中，我发现很多论文都存在形式规范的问题，例如参考文献的格式和排序混乱、文献信息错误、注释体例不统一等，我相信，这在很大程度上与在修改阶段处理形式规范问题时的复杂性是紧密关联的。

其次，这种规范性在较深层次上涉及博士论文的语言规范。在这方面，我给自己提出了三个要求：清晰、流畅和专业。做到这三个方面的要求，当然需要我们从很多层面进行努力，但我认为如下几个层面是必不可少的。

1. 超越日常性、自发性语言。日常语言在两个方面影响着博士论文在语言方面的规范性。一方面，它的口语化特征影响论文语言和表达的专业性。这方面的问题，大部分人都能够注意到，我们所要做的就是努力克服论文语言的口语化，尽量以书面化的方式进行写作表达。另一方面，日常语言的自发性特征会影响论文语言和表达的清晰性。很多时候，这方面的问题都会被人们忽视，我自己也曾在很长一段时间内没有意识到这个问题。根据我个人的体验，我们自发的语言很多时候都存在省略和不合语法的情况，在个体间的日常交流中，由于具体情境的存在，这种省略和不合语法的情况往往不会引起误解，或者说，不会阻碍人们对表达的清晰把握。但是，在书面表达中，更具体地说，在博士论文中，情况却不太一样。由于具体交流情境的消失，语句成分的省略和不合语法的情况等问题往往会造成歧义或误解，实际上，这也是我们当前在阅读很多所谓学术文献时感觉不知所云的原因。因此，在具体的写作中，我们就不能满足于简单表达和复述我们所想的东西，不能满足于语言的自发状态，而是需要补足和调整语句的相关成分，对每句话进行打磨，进而确保写下的每一句话和每一个段落都能够让阅读者理解到底在讲什么内容。

2. 超越研究对象的语言。在博士论文写作中，与使用日常性、自发性语言这一极端相对的是另一个极端，即完全沉浸在研究对象的语言中，使用研究对象本身的语言进行表达。这种极端在理论研究中最为常见，尤其是对那些晦涩理论的研究和阐释，例如，对海德格尔哲学、当代法国理论等的研究和阐释。就其本身而言，理论的晦涩化、歧义化、诗意化等表达自有其内在的价值和意义，思想家的修辞和风格也构成其思想的重要组成部分，是其思想价值的重要承载者。但是，作为对这些思想的研究和阐释，尤其是作为以博士论文的形式所展开的研究和阐释，我认为，我们的论文在语言上并不能与这些思想趋同，并不能陷入并满足于这种晦涩化、风格化的表达方式，而是需要跳出思想家本身的语言，以某个领域能够共同接受的语言将思想家的思想内涵、内在逻辑等清晰地呈现出来，将其修辞和风格等所承载的思想价值和意义清晰地呈现出来。在某种意义上，思想家本身的晦涩语言和表达与我们作为研究者的清晰语言和表达之间存在着一种张力，正是在这种张力而非趋同中，我们的研究和阐释才能展现出其自身的价值和意义。

3. 置入必要的衔接。衔接问题主要影响论文的流畅性和清晰性，如果在语句和段落之间缺乏衔接或过渡，论文就会呈现出一盘散沙的状态，就会给阅读者带来阻滞感、断裂感，进而影响阅读者对论文内容的把握。因此，置入必要的衔接或过渡，对于博士论文的语言规范来说，同样是十分必要的。那么我们应该在何时何处以何种方式置入这些必要的衔接或过渡呢？依据个人的经验，这主要取决于我们对语句、段落间内在逻辑关系的把握，也就是说，为了做到语句、段落之间衔接或过渡的恰当性，我们需要摆脱自发状态，对语句、段落等之间的逻辑关系进行谨慎、耐心的分析。就此而言，我们可以说，博士论文的写作是超越自发状态而高度自觉的、有意识的一种严密写作。

再次，博士论文的规范性在最深层次上涉及论证规范。在这方面，我给自己定的要求是做到严密、充分和有条理。为了达到这些要求，在对相关理论进行阐释时，我主要做了四个层次的努力。

第一，努力揭示、澄清和呈现研究对象的理论论证逻辑。对某个思想家的某个理论进行研究和阐释，最基本的要求其实就是完整、清楚地呈现相关理论观念，而要达到这一要求，我们就不能满足于简单地复述思想家的相关观念，而是必须理解和澄清思想家本人是依据怎样的理论逻辑来论证和叙述其相关观念的，并将这一理论论证逻辑在我们的写作中呈现出来。实际上，在我看来，对于某个理论的研究和阐释来说，这种内在的论证逻辑要比作为结论或论点的相关理论观念更为重要。

第二，努力揭示和填补研究对象未曾讨论和言明的理论空场。思想家们在论证和呈现其相关理论观念时，往往都存在一些理论的跳跃，这些跳跃就构成思想家未曾讨论和言明的理论空场。就其起源来说，这些跳跃有各种原因，例如思想家所熟习的问题史背景，被思想家有意识或无意识地当作不言自明的某些前提等。就其效应来说，有些跳跃会给我们理解相关理论观念带来障碍，有些跳跃则同样会被我们有意或无意地接受为不言自明的东西。在我看来，在理论的研究和阐释中，有一个重要的任务就是依据自己已掌握的知识基础和各种文献资料去揭示这些理论空场，并按照理论本身的逻辑对这些空场进行填补，进而让相关理论的论证充实起来。当然，这是一个非常困难的任务，它要求我们对相关问题有非常充分的把握，但是它也是值得我们努力去尝试完成的一个任务。

第三，努力揭示和展现所研究理论的内在论证裂缝和矛盾。思想家们对相关理论观念的论证不仅存在空场，而且很多时候还存在内在的裂缝和矛盾。依据对相关理论的深入理解和澄清，以及对相关问题的把握，努力去发现、揭示和展现这些裂缝和矛盾，构成我们对所研究理论进行批判性反思的重要基础，同时这种揭示和反思也为我们超越相关理论而走向对问题更深刻的洞察提供了某种可能性。当然，这也是一项非常困难的任务，它既要求我们在相关问题上具有深厚的知识积累，也要求我们努力培养自己对理论问题的敏感性。

第四，努力以合乎问题内在结构和逻辑的方式对整个论证和不同内容进行组织。在我看来，对某个理论的研究和阐释并不是完全按照其内在逻辑将其呈现出来，而是需要围绕自己所关注的问题对其理论内容和内在逻辑等进行重构。因此，在具体写作中，作为我们写作之核心线索的东西是我们所关注问题的内在结构，而不是所研究的理论及其内在逻辑，在某种意义上后者只是我们展开写作的材料，而前者才是这些材料得以组织起来的形式，论文论证的条理性和最终结构的合理性实际上依赖于我们对问题本身结构的洞察。

以上所有的讨论都旨在依据个人的经验，具体展示博士论文的写作如何从形式、语言到论证都做到合乎学位论文本身的学术规范。规范性原则可以说是对博士论文的基本要求。而在这一原则之外，我认为还有另外一些原则也可以对博士论文的写作起到很重要的推动作用。

（二）障碍原则

在博士论文的写作中，为了能够达到对相关问题和相关理论的更深入的理解和讨论，为了使自己的论文更有张力，我时常会给自己设置一些障碍。这些障碍往往来源于两个方面：一方面，对我们默认的无须论证或不言自明的观念提出问题，尝试揭示这些观念的内在作用机制、其所处的问题史背景及其内在的可疑之处等，这方面其实同上文所讨论过的论文论证规范密切联系在一起。另一方面，置入他者的视角。很多时候，单单从自己的视角出发，很难发现论文存在的问题。因此，在论文的写作中，我总是会尝试去设想，如果他人看到我的语言和论证等，可能会提出哪些问题，可能会在理解上存在哪些困难等，甚至有时候我会索性让他人来阅读我已经写下的部分。这方面的尝试其实同上文所讨论过的论文的语言规范也紧密地关联在一起。实际上，障碍原则是在为自己的论文写作增加额外的困难，但是克服这些困难不仅会增强论文本身的论述张力，而且对于我们突破自己的能力界限也具有非常重要的作用。

（三）心态原则

无须特别强调，我们都知道保持一个良好的心态，是顺利完成论文写作的一个基本保证。在这方面，我觉得有两个心态对我来说特别重要。首先，是纯粹专注的心态。在当前的学术环境中，存在很多面向博士研究生的极具诱惑力的选项。例如很多学校为了鼓励博士研究生进行论文发表，专门设立博士研究生的研究项目；又如，存在着很多博士研究生能够参加甚至专门为他们设计的学术论坛或会议等。在博士论文写作过程中，为了让自己保持纯粹而专注的心态，我基本上没有参与这些活动。现在回想起来，尽管从实用主义角度来说，对这些选项的非参与让我失去了一些很现实的好处，但是它对于我较好地完成博士论文来说，还是具有非常重要的作用的。实际上，至今我仍然十分怀念那段纯粹而又专注的时光。其次，是坚定从容的心态。博士论文的写作是一项旷日持久的工作，在很大程度上，它也是一项极度枯燥的工作。在这个过程中，很容易产生焦虑、烦躁等情绪，因此学会如何保持坚定从容的心态是非常重要的。在这方面，我的主要经验是相信时间的力量，每天都坚持完成一定的阅读和写作，日积月累之下，我们会发现，相关工作在不知不觉中就已然基本完成。

简而言之，博士论文的写作环节既是高度程式化和规范化的环节，也是我们可以尝试超越自己能力极限、获得极度体验的环节。如果我们能够凭借纯粹专注、坚定从容的心态，既依照严格的规范展开写作，又尝试为自己设定深层的障碍，并努力越过这些障碍，那么我相信，博士论文的质量将会具备坚实的保障。

实际上，在写作环节之后，博士论文的完成还有一个非常重要的环节，即论文的修改。在这方面，我其实没有太多的经验。由于我在前期准备和论文写作期间对学术规范的严格遵循，因此在修改时，除了文字上的少数错误和格式上的微小疏忽，论文并没有太多地方需要调整。论文最终在匿名评审中取得了 90 分以上的成绩，并顺利地通过了博士论文答辩。当然，如果时间允许，在修改阶段，我还会对某些问题进行更为深入的材料和论证性补充，同时将相关理论的反思推向更为深入的层次，但是后来由于时间有限，这一计划并未展开。这可以算是留下的一些遗憾，也是博士毕业后，这几年我在具体的研究和写作中努力去弥补的一个方面。

以上就是我个人完成博士论文的一些基本经验和教训。总体而言，博士论文的写作在我的经验中展现为一项严密的工作，而在对这项工作严密性的遵循中，我又不断试图去突破自己的界限。然而，需要强调的是，这些经验只是个人性的经验，因此仅供参考。实际上，博士论文的写作并没有固定的方式，它可以是多样的，但也需要适合写作者。

博士论文写作经验教训杂谈

杜 望

2018年毕业于中国社会科学院研究生院中国史专业
现就职于中国艺术研究院

- 单个人物的研究或许难以支撑起一篇博士论文,因此将范围扩大,考虑研究一个家族或一个人物群体。
- 如何能够提出问题,且通过论证将问题比较完满地解决,是论文写作的常见思路,如果做不到这一点,也只能先老老实实地做些考证工作,对部分历史人物、历史事件、历史制度进行梳理还原,在积累中慢慢提升。

先介绍一下个人情况，我的专业是历史学，研究方向是清史，博士研究生阶段就读于中国社会科学院研究生院，2018年毕业。在论述选题和研究方法时，我主要结合本专业的特点谈谈个人的经历和感受，仅供参考，并非各学科通用。

本文主要从前期准备、写作过程、体会和教训三方面进行论述，其中前期准备主要围绕选题展开，写作过程则涉及具体的方法、时间的把握等，最后一部分根据自己的经验教训，提示部分注意事项，为大家提供一些身心方面的建议。需要说明的是，无论是之前做学生还是现在走上工作岗位，我一直都是一个很普通的人，读博对我来说是极大的挑战。最后博士论文我也只是勉强完成，仍存在许多问题和不足，与诸位同学及同门相比，着实算不上优秀。我自认为没有太多经验可以谈博士论文写作，当然，体会和教训还是有一些的，可以提醒大家避开我曾经掉过的"坑"。本文也更适用于和我一样的普通同学，主要分享的是一些如何达到"及格线"的做法。如果你本身已经十分优秀，对博士期间的学术研究有着清晰的规划，相信你已经超越了本文的作者，我的经验很难对你有所帮助。

一、前期准备

（一）选题至关重要

博士入学后，除了要按要求完成必修课，修够学分，就是要确定学位论文的选题。选题要围绕自己的兴趣展开，如果没有兴趣，接下来几年会非常痛苦。兴趣是在艰苦工作中促使我们孜孜以求的不竭动力，没有兴趣做内核，对写作者意志力的要求将大大增加。可以说，完成一个自己不感兴趣的题目很困难，若要在此基础上有所突破和创新，则更是难上加难。

选题切忌随意。有的同学在自己找不到选题时，会接受一个导师认为可以，但自己不甚了解的题目。虽然也有同学会在写作过程中对选题产生兴趣，最后也完成得很好；但也有做到中途进行不下去，被迫换题的情况，相当于走了一半的进度条直接清零，重回起跑线。这样做不仅要耗费大量精力，也很容易导致延期毕业。

　　对有志于科研的同学来说，选题有着十分重要的意义。曾有一位高校青年教师提醒我，要特别注意博士论文的选题，一个好的问题，起码可以吃十年，甚至可以吃一辈子。因此，选题既要有合适的体量，在博士阶段能够顺利完成；最好也能有一定的延展性，可以持续做下去。如果说读博期间的研究还有导师进行帮助和指导，如同带着救生圈游泳，那么工作以后就只能靠自己了。如何在失去救生圈后仍能继续平稳地向前游，主要取决于读博期间的底子打得牢不牢。许多学者参加工作后，会首先围绕自己的博士论文申报课题；也有不少人的第一部学术专著是在自己博士论文的基础上修改而成的。现在还有各种资助优秀博士论文出版的项目，博论完成得好，会为之后的科研之路打下坚实基础。

　　以我自己选题的过程为例。首先确定研究时段。我读硕士研究生期间的研究方向是明史，读博时转做清史，不想与之前的跨度太大，就基本锁定在"清前期"。而且导师的研究也主要集中在这一时期，选择与导师研究相近的时段，导师相对更了解，也更容易对我们进行指导。其次是确定研究对象。有硕士阶段的研究基础，我知道自己对历史人物的研究感兴趣，单个人物的研究或许难以支撑起一篇博士论文，因此将范围扩大，考虑研究一个家族或一个人物群体。最后是寻找研究内容。整个过程费了不少功夫，既要有合适的体量，也要有一定的研究意义，同时还要考虑可行性。前后"枪毙"了自己的不少想法，后来在一次与同门师兄聊天时，他提到最近看《康熙起居注》，其中大学士时常出现，感觉他们发挥了重要作用，提醒我可以关注一下。我查了相关资料，发现此前学界对这一时期的大学士及其所属机构内阁不甚重视，只有一些零星的个案探讨，尚未对这一群体有专门研究，遂决定以《清初大学士研究》为题，进行博士论文写作。

我在博士阶段始终比较缺乏问题意识，写论文时只是按照自己的兴趣、围绕一些历史人物展开，并没有针对性地想要解决什么问题。当然，这个选题原本可以尝试去考察一些问题，如清初大学士的职能及权力消长、大学士与皇帝的君臣关系演变、明清内阁制度比较、阁臣群体的历史地位等。可即便知道有些是很好的问题，但由于自己解决不了，如果把问题放进论文，势必难以收场……如何能够提出问题，且通过论证将问题比较完满地解决，是论文写作的常见思路，如果做不到这一点，也只能先老老实实地做些考证工作，对部分历史人物、历史事件、历史制度进行梳理还原，在积累中慢慢提升。

总体而言，选题要考虑自己的兴趣点，结合已有基础和特长，与导师进行充分沟通，选题最好能与导师熟悉的领域契合。如果有多学科背景，可以尝试交叉学科选题。以史学为例，相当一部分硕、博研究生本科不是历史专业，导师和用人单位多会认为这样的学生基础不扎实，在升学和就业时处于劣势。但如果研究内容是历史地理、环境史、科技史、艺术史等交叉学科，能够将自己原有的专业知识加以整合利用，就能变劣势为优势，做些纯史学专业背景的同学做不了的题目。

（二）写作前的准备

选题确定以后，要全面搜集相关文献资料，撰写综述，为开题报告做准备。这一阶段也至关重要，一方面要充分了解已有研究，避免重复劳动；另一方面，积极学习前辈学者的研究思路和方法，为自己博士论文的框架铺路。论文开题时要尽可能地吸收各位老师的意见，对自己已掌握的资料进行查漏补缺，记录下探讨中的灵感和闪光点，这是十分难得的、由相关领域专家对选题进行集中研判的机会。

此外就是做好期刊论文的发表。受大环境影响，许多学校博士毕业有小论文的发表要求，篇数及划定的目录范围各有不同。最好在博士论文写作开始前，将小论文投出去。从投稿到见刊也需要一定周期，待到毕业时，论文也发表了，会是一个比较好的节奏。提前完成毕业的发表要求，也可缓解博士论文写作期间的焦虑情绪，做到心无旁骛。当然，一些厉害的同学可以将博士论文边写、边改、边投，毕业时部分博士论文成果已经发表，或者积累了不少待刊文章，这会使其在求职和将来的科研中占据优势地位。

在毕业资格论文解决以后，我们要开始围绕选题进行大规模的文献资料搜集、整理和阅读工作，这是一个原始积累阶段，需要半年、一年甚至更长的时间。明清时期的材料较多，一般要做资料长编。阅读文献时，我会将可能用到的材料整理摘抄，归类整理既可以按照时间线，也可以围绕具体问题进行。这样在写作时，可以快速聚焦到相对应的史料。

二、写作过程

（一）万事开头难

博士论文起步的阶段，我觉得也比较难，偌大的工程，不知该从何着手。有时是不想写，有时是真写不出来。我的解决办法是找一个与自己选题类似的专著或博士论文进行模仿。不建议对照年代久远或知名前辈学者的论文，他们的论著大多不拘于惯常的套路和模式，模仿起来反而有难度。也许会有同学担心抄袭的问题，其实大可不必。这里的"模仿"，主要是参考其框架结构和研究方法。我在写《清初大学士研究》时，找到了几年前中国人民大学的一篇博士论文，题目是《晚清大学士研究》。在写作的起步阶段，我参考了对方论文的结构和研究方法，先对大学士群体进行统计和数量分析，甚至统计内容都是阁臣年龄、任职时间、籍贯等类似要素，但由于研究对象不一样，得出的结论也必然不一样。这样的参考和模仿主要是为了让自己进入写作状态，犹如一段助跑，等到得出统计结果，自然会根据自己研究主体的情况展开，加之背景、年代都有不同，完全不必担心会有重合。

还有一些同类型学位论文如《明代吏部尚书研究》《明代兵部尚书研究》《崇祯五十相研究》，已出版的专著《明代阁臣群体研究》，都是明朝某一类官员的群体性研究。在写不下去、找不到思路时，我会翻阅一下这些论著，看看其他人在研究时如何切入，做了怎样的分析考证，最后说明和解决了哪些问题，以求突破瓶颈。

（二）拖延症患者：最大的敌人是自己

待我们进入了写作状态，推进起来会相对容易。有时围绕一个思考得较为成熟，材料搜集也比较完备的问题，甚至可以一气呵成、一日千里。但状况百出是常态，或因为各种事情被打扰、打断；或是自己自制力不够，没能将一天的时间安排好；或是刚准备动笔，被一个问题卡住，再去查资料、看文献，几天的时间都毫无进展。

博士论文的体量较大，尽管"deadline是第一生产力"，但仅靠几个通宵显然无法完成。因为大量的时间是由自己支配，写作更多是和自己做斗争的过程。最好是有一个严格而详尽的规划，按部就班推进。比如计划多长时间完成，分配到每一章是用一个月还是两个月，再精确到每一节；抑或计划一天写多少字，用多长时间，最后预计完成一篇多少字的论文。

我计划性不强，只给自己定了大致的写作进度。比如某个月，必须开始动笔写，不管文献看到什么程度。不可能因为史料没看完就不写，因为材料是看不完的。大致分几章，到某个时间点必须开始下一章，即便这一章还没写完，以保证一个底线。由于自制力较差，硕士研究生导师抓得紧，我较早完成了初稿；而博士研究生导师非常温和，从来不催，我也就无限期后延，不论是提交查重，还是给答辩老师送审，无不是挨到最后、加班加点，虽然最后也能完成，但时间紧迫，人会非常焦虑，不仅容易出错，而且即便错了，也没有任何回旋的余地。这是反面教材，不建议模仿，如果真被逼到这一步，个中酸爽请自行体会。

理想的状态是在毕业那一年的春节前完成初稿，交由老师把关、提意见的同时，自己也能有宽裕的时间补充修改。一定要把时间往前赶，如今添加的预答辩、查重、匿名评审等许多环节，都迫使博士生将论文完稿时间提前。早一些写出初稿，心里也更踏实。博士最后半年还涉及找工作，事情很多，需要准备各种笔试、面试、试讲，心绪不定，即便想写论文，也难以找到整块儿的时间。

（三）写作日常：围绕目标持续发力

建议在写作时秉承先易后难的原则，哪部分考虑得比较成熟、材料收集比较充分，就优先写哪部分。这样既可保证进度，还能提升信心。部分关键章节即使难写，也无法回避，需要迎难而上。我当时主要围绕开题报告时设计的大纲进行，具体章节内容会根据实际情况随时调整。最后因为时间不够，但总字数够了，就砍去了"大学士家族和婚姻圈"的章节。尽管这是我很想做的内容，但由于资料过于分散，只得忍痛放弃。

写作时也会遇到很多有意思的问题，但一定要围绕主线，切忌跑偏。必然会有一些问题是在写论文期间无法解决的，不过我们对学术的探索也不会因答辩、毕业而中止，可以暂且搁置，留在之后的研究中继续考察。写论文的过程中，生活和思考时常会混为一团。有些新想法转瞬即逝，一定要随时记录下来，否则事后可能就忘记了。我的博士研究生导师时常会在手边备有纸片，甚至睡至半夜，一旦想到什么，也随时写下来。我们不可能指望坐在电脑前就能文思泉涌，即便是成熟的学者，许多观点也是经过反复琢磨、长期思考而积累下来的。

写作过程中，要积极保持与导师的沟通交流，主动找导师，而不是等着导师来找我们。如果等到导师来找我们的时候，很多事情恐怕也就凶多吉少了。每个导师的风格不同，比如有些导师希望完成整个初稿，再发给他（她）看，但也有导师要求学生每完成一章，就要提交一章的内容。作为学生，我们应该主动适应导师，而不是让导师来适应我们。与导师保持顺畅有效的沟通，也是顺利毕业的关键。

除了日常学习，有针对性地参加或旁听一些学术会议，不仅能够了解学术动态和前沿，也可以拓展思路、增进交流。现在线上的会议、讲座突破了距离的限制，其实比以前更方便了。住在学校的同学，可以利用在食堂吃饭、散步等机会与同学聊聊天。如果长期处于一个人看书、思考、写作的状态，人会非常闭塞，也容易只见树木不见森林，甚至走进死胡同。和其他人聊一聊，就有可能豁然开朗。哪怕解决不了具体问题，与人交流也是倾诉和释放压力的窗口。如果有机会，与自己研究领域相近的学者建立联系，则更容易获得直观有效的帮助。

（四）认清短板，适当"扬长避短"

所谓"创新"，一种是理论方法的创新，一种就是别人没做过或者做得有偏差，我们进行补充和修正。后者相对容易，而且只要前人不曾涉足，不论价值大小，均可称之为"创新"。我们要在保证后者的基础上，尽可能地追求前者。史学研究通常能做的就是两种，提出"新观点"或利用"新材料"。提出"新观点"较难，但利用"新材料"会相对容易，明清时期留存下来的资料浩如烟海，发掘一些前人未曾利用过的文书、档案、方志、家谱，完全有可能做到。但也需要勤奋，比如多去各地图书馆、档案馆，进行田野调查等。

在学术方面，我不擅长理论研究，欠缺对问题的整体把控能力，既没有敏锐的思辨能力，也没有宏大的学术视野。虽然对理论学习不感兴趣，但论文做到后半程，我会明显感到自己在理论上的欠缺。有时论文想要出彩，需要一定的思维深度和理论支撑。我的博士导师是位女学者，她有强大的共情力和同理心，总是安慰我说："没关系的，我也是这样，这方面我也不行。"当然，这不代表所有女性学者，我也无意强调性别带来的差异。只是想借此说明，如果发现了自己的短板，一时又难以克服，没有必要死磕短板，可以想办法取长补短，努力发挥自己的长处。史学领域一些比较优秀的学者，也不是以理论建构或宏大视野见长，反而是通过扎实的史料、细腻的分析，抽丝剥茧、以小见大，通过一个剖面将问题向纵深推进，同样可以做出很精彩、有价值的研究。博士论文的写作方法不是单一的，我们要结合自身情况，既要正视不足，也要找出优势，将自己的特色发挥出来。

三、体会和教训

（一）其他需要注意的问题

在写作过程中我们要注重对已有成果和观点的引用，注意学术规范。这种引用也是一种学术对话，能够让读者更清晰地看出，我们在前人研究的基础上有哪些推进，肯定或推翻了哪些观点，而不是通篇自说自话。注释尽量一次性写标准，否则后续还要专门花精力补充。实在觉得繁复影响写作思路，起码要标明书名和页码，否则事后再去找一句话的出处，可能面临"上穷碧落下黄泉，翻遍各书都不见"的情况。到时是删掉不用，还是继续找？很浪费时间。要尽可能将注释的书写、参考文献排序做好，虽然这些只是正文的辅助，但时常成为论文给人的第一印象，也是大多数评审专家都会关注到的地方。即便在创新上能做到的有限，但学术规范是学位论文"入流"的基本要求。

还有一个大家都会提到的技术性问题，备份论文及相关参考资料，否则一旦电脑或优盘出现问题，数据无法找回，就要面临重写的窘境。这样的事听起来好笑，但如果真发生在自己身上，恐怕就笑不出来了。

博士论文篇幅较长，每一章起始要有引言，章后要有小结。我在写初稿时，总是不想写小结，认为没有必要，该写的内容都写过了，小结不过就是把前面的内容再重复一遍，写不出新东西。但学位论文比期刊论文的体量要大得多，对于审阅老师来讲，或许没有精力逐字逐页翻阅厚厚的论文，其阅览顺序通常是首先看每章的开头结尾，再选感兴趣的部分仔细阅读。学位论文也与文学作品不同，不需要戛然而止、意犹未尽、欲说还休、回味悠长，就是要将自己的观点清晰明白地表达出来，即便在结论处难有更进一步的总结和升华，也必须要写。当然，如果不想让论文内容过于重复，引言和小结会反过来逼迫自己对本章节的内容进行重新整合思考，统筹纵深一下，说不定能有意外之喜。

初稿完成后，要反复阅读检查。我们都知道，文章是"改"出来的。最初的书写不太关注语言表达，尤其是有新想法时，最重要的是将其记录下来；待内容已有雏形，再进行语言的精简、段落的编排。一般初稿会比较粗糙，甚至是口语化。需要我们通过反复阅读来精练语言、厘清逻辑，以求逐步完善。开始可以先在电脑上修改，电脑上改不出来了，就打印成纸稿继续改。如果感觉改不下去了，可以隔几天再看。有人改到最后会大声朗读，通过朗读发现一些阅读不易发现的问题。花费一定精力在论文修改上，对文字进行检查和梳理，相比于重要创新和结构性变动，是更容易完成的事情。

（二）痛苦与成就感

博士论文的写作注定是一个艰苦、孤独的过程，难度自不必说，与自己领域相关的人非常少，能够做充分有效的学术交流、对自己学业有帮助和进益的人也非常有限，很多时候就是心理上的安慰、方法上的切磋。而科研工作是一个延迟满足的过程，努力当然会有收获，但周期漫长。即便是成熟学者，他们发表在刊物上的"新成果"，之于本人都是已经耕耘多年的领域，绝非一蹴而就。以《中国史研究》为例，我是没有在其上发表过文章，但听其他师友诉苦，发表前已经进行了十几次甚至几十次修改，改到对文章已经麻木，等到见刊时，已是感慨多于喜悦。

博士论文写作过程中，有放弃的念头很正常。别说是学位论文，就是写一篇八千字的普通论文，也经常会有将其放进回收站的冲动。写作之路布满了沟沟坎坎，即便是我们感兴趣的问题，也会在某些时刻忽然觉得了然无味。明史学者方志远先生对此曾说过："坚持就是胜利，放弃就是失败，挺过去就可以了。"朴素却又很有道理，大家都是这么过来的。遇到困难不要慌，与其耗费大量的时间痛苦、纠结，不如调整心态，将难关冲破。

我在论文进行到后半程时颈椎病发作，无法久坐。运动也只能短暂缓解，稍坐久些，又会发作。不需要打字、用电脑时，就趴着或躺着看书。当时曾多次去校医院买膏药，发现开膏药的同学挺多，可见我不是个例。但膏药只是通过药效缓解疼痛，治标不治本。缓解的唯一办法就是不要久坐，但又和论文写作相冲突。颈椎病是不可逆的，只要工作强度稍大，随时会复发，能保证不继续恶化就不错了。我是颈椎疼，我室友是腰椎疼，而且我俩在读博的同学当中，年龄都不算大的。希望各位同学能够吸取我们的教训，将增强个人体质做在前面，保证健康的身体状态，身体是革命的本钱。

（三）一点鸡汤和鸡血

此前曾有已经工作的学长教导我说，要珍惜读博的时光，一旦博士毕业，走向工作岗位，哪怕是做博士后，工作和生活方面的事务量大为增加，能够静心读书的时间也越来越少。如今我也已经工作，对此深有体会。

在心态上，一方面要对自己有要求，给自己的毕业设限，坚定能够按时、顺利毕业的信心；另一方面，学术研究是一个没有尽头、挑战个人极限的事情，要结合自身情况，量力而行，切忌盲目与"大神"攀比，导致对自我的全盘否定。不仅是学术，任何行业想要做到顶尖都是非常难的，也注定只有很小比例的人能够成为头部。如果我们不是大树，那小草就没有意义了吗？一个健康正常的生态体系里，就是会有大树、灌木，也会有小草。我在读博时看到一些优秀的同学发了核心期刊甚至顶级期刊，感觉自己与他们的差距太大，甚至一无是处。向榜样看齐是好事，但如果已经无法给自己带来正向激励，而是无休止的挫败感，忍不住开始怀疑人生，那就得不偿失了。我们既要努力，但又要努力与自己和解；既要努力保持身体健康，更要努力让自己的心理健康。

不盲目内卷也不代表放弃努力。文科领域的优秀学者，除了基础好、聪明之外，许多也都是非常勤奋的。即便我们不够聪明，难以成为最优秀的那部分，但依靠勤奋和努力，基本都可以达到毕业要求。不要担心自己的努力没有被看到，论文是否下了功夫，相关领域的专家学者一看便知。

我也听说过有同学采取"闭关法"进行写作，即卸载各种社交、娱乐软件，其实也是为了减少外界不必要信息对我们的干扰。人的精力毕竟有限，花在手机上的时间多了，看书的时间就少了。现在强调要为了学术坐"冷板凳"，好好地"沉潜"下来，似乎显得有些不合时宜。但我的硕士导师始终认为："读书、做研究，没有下过苦功夫、笨功夫，就没有过人的本领，根本不可能做出像样的学问。"学术研究，不是一蹴而就的，但坚持不懈，总会厚积薄发、迎来收获。

最后，我想用小学辅导书页眉处时常出现的马克思的名言作为结束，估计很多同学也都看到过："在科学上没有平坦的大道，只有不畏劳苦沿着陡峭山路攀登的人，才有希望达到光辉的顶点。"这句看起来并不洋气的话，却也真实反映了博士论文的写作过程。选择读博，也就选择了一条更加寂寞、清苦的路，在同龄人已纷纷投身升职加薪的职场大潮时，博士的收入估计只能勉强维持个人温饱，更遑论组建家庭、养育子女。相信多数选择读博的同学都是有追求的人，希望大家可以珍惜这段时光，徜徉在学术的海洋中，尽己所能，不留遗憾，完成一部自己满意的博士学位论文，也完成自己人生的一场修行。

博士论文与悬浮态：
理想和现实的相遇

董丽慧

2017年毕业于匹兹堡大学艺术史专业
现就职于北京大学

- ◆ 一部上佳的博士论文，无论技术指标和外在显形如何，相比于展示出丰富学识和思辨能力的繁复，可能更核心的内在逻辑也是同样的至简：是在放弃其他所有可能选项后，由你来亲身为自己裁定的"非如此不可"。
- ◆ 博士论文既是大学阶段学术写作最后的汇报演出，也将是你更漫长人生的大幕开启，而绵延其中最紧要的，在今天的我看来，是对"学术精神"的体认与融汇，以至知行合一。

回顾读博和写博论，于我而言，表象上的持之以恒，内里不过是放弃所有选择后，接近于极简的"非如此不可"。同理，一部上佳的博士论文，无论技术指标和外在显形如何，相比于展示出丰富学识和思辨能力的繁复，可能更核心的内在逻辑也是同样的至简：是在放弃其他所有可能选项后，由你来亲身为自己裁定的"非如此不可"。

这实际上是一个删繁就简、认识你自己的过程，无论从知识积累、学术方法上，还是生活方式上，都是一场在百转千回熔炼中的修行：你要一次次经历置之死地，再一次次生出希望，最终成就的已不仅是一部博士论文，更要紧的，是那个无可取代的、独一无二的、你的人生——你要从尼采铿锵有力的"那些杀不死你的，终将使你变得更强大"中一再愤而抽身；继而，你平息了怒火，在波澜不惊中领会向死而生，似乎也能渐渐读懂马丁·路德·金的"从绝望之山，出希望之石"；而最终要抵达的，也许单纯是回归你生命原初的赤子之心，如特蕾莎嬷嬷所行的"一颗纯洁的心，会自由地给予，自由地爱"——本质上，你我要在这场修行中参悟的，可能也只是最朴素的这句"活着就是爱"。

一、过往：履历与人设

我于 2002 年起，就读于清华大学美术学院艺术史论系，11 年后，由此博士毕业。4 年后，我于美国匹兹堡大学建筑与艺术史系再次博士毕业，同年进入北京大学艺术学院艺术学理论博士后流动站。2 年后出站，留校任教至今。

从眼前这份履历看，我在"艺术学"这个领域沉浸 17 年，最终能在北京大学这个拥有"A+"级别"艺术学"学科的理想殿堂继续从事教学科研，这可能是大多数博士心目中的"成功"之路。一般面对这样的夸赞，我会表示感谢并不好意思地附上，"我只是很幸运"。我既没必要解释说，与许多早已安享"成功"战果、呈"躺平"状享受人生的同龄人相比，我显然不符合"成功"指标；也没必要卖惨说，我年届40还徘徊在新体制边沿，业余时间时常"没着落"地畅想40岁以后万一失业该如何生活。不过，长期读博的大龄"女博士"如果没被这种"没着落"感击垮，结果更可能是习惯于驾驭这种"没着落"的悬浮态，并从中多少悟出些人生真谛。比如，"我只是很幸运"，而无论未来如何，"一切都是最好的安排"。

　　再回到眼前这份履历，看我从本科一路走到博士后，似乎我的"人设"理应是：规划清晰且矢志不移。于是，似乎我理应在下面的文字里，解答如何能提早规划清晰、如何坚持自律。于是，我的最优选择似乎是告诉你，如何从一开始就有笃定的学术目标，并且一直坚定不曾松懈，以此为这份履历做出看似符合预期的说明，甚至还能在不经意间拉开你我之别，以这份履历被合理化的光环，劝退貌似已"输"在起跑线上的你，再顺手为"女博士"这个被异化的标签添砖加瓦，从此安享"第三类人"这一尊号的金瓯永固。

　　但实情是，我的自我认知和经验教训正相反。在越来越内卷以至于一切都提早、一切都精准打卡的时代，如果"早慧"的反义词是"晚熟"，"自律"的反义词是"任性"，我由衷希望，你和我，都能多一些后者的气质。常常过早地规划、按部就班地安全前行，更大概率并不能导向预期中的安全终点，而更可能是一次次意外、无助、崩溃，以至于彻底放弃。正如虚假的自律不能长久，长久的任性才可能是真正的自律。

　　因此，我今天要说的，未必是你所期待的，但却是我一路走来至今最坦诚的感触，如果不能为你答疑解惑，至少让你看见，总有些不同的经历，值得我们去经历。正如你所经历和正在经历的一切，正如我所经历和正在经历的一切。

二、理想：上佳的博士论文

　　几个月前，我曾给本科生讲过一次"大学阶段的学术写作训练"课，预设观众是21世纪20年代的本科生同学，其实也是曾读本科的我，我讲的内容，正是如果我能穿越时空回到20年前，想对那个青葱懵懂的我说的一路心得（图1）——现阶段奋战在"青椒"前线的我，仍处于摸索中而完全称不上有什么经验之谈（说是教训的总结可能还算有一点）。在收到这次关于博士论文写作笔谈的约稿之际，回想起来，博士论文于我而言，实际上也是一次更加系统的"大学阶段的学术写作训练"，因此，在这里，我仍然认为有必要先理一理何为"学术论文"（即什么是合格的"学术论文"），以及"学术论文"何为（即为什么要写"学术论文"）。其中，博士论文既是大学阶段学术写作最后的汇报演出，也将是你更漫长人生的大幕开启，而绵延其中最紧要的，在今天的我看来，是对"学术精神"的体认与融汇，以至知行合一（简单说，这就是目前我对"学术论文"何为的答案）——这既是如今我回望博士论文所失所得最切近的体会，也是在大学任教至今最日常的感触。

```
大学阶段的学术写作训练 ——→ "学术精神"
（一）大学阶段你可能需要经历的思维转换
    1.确 定 性 — 不确定性（有限 — 无限）
    2.解题思维 — 命题思维（逆向思辨）
    3.个人成绩 — 集体成就（全局高度）
（二）什么是学术写作——学术论文 VS 写作/散文/文学作品
    1.为什么写：针对性（问题意识、批判性思维）
    2.如何写：科学性（史料价值、逻辑思辨价值）
    3.给谁写：学科性（科研价值、原创价值）
（三）如何进行学术写作训练
    1.选题（提出 — 解决问题）— 问题聚焦"以小见大"
    2.结构（入题 — 主体 — 结论）— 思路清晰"详略得当"
    3.格式（引注 — 摘要 — 关键词）— 呈现形式"删繁就简"
```

图1 "大学阶段的学术写作训练"讲座提纲（2021年12月）

我认为，相比其他写作文体（如散文、诗歌等文学创作），学术论文至少在三个方面存在明显不同：写作动机（选题）、写作方法（行文）、目标受众（读者）。1. 在写作动机上，学术写作需要明确针对某个（或某几个）问题展开论述，要求发现问题、解决问题、有始有终；而文学创作可有感而发、随性而起、尽兴而归。2. 在写作方法上，学术写作注重科学性，是可言传知识的理性积累，强调知识的可传承性，语言务求客观平实、简洁明了，目的是在史料或逻辑思辨层面实现一代代人的智识性积累；而文学创作可更多基于感性体验，要义不在于传承知识，更多是为抒情达意、启迪性灵，更鼓励进行语言实验和形式探索。3. 在目标受众上，相比文学创作面对更广大普通读者（主要用于提升人文素养、生活品质，日常消遣），学术写作则主要用于学科内的专业性对话，要求具有严谨的科研价值和明确的原创性，写作的首要目的是与本专业其他学者沟通交流，共同推进该学科领域最前沿的知识和理论体系建设，而最终目的则是一代代人基于对前人成果的继承和反思，不断"站在巨人的肩膀上"，从而让人类文明这个"巨人"愈加壮硕——如果把现有人类文明成果比作一个大圆圈，那么包括博士论文在内的学术论文，就是这个圆周上不断突围出去的一个个小点，正是由这些小点的共同努力，人类文明才得以从有限常识不断扩展以至无限（图2）。在我看来，这既是何为"学术论文"的基本要点，也是"学术论文"何为的落脚点，而认识到我们每个人在宏大人类文明时空中所处的位置和使命，我认为，对大多数博士和科研工作者而言，既是读博、写博士论文、投身于学术研究而无怨无悔的一个出发点，也是使我们能够在质疑、不解、诋毁面前不言放弃的一剂良药。

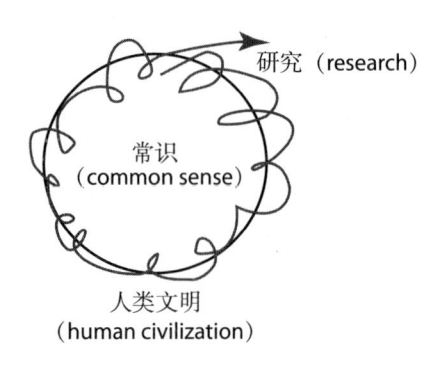

图2　学术研究之于人类文明示意图

　　仅就我所在的艺术史论（艺术学理论）学科而言，如果说博士论文首先需要是一部"学术论文"，那么，我认为以上三点"学术论文"的特征可作为对照工具，用于检验我们当前所写的文章是否称得上是一篇"学术论文"。如果你的博士论文并没有发现现有学界尚未说清的问题，也不致力于解决该问题，而仅仅停留于对某些现象的有感而发或是品评一二、不置可否，那么，这很难发展成一部扎实的博士论文。而从博士论文的起点倒推，你在此前要做的大部分准备性工作，就是带着发现问题的意识，去找到一个学界尚待澄清的问题。通过对我个人博士论文存在问题的反思和对周边博士论文的观察，我的心得是，如果你发现和解决的这个问题能具备以下三个条件，那将是理想中上佳的博士论文。

　　1.问题的有效性。它首先是一个真问题，而不是臆想出来的假问题，这就要求你从某个不仅令你疑惑不解，且遍寻前人论著虽有所涉及但未能给出有效解答的问题出发。其中，尤其需要注意的是，如果这个问题是少有人问津的，那么一般有两种可能：一种是这个问题不重要、不值得研究；另一种是这个问题可能很重要，但在现有条件下无法推进研究——针对第一种情况，如果你想进行研究，你必须能够有效论证这个问题是重要的，但只是被现有学界忽视且对这个问题的研究有助于学科性的学术突破

（即研究价值）；针对第二种情况，如果你想进行研究，你需要明确提出你的原创性发现（即创新点），而通常越是原创性的观点，越需要更充分的史料佐证以及更绵密的逻辑思辨论证。选题的过程也是发现问题、否定问题有效性、再重新发现问题、最终寻得解决问题思路的关键环节，它需要你在此调用全部精力和学识，带着求知之心和怀疑之眼，深入学界谨慎研究现有成果从而进行全面评估。即便在选题范围拟定后、在论文行文过程中，你也难免经历一次次否定和自我否定，一次次再发现，再一次次论证，一次次柳暗花明，一次次死而复生。因此，论文选题要慎重且扎实，选题期间建议多与导师和同仁沟通，沟通的过程建议深入具体问题而不是泛泛而谈大而无当，以免耗费彼此时间且折损信任度。

2. 长远的阶段性。你要解决的问题是你在现有情况下有能力为之贡献智识的，而不是在有限读博时间内、目前仍遥不可及的宏大猜想——宏大的梦想是必要的，甚至可以是你迷茫无助时的一盏定心明灯，但也请时刻提醒自己，博士论文只是你宏大梦想的第一块砖，它考察的是在有限的时间和条件下，你对一个小目标的完成度，这与大目标并不矛盾，相反，它是你能够最终抵达大目标的一个阶段性佐证。因此，就我所处的艺术史论学科而言，一方面，我建议选题多从个案入手，逐个夯实，而不至于还没起步就试图做总结性综述，结果往往是言之无物而浪费了本可以深层次汲取知识的宝贵读博时间；另一方面，在此基础上，建议力图以小见大、微言大义，即在现阶段的小目标之上，持续定位你的大目标，这将有助于你的博士论文写作不至于过度陷入细节的堆砌迷失方向，也不会一再为求真过程中随时袭来的挫败感掌控全局——仰望星空的目的，既不是抱憾终生不能飞升，也不是妄想沉沦于遥远的虚空，而是帮我们找准现实定位，坚定而清醒地"痛并快乐着"。

3. 生活的兼容性。你要解决的问题是你有意愿为此付出数年努力进而给出一部分解决方案的，而不是你毫无兴趣甚至深恶痛绝以至于时刻认为它在耽误你的时间、困扰你的生活的。相比你所期望的能在读博期间学到什么，你更要知道，你所做的选题，将使你在读博期间失去什么。博士论文写作既是你为人类文明传承贡献力量的方式，也是你个人自主选择的一种生活方式，是你向着自己内心最渴望抵达的那个目标奔跑以及在长途跋涉中学会休息和与自己和解的方式。更长远地看，尤其是对日后将以科研为志业的博士生来说，博士论文之于博士生，并不是工作之于工作者的关系，不是工作与生活、公事与私事的关系。正如学术论文之于科研工作者：学术不是（或不仅仅是）一份外化的工作，而是学者的生活本身。从这个角度去看博士论文之于博士生，二者实则是生活和生活者的关系，相比你死我活、争夺有限生命时间的敌对关系，二者乃是共同创造无限生命可能的共生关系。因而博士论文的意义也不仅是做好一篇文章，它将是你此后数年人生中致力于钻研一段未解之谜的宝贵生命旅程，你选择的是一个将与你数年为伴的学术群体和你笃定的生活方式。

三、现实：非典型不成功的博士论文

不过，回到现实，我的经验，既非典型，也不成功。仅就我在同一学科门类下写两篇博士论文这一点，实属不典型；两篇博士论文现在看既达不到我心目中理想的上佳，也都不是我目前研究的主要领域，既没有在作为"青椒"的起步阶段帮我免去多少科研负担，也没有获得任何公认的优秀博士论文称号，是博士论文的不成功。如果再要我对博士论文说点什么有公共价值的话，我也只能继续谈谈成为"非典型"的一点体会，以及如何在"不成功"中学习一再拾起希望——毕竟，在目力所及范围内大概率长期不会得到世俗意义上的成功，这也是大多数人文学科博士日常身处的共同境遇。

因此，在上述理想中上佳的博士论文后，现在有必要来说说我"非典型""不成功"的博士论文。先用三句话概括我在这里自说自话的目的：1.我踩过的坑，非常希望你能避雷，如果能让你引以为戒，我会觉得我的这些"非典型""不成功"有了附加的价值；2. 于己而言，回顾所来径，往往是更明晰当下和未来路径的一种有效方法；3. 经常有同学或不解或崇拜地问我怎么能读两个博士学位，我想在这里一并回答（尽管在这个问题被提出之前，其实我也没有仔细想过原因和过程）。

2013年，我从清华美院艺术史论系博士毕业，论文题目是《西洋图像的中式转译：16、17世纪中国基督教图像研究》。而今回顾，我的这第一个博士论文选题，全无事后能总结出的必然性和系统性，它更直接地来自当时我的导师以水墨绘制圣像画的启发：选题初衷即好奇于西洋图像如何能以中式媒材呈现出来。随着对相关资料的阅读，我认为有必要将这一现象追溯至其首次在中国较大规模出现的晚明时代。我发现，虽然在中文、历史、宗教和科技哲学等领域，对明清之际基督教文化的研究已渐趋壮大，但这在当时的艺术学研究中还是比较前沿，且值得研究的。从跨学科和跨媒介研究（美术和工艺美术）的角度，以及对于"新艺术史"研究方法的使用（而不过多强调画面形式语言和图像学阐释），我的这一选题，就当时的艺术学研究现状而言，是比较新颖的。但今天看来，它的问题也是明显的，当时我过于倚重"新艺术史"研究方法，过度强调跨媒介甚至是反传统美术研究的媒介，结果是，该论文既缺乏对视觉形象本身的充分挖掘，也缺乏对单一媒材媒介性的深入思考，虽然我花了大量时间试图补足艺术学当时发展中的不足，但并没有呈现出艺术学本身的学科优势，也没有说清楚视觉文化不同于文献资料的独特价值。

2017年，我从匹兹堡大学建筑与艺术史系博士毕业，完成了第二篇博士论文：《走向现代之路：晚清慈禧肖像研究》。这一论文的选题和写作，是我在美国学习艺术史的语境中进行的，同样没有过多深思熟虑，仍然是从眼前的兴趣出发：选题缘起直接来自我在读博期间选修了新清史学者罗友枝教授的研讨课。当时我对这位日裔女学者能使用满文进行科研自惭形秽，相比之下，我本人对自身的满族血统是完全无知的。于是，结合当时学界对于中国肖像画研究的展开（此前学界更多关注中国山水画）、对于源发自中国本土的视觉现代性作为"并非衰落的百年"文化线索的再发掘,以及结合我在硕士阶段所做的摄影研究,我顺理成章地选择了包括传统水墨、油画、摄影、印刷品在内的"晚清宫廷肖像"作为博士论文选题。随着资料的积累,同时也是受到当时美国学界对女性、种族等议题愈加关切的影响,我最终将选题锁定在"中国女性统治者"慈禧肖像的研究上。

今天看来,该论文选题是符合我当时在美国所处的少数族裔身份和边缘文化心境的,同时也较为有效地把握了当时美国学界的前沿动态,因此这一研究在当时还获得了一项较有竞争力的人文奖学金支持(Andrew Mellon Predoctoral Fellowship)。但是,这篇论文带给我的现实问题是,当我回国继续"艺术学"研究后,常常要面对的质疑是,这一研究与"艺术"的关系何在?尤其是在任教后,这一研究因过于边缘且缺乏"艺术性"而基本不太可能直接转化为教学案例。时至今日,在其他科研和教学任务的间隙,我基本很少有时间继续修改和完善这篇论文,甚至一想起来就觉得是个无奈的"烂尾"工程。也只有在此时,才回想起在论文选题之初,导师曾多次与我确认是否要坚持这一选题,以及是否要以这一研究领域为志业,虽然当时的我不假思索地给出了肯定的回答,但现在看来,我并没有领会导师此问的深意。在这个意义上,未能有效整合博士论文选题和未来研究方向,是该论文"非典型""不成功"的一个教训。

上述就是针对目的1为使你引以为戒,我反思的两篇"非典型""不成功"博士论文的缘起与不足,之所以"不以为耻"地亮出不足,是因为我并不认为不足就是终点,它也可以是新的起点。比如,在目前的研究中,一方面,我更加注重挖掘视觉文化不同于文献资料的独特价值;另一方面,关于何为"艺术"、何以称之为"艺术学"的质疑,也激发了我对于学科性和艺术本体的新思考。也正是在这个意义上,我期待在未来的研究中,体认到自己的更多不足,并继续引以为鉴,视若珍宝。

针对目的2为使我当前的研究路径更清晰,这里有必要做一个横向比较：我的前后两篇博士论文，从时间段上看，前者研究的是早期现代（16—17世纪），后者研究的是近现代转型期（19—20世纪）；从研究内容上看，前者研究的是西式图像如何发生中式变化，后者研究的是中式图像如何发生西式变化；从研究对象上看，前者研究的是西式民间图像，后者研究的是本土宫廷肖像；从时代背景看，前者研究的是中西方文明势均力敌之时（甚至彼时的东方更富足）的视觉文化新产物，后者则进入西方文明席卷全球之时；从对象媒材上看，前者研究的主要是版画，后者研究的主要是油画和摄影；从问题意识上看，前者问题的出发点是著名"李约瑟难题"在艺术领域的变体，即中国近代视觉文化为什么落后，后者问题的出发点则是发现"李约瑟难题"本身即问题，转而探究生发自中国本土的视觉现代性有什么不同。

而两者的共性是：从时间段上看，研究的均为文艺复兴以来的广义现代；从研究内容上看，研究的均为中西方跨文化艺术交流；从研究对象上看，研究的均为视觉文化；从时代背景上看，研究的均为全球化语境下中西方文明的交融新生；从对象媒材上看，除通常美术史的研究对象（卷轴和架上绘画）外，主要研究的是跨媒介的、可复制的、具有公共传播和展示性的版画、摄影、印刷品；从问题意识上看，思考的始终是作为一国形象的视觉文化，其现代性的发生和发展问题。沿此路径，在任教之后，由于承担了"当代艺术"相关教学任务，我将这一问题意识和研究时段继续向后顺延至当代，这促使我近几年开始了对于当代艺术史和艺术理论板块的研究。

如今，我仍然不能保证"将来的我"如何再次重构"过去的我"，但"今天的我"给"过去的我"一个解释，留下这些文字作为印迹，寄托的是"今天的我"对于未来的希望。如果非要讲我的这些"非典型""不成功"的博士论文有什么普遍价值，那也许是：没有哪一条人生路径是可以规划好的，计划永远不及变化，只有不确定性是确定的，但这并不意味着我们的人生没有方向。相反，我们在无数不确定性中坚定（在当时也许是不假思索的、莫名其妙的、甚至是任性的，或是别无选择的、"非如此不可"的）走出的所有路径，都指向了你内心的真正选择。

最后，针对目的3的答疑，如果你有类似疑问，我也愿意与你分享我的个人经历：2013年面临清华博士毕业之际，我因怀孕而失去了找工作的机会，这也是许多女博士同样面临的困境。当时的我似乎只有两个选项：一是堕胎，不耽误找工作继续科研；二是中断科研，不工作回家生孩子。但我哪一个也不想选，一是不敢，二是不舍。此时正值我在美国匹兹堡大学获得硕士学位不久，那么，继续攻读第二个博士学位，就顺势成了当时的最优选项，这样既不必堕胎，也不会中断科研。唯一需要多做的，只是更加严以律己地克服生理和心理不适，而即便是在前两个选项中，这也都是同样要做的。

有时候我会遇到女生咨询我读博期间是否该生孩子，询问者也常常抱以小心谨慎的态度，担心触犯我的隐私。但我对这些"私下"的问题其实并不怎么避讳，它们反倒使我思考，相比公共领域里对"女博士""女学者"谈论家庭和生育的禁忌（当然也是保护和尊重），可能适度公开也不是全无必要，万一能给正身处类似境遇的同路人带来一线"生机"，"救人一命，无上功德"。只是，我对这个问题的答案常常令人失望，我只能劝你根据具体情况，做出适合你的选择。我做选择的思路可供你参考，但我做选择的思路恰恰就是没有选择的选择，是"非如此不可"。如果有什么可说的经验教训，可能也只是愿赌服输、甘苦自知、既来之则安之、但求无怨无悔这些大道理，懂的人会懂得，不懂的怎么说也都时机未到。无论如何，时至今日，我对读博期间生孩子这件专属于"女博士"的磨砺心存感激，它不仅赐予我孕育新生的使命感（新的生命也是一代代人憧憬未来的希望源泉），督促我坚定地完成了第二个博士学位，更教给我无论是在日常生活还是在学术研究中，在两难抉择间不轻易放弃寻找一线生机，在看似山穷水尽时更愿意相信终会柳暗花明。

四、未来：给并肩而行的你

对现阶段也许时常在读博中苦苦挣扎的你来说，我想，如果只讲理想中的博士论文，可能不仅不会带来直接的希望，相反倒是会让人自我怀疑、动摇军心以至于彻底放弃。所以我要一再澄清，当我在说理想中上佳的博士论文时，我自己也没有做到，但我不是也两次都合格毕业了，也在持续反思和改进中，也没有因为自身的不足而放弃理想，也没有因为理想的遥远而放弃生活。

如今，在我们的时代谈论理想，好像越来越不合时宜，因为下一秒就会有人戳穿你无助的现实，毕竟我们都只是普通人，没有谁能完美无瑕刀枪不入。于是，只谈现实不谈理想，只谈现实中对自己有利的、美化乃至固化已然神化的人设，不谈现实中真实的境遇，往往是最稳妥的选择。稳妥当然是必要的，每个研究者都需要安稳的工作环境，可研究工作中最大的敌人也往往就在于过度追求稳妥。最稳妥的，可能也是最危险的，是在无声无息间最能耗尽我们全部时间和生命力的。

正因对此了然于心，无数大龄博士和"青椒"们，以"正常人"不能理解的姿态，对"没着落"的悬浮态偏偏甘之如饴。探索如何不因过度追求完美而过分依赖稳妥，正如追问如何在"没着落"的悬浮中找到永恒真理和价值，可能正是你我要持续参悟的修行之道。毕竟，不完美不是你我的错，这是我们人类这个物种的共性，而在持续自省和不断改进的种种不甘于稳妥中，一点点趋于心目中的完美，也许才是上天赋予人类区别于其他物种的特权。

事实上，就个人体验而言，每当清醒地在这样"非典型"和"不成功"的认知海洋中"没着落"地悬浮时，我又时常深感内心的自由，这是一种奢侈，也是一种幸运，于是常年于此任性流连，并心存感激。因此，这篇文章并不敢越俎代庖深入指导你的博士论文如何写作（这件事或许直接跟导师和同门求教更有的放矢），而更多是希望借此机会，通过分享我这一路的幸运和不幸，能与同样在某些方面不够"典型"、在科研道路上与"成功学"渐行渐远的你，在今日和过往的平行时空中，实现你我的相遇。如果能使你感到一点共鸣、生出一丝温暖，前行也就不再必然凄凉，孤勇也不再止于独自悲怆。毕竟未来对我来说，就是你我都能相信，相信总有一种值得相信的未来，相信总有或远或近的你我，在彼此不知情的时空中，并肩而行。

2022 年 4 月 8 日

于燕园红楼

记一件难忘的事

——关于论文写作的散步与对话

冯 庆

2017 年毕业于中国人民大学文学院文艺学专业
现就职于中国人民大学

- ◆ 快乐的写作发生在经典和经验之间,成熟于理论和生活的"双螺旋"结构当中。灵活地掌握两种不同的思考和写作方式,会让本来枯燥或繁重的博士论文写作变成尼采所说的"舞蹈"。
- ◆ 重要的经验既在你孜孜不倦翻阅的书本中,也在每一次兴尽而返的散步中。写作不外乎是为了记忆,正如最好的朋友永远是自己。

张颖老师安排我写文章谈谈自己博士论文的写作经历。为了完成这项任务，我联系了多年前在南京搞读书会时结识的小兄弟裘明。他去年（2019）刚刚在南京大学获得硕士学位，前往华东某高校继续读博。我回忆起三年前在南京开会时，曾经抽空和他聚餐，还进行了一次夜游谈话，主题是写论文。裘明兄有一个好习惯，就是笃信"好记性不如烂笔头"，每次和朋友聊过天，都会把大致的内容记录下来。我相信这次对话也不例外。果不其然，裘明不光有记录，还写成了邮件，分享给了他在南京大学的一位刚读研究生的学妹……看来裘明对自己的写作颇有自信。我征求了他的同意，决定丰富完善这封邮件的细节，最后用来"交差"。以下是这一由回忆和修补编织而成的文本的具体内容。

裘明（以下简称"明"）：今天我本来计划请学长谈谈怎样能够尽早写出并发表论文的，没想到你心神不宁，总是左顾右盼。这会儿出了门，我得跟你"单刀直入"：我们这几年开始读研究生的，环境比不得七八年前，眼看着博士生的名额在变少，教职以后肯定也难找，发表压力却在变大——"卷"得这么厉害，不会写论文、发论文，等于没资格做学问，你一直鼓励我继续深造，那这个根本问题该怎么解决，可得给小弟一些提示。

冯庆（以下简称"庆"）：你误会了，我一直不正面接你话，没有"恍兮惚兮"的意思。说实话，我之前跟很多人，甚至是很多代人——他们跟你一样，喜欢说"环境比不得七八年前"——交流过这个问题，最后发现，根本不可能拿出一套普遍性的理论，来帮助他或她、帮助每一个性情各异的人都写好论文。每个人对学术道路的理解都不一样。就像这条汉口路，出了南大校门的学生，从这里向东，可以走向市中心，也可以向西，走到藏在居民区里的几家旧书店。不同的人要去和能去的目的地不一样，他们出发上路的理由也不同。更何况，还有人中途会改变目的地。尤其是吃了饭出来散步，本就可以说是无目的、无功利的，想去哪儿就去哪儿。就像我们今天，本来约好喝酒，但却忘了带酒，其他几个人也有事没来，咱们俩不得不这么早就放下筷子，被迫出来散步消磨时间，这也不是我们一开始的初衷，但也没有选择……等会儿，咱们这是往哪儿在走？好久没回南京了，我有些记不住路。

明：再往东走呗，那边是四牌楼，是国立中央大学的老校区，现在的东南大学。

庆：对，就是在那里，我第一次见到我的博导。要不我跟你讲讲当初的故事，然后聊聊我当初是怎么跟着导师学习写作的？趁我这会儿还算年轻，记得一些细节。

明：如果这些故事能教我怎么写出能发表的论文的话。

庆：这个我可不敢打包票，但你听了应该不会后悔。

明：我听着呢。

庆：那是2011年的5月底——我当时的年纪跟你这会儿差不多大，由于天气太热，在宿舍上自习。突然有同学发短信告诉我，这门课的老师提议大家一起去东南大学，参加那边举办的一个小范围见面会——那位老师素来崇拜的偶像、著名学者刘小枫恰巧来南京，会和一些学人进行小范围交流。恰巧，我正在读《诗化哲学》，便带上书前往会场。当然，我来迟了，只听到交流的结尾：一位不知哪所大学的青年教师正在和刘老师争执。那位老师的观点是"真理不外乎各式各样的权力—话语机制，是意识形态"。刘老师一开始跟他诘问了几句，后来沉默了。我当时觉得他生气了。直到后来成为他的学生后，我才明白，他觉得没必要再说的时候，是决不会再说的。接下来，整个交流见面的会议，他都没说几句话，似乎是因为天气太热，他总是不耐烦地左顾右盼。

明：睹其文，可想见其为人。所以，那次碰面之后，你就决定拜他为师了？

庆：还没有。很多事情必须慎重，尤其是求学。那天晚上，他还在东南大学九龙湖校区有一个讲座。我和他的另一位"粉丝"坐了很久的地铁前往江宁。讲座的主题是古希腊戏剧。讲座的提问环节，有一个男学生在会议厅很后面跳起来高喊"刘教授,我不同意你的看法"。我们都回头看着那个学生。他红着脸从后门出去了。刘老师似乎没听到什么,还问旁边的人怎么回事。后来我才知道,他听力其实很好,音乐感觉也一流。那天我把《诗化哲学》拿去给他签了个名,还问他要了他的联系方式,但他没给。后来我问他,他就说不记得那天的事情了。或许真的不记得了。

明:那你是什么时候决定拜他为师的呢?

庆:我再跟你说一遍:那肯定需要更慎重的思考和阅读作为铺垫。2012年的春夜,我合上《古典政治理性主义的重生》,长吁一口气,决定做出一些根本性的改变,便给他写了电子邮件——邮箱是托高人问来的——表达我跟随他读博士的意愿。邮件很快得到了回复。刘老师先是给了我一个书评的任务,我尽我所能完成了,他似乎还算满意,便让我参加2012年夏天在重庆举办的一次"经典与解释"讲习班,进一步面谈。

讲习班在市郊一座高山上的宾馆举办,参会者多为高校青年学人和研究生。到达宾馆的第一天晚上,天气晴朗,参会者们吃过晚饭,在城市里久违的漫天星空下三五成群散步闲聊,我也趁附其中,聆听着较为年长的学人讨论古今之变、中西之争……没多久,我看见宾馆后面黑洞洞的山路上,"飘"下来两个高大的身影。两人皆一身白衣,背手在后,漫步交谈,令人瞩目,是刘小枫教授和上海的张文江教授。一大群青年学人簇拥上去攀谈,我也在其中,找到机会自我介绍后,刘小枫老师亲切地拍了拍我的肩头,小声说,过几天抽时间聊,然后便加入一小堆人当中。

不记得是研讨会的第三天还是第四天晚上,我和另一位来拜师的同人被叫到刘老师的房间,讨论相关事宜。大师兄程志敏老师也在那里,正在汇报他最近的研究心得。刘老师泡了一杯苦荞茶,放在一边,问我来了之后想做点什么。我脱口而出,想做比较纯粹的"哲学"——我在文学院待得久了,一直搞文学,觉得必须有些改变。刘老师对大师兄说,现在柏拉图的翻译组织完了,阿里斯托芬的任务也分完了……亚里士多德倒是还没展开……他转过头突然问我:"冯庆对《形而上学》有兴趣吗?"看我迟疑了一下，他又问："对《尼各马可伦理学》感兴趣吗？"正巧，我在上山前在看《诗学》，而据说要理解《诗学》，必须先理解亚里士多德的伦理学，于是我顺手带了廖申白译本在旅途中翻阅。想到这可能是命数，我便鼓起勇气说，我想做《尼各马可伦理学》。刘老师满意地点点头，推荐了一些参考书。临走时我忍不住问，那我能来读博吗？刘老师和大师兄都笑了。大师兄说，都给你任务了，你还问这个？刘老师则说，好好考试，做好充分准备。

明：我有印象，你那个暑假回来，就开始搞读书会了，读的是《奥德赛》。

庆：对的。下山后我买了一些希腊语教材，决定自学，同时搜集、阅读了一些亚里士多德哲学的相关文献和诸多思想史著作，准备考试。当然，《奥德赛》是绕不开的重要经典……在我关于当代文论的硕士论文里，也莫名其妙出现了一些亚里士多德和分析哲学的幼稚比较，如今看来令人哭笑不得……时光飞逝，当我作为博士新生坐在中国人民大学校园里，和彭磊、娄林等当初只能在丛书封面上看到名字的师长一起"会饮"时，时间已经过去了一年有余。尽管我在研二就领了"任务"，但我正式开始进入博士学习时，才感到自己在基本功上的差距。我在博一的时候旁听了聂敏里和刘玮等老师关于亚里士多德哲学的课程，也找来了大量外文文献学习，发现自己所要面对的是一个绵延数千年的巨大知识系统，涉及多个至关重要的思想议题。尽管当时的我野心昭著，但也不免会在面对"数的无限"和"力的无限"时产生某种崇高感，从而总是想"退到安全的地方"。整个博士一年级，尽管我大致读了一遍《尼各马可伦理学》，并且翻译了一小半施特劳斯关于亚里士多德伦理学的讲课稿，但却没有任何与此相关的文字建树。

明：我看你并没有发表过和古希腊哲学有关的论文。相反，很长一段时间里，我们在南京，都是看你写一些西方美学和文论的论文。

庆：那是因为当时我名义上是"文艺学博士生"，也有这方面的课业要求，所以在硕士论文的基础上，拆出来了好几篇文艺理论方面的文章，发表在了刊物上。此外，出于一些和周遭舆论争鸣的动机——你也知道我当时开了很多"话头"——我还写了许多文学批评和文化随笔，如后来发表于《文艺研究》的《"有情"的启蒙——"抒情传统"论的意图》，和发表于《读书》的《当代青年与古典》等。

明：我都看过，其中一些文字对我影响挺大，当时我们都挺羡慕你的写作速度。似乎这些文章都是你第一本书《古典与青年》的重头戏……尽管很多人觉得这本书太过杂乱，不过我倒是觉得挺对我胃口的。喜欢写作的人，必然会喜欢这种应运而生、自由生长的感觉。

庆：应运而生，还是随遇而安？我也不明白。更多人觉得自己可以控制运势和机遇，他们的写作不就更加系统、严谨且有用吗？而我，不外乎"手快"，或许因为作为理性主体的控制力太弱吧，总是被某些东西带着走……咦，不知不觉，跟着你的脚步，走到这么陌生的地方了。这是哪儿？你认识路吗？

明：你在南京那么多年白过了……这个路口朝北走，应该是鸡鸣寺。"风雨如晦，鸡鸣不已。"这会儿，街上安静得很。对了，我一直好奇，你博士论文研究赫尔德，是不是也和"青年"问题有关呢？

庆：这也是巧合——很多事情都是巧合，计划赶不上变化。前面说到，我写了不少杂七杂八的随笔。刘老师尽管帮助我发表了这些"不务正业"的文字，但也对我的"正业"进度感到了疑惑。博士一年级的下学期，他了解了我的研究进度后，建议我改做贺拉斯——因为中国人民大学古典班的语言教育是一年拉丁文、一年希腊文，我刚去的第一年主要学习了拉丁文，相较之下从事古罗马研究会比较容易。我也不觉得难过：亚里士多德的确有些沉重……进而我再次搜集了关于贺拉斯的诸多文献，并且尝试翻译他的《书简》卷二。《书简》卷二包含《致奥古斯都书》和《致皮索》两篇，后者即文学史通称的《诗艺》。我试图让贺拉斯的政治思考和文艺观形成一个整体，呈现在中文学界，这就要求贺拉斯的作品首先获得全面的呈现，否则无法形成任何理论效应。我执拗地想用平仄交织的骈文体翻译《书简》，并译出多家注疏，这让我一天只能完成最多十行左右的翻译进度。当然，这项工作很快就停止了，因为关于刘皓明、李永毅等前辈学者的翻译进度的消息正不断传到我这里，包括一些同辈学人如时霄同志的研究也已经珠玉在前，做起来压力将会很大。我短时间内依然没有拿出成果。

明：我明白，一定的强迫症是出成果的必要条件。但过度强迫自己，其实意义不大，可能你自觉完美主义，在别人眼中却显得可笑。我记得有一年暑假，我要在一个半月里完成你安排的10万字加急翻译任务，等于说每天翻译了至少2000字。我的颈椎也从那以后落下了毛病……但你看了成果后却只说"不错，很有精神"。

庆：别怪我。再说，谁的颈椎没毛病呢？病是无可避免的。人活着就会得病，就会死。对于年轻人来说，只要读书快乐，病痛没什么可怕的，我更怕机运。

明：也有道理。机运会让快乐变成荒诞与忧郁。当然，很多人会把突如其来的命运的作弄理解为必然的压力，有了压力就会有战斗力。

庆：你都有这样的觉悟了，还操心发不出论文的事？消化压力需要过程，消化命运也需要时间和韧性。还记得博士二年级的一天，我被叫到会议室，聆听刘老师和另外一位副导师关于我未来发展的规划教育。两位老师均认为我以后还是适合在文艺理论和美学领域发展，因此建议我再度修改题目，发挥长处，转向对近现代欧洲美学思想的研究。我已经猜到这一天的来临，说我可以做培根、霍布斯或者休谟。刘老师苦笑说，这些也不是文艺学和美学。另一位老师则建议我考虑德国启蒙哲学——据说只要是个德意志启蒙哲人，都会谈论审美和艺术。我想了想，觉得做康德的太多，莱辛已经有较为成熟的译介（师门要求所有研究必须和翻译工作密切配合），那么只能在这之后选择。正好我在处理"抒情传统论"的问题时，看到一些港台学人提及以赛亚·伯林，然后联想到伯林所说的"启蒙的三个批评者",再联想到我一直关心的"语言"问题,便提出要研究写过《论语言的起源》的赫尔德。一开始两位老师还问我是否可以再考虑一下席勒或者小施莱格尔,我则论述了一番赫尔德的意义,给出了比较有说服力的理据:国内几乎没有人认真从事过对赫尔德诗学和美学思想的研究,几乎等同于"空白"。张玉能等前辈学人的确做过一些翻译,但数量和赫尔德的重要性不成正比。其他学人则大多从语言学、民俗学等角度切入讨论,虽然有一定成果面世,但均未论及启蒙时期思想语境对赫尔德的影响。刘老师认为赫尔德当然值得研究,不过,我必须去学习德语,起码要到可以阅读文献的地步。于是我放下了拉丁语和希腊语,去听了几次德语课,然后在网上下载课程,自学了一阵子。然后我还着重看了赫尔德已有的中文译著、传记和一些外文的二手文献,大致把握了他的思想情况。当我把明确的博士论文主题限定为赫尔德的抒情诗学时,时间已经是2014年年底,博二的第一个学期已经过去了。

明:走到鸡鸣寺了,远远看一眼就行了吧?咱们朝鼓楼走?

庆:你这个人,带路没有规划,朝鼓楼走不就回去了吗?这不才刚刚七点半,再找个地方遛遛呗。去玄武湖怎么样?

明:你的人生也没有规划,有资格说我吗?"天柱高而北辰远",玄武湖就不去了,回汉口路吧,咱们去逛逛旧书店。

庆:那咱们绕北极阁走几步,抬头看看山景再说。即便"计划赶不上变化",但人之为人,总得有点"设计"意识,这是我博士阶段的最大体会。在筹备赫尔德研究计划的同时,我也要完成博士生的"中期考核",刘老师对我们的要求是,通过资格考,并提交一篇主题不属于自己的主要研究计划,但又有一定关联性的论文。这种要求和一般的博士生培养方案有别:大部分博导,会要求自己的学生在4年里只研究一个话题。但以"博雅"为宗旨的刘门,则要求每一位博士生制订一套"一五三"计划,目的是丰富知识面、树立"古今中西"的研究坐标。这里面的"一"指的是博士论文的主题,可"中"可"西"。"五"指的是与博士论文主题相关的五个不同的人物或文本的研究，可作为一个更为宏阔问题的"谱系学"延伸；博士论文做"西"，"五"就全是"西"；博士论文做"中"，"五"就全是"中"。"三"则与"五"相反，虽然同样是处理三个不同的主题，却是博士论文主题在文明比较视野下的"镜像"延伸：博士论文做"西"，"三"就是"中"；博士论文做"中"，"三"就是"西"。

这个自我培养计划体量巨大，并不一定要在博士就读期间完成，对"五"和"三"的选择也会根据兴趣的转变而调整。事实上，大多数同门毕业很久后，依然在丰富完善这一计划的设计。以我自己为例：我的"一"是赫尔德抒情诗学研究，其中会关涉到对"泛神论"或者说唯物主义等主题的讨论。在此基础之上，我选择了五个西方思想家作为主要关注的人物，即亚里士多德、伊壁鸠鲁、培根、托兰德和黑格尔。显然，我除了翻译过一些托兰德的文本、写过一篇关于培根《新大西岛》的资格考文章外，关于其他思想家的研究并没有系统展开。为了搞明白赫尔德，我在苏格拉底对话、卢梭、康德和德意志浪漫派等方面下的功夫要多得多。此外，我还选择了三类中国原著作为主要的研阅对象，即《荀子》《文心雕龙》《水浒传》——我直到现在跟人聊写作，还是会首先回忆起《原道》《征圣》《宗经》……当然，到了博士后阶段，我的研究重心彻底转向中国，主专业也落实为哲学美学，上述的"一五三"便做了进一步的调整。"五"转为《庄子》《荀子》《楚辞》加两位近代思想家王国维和廖平；"三"则浓缩为三个话题："诗与哲学之争""德意志历史主义""恐惧与文明"。

明：老兄，你故意吓我的吧。这计划说是"河汉无极"也不为过，我这种天天琢磨陶渊明田园诗的，只能望而却步了。不过，你今年（2020）又出了一本书叫《中国人的义气》，这个也不在你的"一五三"计划里面啊？

庆：这就要说到我写博士论文时的一个重要心得了。很多朋友会觉得《中国人的义气》是我的博士论文。其实，这本书只是我学习《荀子》的基本心得。受到舒可文女士的鼓励，我在读博时参与了"经验史丛书"

的组织和写作。当时我正在参加由娄林师兄组织的儒家经典读书会，所读的正是《荀子》。这启发我考虑把荀学和近现代中国的民间治理问题联系起来讨论，同时回应现代西方个体主义盛行后产生的伦理难题。

此外，写作《中国人的义气》，还是我写作博士论文期间的一种放松头脑的方式：每当我在烦冗的德意志思想矩阵里百思不得其解之际，便会返回对我来说具有足够亲和力的中国江湖文化……从 2014 年在《理想国》和《尼各马可伦理学》的刺激下开始思考"血气"与政治的关系问题，到 2015 年年初写出《义气论——春秋叙事、威仪美学与江湖治理》一文，我对"诗化江湖及其政治经验"问题的思考总是伴随着与西方的"对位"。可以说，在西方抒情主体把炽烈爱欲和启蒙理念非同寻常地结合起来的思想图景面前，我在中国自身的经验中找到了让崇高意志与传统习俗非同寻常地结合起来的镜像对位——尽管只要再深入琢磨，总能在二者内部找到一些现代性意义上的隐秘媾和……白天学习时对西方现代"抒情"的思索和备注，和晚上闲暇时对中国古典"义气"的品味与阐发，构成了我那些年写作的"双曲线"。在"有情有义"的循环里琢磨了两年，即将毕业时，《抒情启蒙》初步竣工，《中国人的义气》也完成了一半。如果要说《抒情启蒙》（我的博士论文）体现出步调过于明快的"日神"立场，那么作为"影子博士论文"的《中国人的义气》则暗藏着一些鬼鬼祟祟的"酒神"品位。

明：原来如此。去年（2019）咱们关于"义气"的那场讨论，若不是靠你那瓶酒，也出不来。但我必须问这么一个问题：你哪儿来那么多时间从事这种"双曲线"写作？你不累吗？

庆：怎么会不累呢？但只要你调整一下心态，劳动也可以成为艺术。你若是要读博士，以后不妨试试这种办法。至少，如果我以后带博士，我会建议她或他试一下"双管齐下"。一个写作计划可以是另一个写作计划的"休憩"，只要二者之间涉及的主题、内容既有较强张力，又有隐秘的联系。当你在康德、黑格尔的概念迷宫里苦于理论分析的枯燥之味时，不妨走向亲切且精彩的中国本土经验；同样，当你在声色犬马的大众文化裹挟下产生失重感与麻木感时，也不妨打开哲学经典，收敛心神，体悟字里行间的奥秘。快乐的写作发生在经典和经验之间，成熟于理论和生活的"双螺旋"结构当中。灵活地掌握两种不同的思考和写作方式，会让本来枯燥或繁重的博士论文写作变成尼采所说的"舞蹈"。从具体的操作层面来说，当你按部就班解读经典、把欲望和血气压抑到了一定程度时，带着恶作剧或嘲讽的心态写一些对日常文化的评判性文字，让自己的求学生涯显得像是一场激情澎湃的戏剧，可以起到抒泄或"净化"的作用。人类需要这种净化，其所带来的不仅是精神的"按摩"，还是人格的逐步稳定与平衡。

明：你这番话让我想起了《诗术》1449b25-30 和《政治学》1342a3-15。

庆：编码都记得这么清楚，以后考博应该没有问题。是不是抄书都抄了好多遍啊？

明：和考研时一样，我喜欢花大力气去誊抄、记录。我一直觉得，唯有下死功夫才能做好学问。我本科做了一大箱的笔记，抄了几百本书，但我还是时不时觉得自己脑子里一片空空，什么都不记得。你之前是不是也有好多笔记？写论文时这些笔记都派上用场了吧？

庆：那当然。先说看书，我和你一样，本科和硕士时都爱抄书，目的是记忆，也是为了写作时方便随时引用。我的硕士导师周宪教授曾经说过，好的论文要有三种声音，即研究对象的声音、前人研究者的声音和我们自己的声音。要"众声合唱"而不至于"众声喧哗"，就要系统地阅读、做笔记。如果有了几百本常用专业书籍的读书笔记，应该可以用来应付大多数专业论文的写作——当你需要引用一些观点和材料时，可以直接用自己的摘抄。

明：我也是这么做的。我最近写了一篇谈道教的文章，目前已经有两万字了，有80多个注释，引用了60多本书，但我觉得自己的知识量还是不够，才写到一半，就没法进行下去了——要讨论的要点太多了，我越写越累，越写越烦，甚至到了今天白天，打开文档就不想再多看一眼。

庆：那试着鼓起勇气砍掉60个注释，再从头写？

明：为什么？你不是说要"众声合唱"吗？

庆：材料的丰富固然是好事，但你的思路如果被论据、材料彻底牵着鼻子走，不就麻烦了吗？我前面跟你说的那些，也不外乎解释自己的"问题意识"。写一本书，比如博士论文，很有可能导致问题收束在一个既定的框架里，然后大量材料被运用于证明自己框架的稳定。但这很容易被高手看出问题，在博二下学期的时候，我已经展开了对于德意志启蒙时期思想史的阅读。由于身处文艺学学科，我最初营造的论文写作计划就是以文艺学和美学为导向的，这也导致我几乎是刻意地砍掉了关于政治、历史和宗教等方面问题的处理。2016年年初，我写出了博士论文中最早的单篇论文《卢梭与现代抒情的政治伦理机制》，得意扬扬地提交给刘老师，要求"过堂"。"过堂"指的是门内研讨。我们在读的硕士生和博士生会不定期提交阶段性成果，让同门一块儿讨论批评，最后由导师提出批判性建议。这篇文章在美学和政治哲学之间左右摇摆，引用了大量西方文学和美学的权威著作，以展开对著名的"卢梭问题"的回答，并借此引出对现代"抒情主体性"的讨论。但由于我携带着继续批评"抒情传统论"这一当代现象的先入之见，在处理卢梭关于"自然状态"和"自然人"的观点时，不假思索地把他和后世的浪漫抒情主义关联起来。这让刘老师训了我足足一小时——我没有好好读卢梭的原著，没有思考卢梭毕生关心的启蒙问题，自然只能借助后人的所谓"原始主义"给卢梭扣帽子……

被痛骂之后，我一开始非常不解，觉得自己的积极性遭到了极大的打击。但没过太久，就"静言思之，躬自悼矣"了：我需要加强对重要文本的细读，也需要在哲学问题上更为慎重。因此，我对文章进行了换血式的大修改，把本来简单的思路调整得更加复杂，但减少了许多无关紧要的论说，投给了《文艺研究》，后来在张颖老师的教导下又进行了修改，最终得以刊发。比起之前的旁逸斜出，最终刊发的版本已经少了30多个注释，显得更为集中。即便如此，当我之后再度问起刘老师对这篇文章的看法时，作为研究卢梭专家的他依然沉默不语。我毕业论文即将答辩时，我去问他怎么看我的写作，他也只是淡淡说了句"你的文章，没问题"。我觉得这句话有两个意思，所以至今依然在思考"问题"。

明：那我可不可以说，尽管要"集中"，要"凝练"，但让一篇文章最终达到可以刊发的高度，必须要经历"过堂"？既要过导师的"堂"，也要过编辑的"堂"，甚至，要过许许多多同行的"堂"？这可不可以说是"第四种声音"呢？

庆：可以这么说。每一篇论文的写作过程，都得基于一种"交往"。古人说的"独学而无友，则孤陋而寡闻""三人行，必有我师"，就是这个道理。我们平时都爱说"辩证法"，但一个人没法"辩"，也没法"证"。读博期间，我结交了诸多学界朋友，他们来自哲学、文学、艺术学、史学、社会学、法学等诸多学科，各有专长，令我受益不已。我还创办了你也很熟悉的"先进辑刊"微信公众号，长期邀约、观察、阅读和编辑诸多学界同人的文字，还组织各式各样的学术活动；我也曾经跳出自己的领域，前往经学、科技哲学、现当代文学、比较文学、电影学、近代史乃至于武术等圈子的会议"取经"……这让我获得了在南京时前所未有的互通有无的体验，收获了友谊的同时，也让我知道了"山外有山"的道理。行了，咱们这会儿已经在往回走了，前面不是都看到鼓楼了吗？

明：这会儿你刚打开话匣子，就突然认识路了……那要不去鼓楼公园附近走走？那边闹中取静，适合一个人逛逛。平时我也喜欢去那里待着。

庆：你本性爱清静，所以以后继续在南方深造吧，南方适合独处。我们各有各的路。不过，你刚才不是说去旧书店吗？我每年回南京，都会记得去那边走走。我本科、硕士时的大部分启蒙读物，可都是从灰尘堆里淘出来的。比如那本《诗化哲学》……我以前最爱干的事情，就是吃过晚饭在汉口路、青岛路和广州路一带散步，花两小时逛各种书店，奇遇颇多，也乐此不疲。

明：成，我们往回走吧，朝南走，回到更清静的汉口路。和你不同，我容易累，也不太打得起精神去交那么多朋友。比如我这会儿就有点累了，不想再想发表的事情了。但最后我还有一个问题想问你：写作博士论文对你来说有什么本质性的意义？它让你的学术能力提升了，这毫无疑问；它给予你大量的经验素材，让你获得了一定的成果和学界的暂时承认，也毫无疑问。我指的是，它究竟让你的生命发生了什么变化？

庆：要说"变化"，我根本也说不清楚。

明：为什么？

庆：我们从小到大，能说清楚是什么让我们变成今天的样子吗？

明：我不明白你说的是什么意思。

庆：你听过很多老师上课，身边也有很多的同学，你能说谁决定了你的成长吗？换句话说，我指的是这个意义上的"成长"：没有了谁，你就无法成长为今天的样子。

明：有肯定是有的，可我一时半会儿说不上来。我平时只会想我自己怎么努力才获得了今天的成就和收获。我没想过别人对我的意义。

庆：你不去想别人对你的意义，自然也不会去想某个老师对你的意义了？自然，你看了一本书，是不是也不会想这个作者对你的意义呢？

明：这不一样。我读书肯定首先思考它对我有何意义，进而思考作者的水准、立场和情感状态，等等。我读一本书肯定希望它让我变得更好。同样地，我写一篇论文，也是希望写完后自己变得更好。

庆：所以你希望论文写作最终让你变得更好？因为你的所有写作基于阅读，基于学习。

明：没错。这也是我问你前面那个问题的原因。

庆：那你却不想交朋友，也不思考老师、同学对你产生的意义和影响？这似乎说不过去。因为，我们不可能时时刻刻都在读书，但却时时刻刻都在生活。身边的人时时刻刻都在对我们产生各种各样的作用，我们从汉口路出发，又走回汉口路，一路上走过那么多个路口，你却没有留意过风景吗？你当然留意过，只是你不记得了。如果你能不断练习，努力试着回忆起那些你无意中忽视或回避的人和物,那些用细微的方式跟你传递过信息的可敬的萍水相逢之交——选择其中最值得回忆的内容不断咀嚼——你一定会想起自己是如何不断变化、生成为今天这个样子的。每隔一段时间,你都把自己的经历总结、再现一番,做好刻度,以便再度翻阅,让今天记得昨天,明天记得今天,让好的、高的、美的东西不断返回你的内心,好似返回你当时的眼帘。这样的记忆术,比起抄写一千遍、一万遍图书,也许更加有帮助。"学而时习之",这会让你快乐,而不至于疲倦。我们一辈子都会被决定无数次,也会被安排无数次,但也同时意味着我们承担过无数次,记载过无数次。重要的经验既在你孜孜不倦翻阅的书本中,也在每一次兴尽而返的散步中。写作不外乎是为了记忆,正如最好的朋友永远是自己。这样说,不知道有没有回答你的问题?我自己倒是想再试着提出问题,但看来你已经不需要了。

明:1170a1-20。

庆:到汉口路了,咱们收束一下思路,去看看别人的思想吧——明天我还要按时赶火车回北京呢。

我与我周旋久：
一场关于博论的修行

高明祥

2022 年毕业于清华大学中文系中国古典文献学专业
现就职于中国艺术研究院

- ◆ 这也提示我们，要警惕跨学科的题目。第一，我们对自己学科之外的其他学科可能难以把握。第二，我们可能不熟悉其他学科的传统……第三，更为重要的是，我们通过跨学科所做出的自以为创新的研究成果，很可能是其他领域的常识，最后做成了一个多学科的拼盘，没有深度。
- ◆ 在我的观念里，研究综述至少要写两遍，第一遍是关于学术史发展的，目的是发现问题；第二遍则是围绕问题本身、围绕论文所要探讨的话题，再去写一遍。甚至说，在论文写完之后，还要重新修订一遍研究综述。

写下这篇文章时，我曾经三易其稿。我原本想写作一篇关于博士论文选题的方法指导，可我总觉得这样的文字实在面目可憎。我讨厌那些"你应该怎么做"的话术，也讨厌"你这样不行、那样不行"的表达，我觉得将自己的真实教训展现给人看，要比说那些高屋建瓴的话更加有用。至于这篇文字能否给人指导，反而不在我的考虑范围之内。我更希望，如果在一个遭遇博论写作挫折的读者看来，能够发现"原来他曾经也这么惨"，而顿时生发走出逆境的信心，这便是我的全部寄托了。

一、四个残忍的季节和三个迷路的我

《重庆森林》有一句台词是这样的："我以为我会跟她在一起很久，就像一架加满油的飞机一样，可以飞很远，谁知道飞机中途转站。"这颇适合下面谈论的话题。

大学时，我学习了些格律的知识，颇能写几首旧体诗词，因而报了宋代文学的研究生，后来硕士学位论文做了词学方面的研究；读博选择清华大学，也是因为此校有做词学的老师，可以继续我的词学研究。可以说，在读博之前，我都幻想着自己某天能成为一个词学大师。

直到博士一年级，我开始进行博论选题的考察。当时导师所给的论题是词乐方面，但我对音乐实在一窍不通，也提不起兴趣，于是想到改换研究方向。当时的我还执着于词学研究，依然在此范围内进行选题。由于我的硕论做的是晚清词学，我想在晚清常州词派中寻找研究题目，奈何能想到的几乎被人做尽。可能到了晚清民初，会有一些发现，但我又固执地不肯走出"古代"。于是，我将目光转向了晚明，尤其当时的陈子龙及云间词派，是我所感兴趣的论题，但翻看了一阵子文献后，同样感到开拓仄狭。

我决定从明代整体的词学入手，每天翻阅文献，寻找题目。有一天，武汉大学汪超老师来清华大学做讲座，北京大学叶晔老师同在列席。汪老师说:"明词研究的开拓是比较困难,有些有价值的题目,也几乎被我和叶兄做尽了。"我举手提问时说:"我昨天刚决定做明词研究,听了您的一番话,我心里凉了半截。"汪老师连忙道,这都是玩笑话,并鼓励我继续做下去。虽然我知道是玩笑话,但这也说明了明词研究的困境。

于是,我决定不做词学了——这可能会是一个万劫不复的选择。因为我只知道不做词学,却不知道该做什么。我记得当时正值清华的暑期社会实践,我们一行人去山东的济宁一中做报告,我在报告中说了这样一段话:"有人问我,人生中最难的事情是什么?我以我有限的经验来看,不是各种晋升考试,也不是失意失恋,甚至不是十六天的高烧不退,而是同过去告别。告别一个你一直喜欢却不能在一起的人,告别一个你一直热爱却不能继续待下去的城市,告别一个你一直熟悉却不能再继续下去的领域。"我讲完,有个孩子问我:"为什么你喜欢那个人却不能在一起?为什么你喜欢那个城市却不能待下去?"我忘记我是怎么回答他的了,我只是很艳羡他,很艳羡还能问出这个问题的人。

那时,我选的题目可谓五花八门。我想过做清代的常州经学,因为这与我原先所做的词学尚有一定的交叉,但感到经学的确是一个"天坑",难以把握。我想过做清代的《庄子》接受,因为《庄子》是我最喜爱的书,但研究成果也汗牛充栋,令人望而生畏。我想过做图像学,因为这是一个新的研究增长点,但需要进行跨学科研究,也使我感到力不从心。当然,研究的论题,并非我拍拍脑袋就去做,拍拍脑袋又不去做了,而是每选择一个论题都要进行"尽职调查",亦即所谓的研究综述。只有这样,才能够明白对于这个论题,前人已经做到什么地步,而我们又能从哪个方向进行开拓。很遗憾,我毫无所得,除了学会做综述。那段时光,我就像一个不会游泳的人被投进水池里,每天精疲力竭,却抓不住一根救命的稻草。

这也严重影响了我的睡眠。那时的我每天晚上躺在床上翻来覆去,难以入眠。选题就像卡在喉头的一根鱼刺,吐不出来,咽不下去。古语云:"国家不幸诗家幸,赋到沧桑句便工。"那段时日,我倒是写了不少诗歌,算是一些慰藉。最能记录这种状态的,是一首《幻影之间》:每到凌晨三点一刻十八秒 / 我总是在镜中醒来 / 月色朦胧 / 百花深处的影子 / 忽明忽暗 / 于是,我曾悔恨过去一千次 / 为什么梦总是 / 如此潮湿而真实 / 我并不能回答 / 镜中的天气有时异常寒冷 / 说不上来的花草凋零 / 于是,我曾憧憬未来一千次 / 明月朗朗 / 可以一脚踩住逃脱的影子 / 然后沉沉睡去 / 而原地只剩下 / 四个残忍的季节 / 和三个迷路的我。

  以至于博士资格考的时候,我不仅上交了研究材料,也上交了创作的诗歌。因为在我看来,这还能算是一点所得,不至于使我过于心虚。幸而我的老师们既是严厉的,又是宽容的。他们让我顺利通过了博士资格考试,并鼓励我继续看书。可是,没有找到选题的我,却难以面对导师,以至于很长一段时日,我都躲着他。有时候,在路上远远看见导师走来,我赶紧跑到旁边的岔道上。我觉得,站在乌江旁边的项羽,大概也是如此心绪吧。所幸,我面对的敌人不是刘邦,只有我自己。那时的我,常常挂在嘴边的是一句"人生愁恨何能免,消魂独我情何限",我想,没有选题的博士与失去江山的国王,有什么两样呢?

  我反思这段时光,意识到在博论的选题阶段,应该反对"两种倾向"。第一种当然就是吊儿郎当,不认真对待,存在侥幸心理。在"天临元年"开始读博的我们,早早就放弃了这种念头。第二种则与之相反,将博论视为人生中高不可攀的山峰,誓要将其写成流传千古之作。这种心理也大可不必。罗翔曾说:"我们永远不要在自己所看重的事情上,投入不切实际的期待,附加不着边际的价值,因为人生唯一确定的就是不确定的人生。"博论的本质是什么?说白了,就是在规定的时间内做出一件规定的事。这只是我们人生中的一个阶段,只是我们生活中的一个篇章。以前的我十分敬佩那些为了读博甚至抛家舍业之人,现在我觉得,真是大可不必。正如某部电影的台词所说:"放弃爱情的男人,没一件事干得好。"

  我庆幸自己还能走出那段沉闷的日子,我也见过很多博士将自己困在原地而变得抑郁。这需要我们不断走出"我执",拆掉给自己脖颈上戴的沉重枷锁,走出自己的"画地为牢"。不要在乎别人的眼光,不要害怕辜负某某的期望。等拉开一段时光再看,今时今日所困扰你的问题,不过是云淡风轻,甚至无从记起。正如现在在写这篇文章的我,甚至要努力回忆那些时光,才能撷出一些碎片,而那些所谓的痛苦,早已算不得什么。

二、念念不忘,必有回响

"念念不忘,必有回响。"《一代宗师》的这句台词,让我记忆深刻。但是,世事并非尽是如此,努力却一无所得的事情太多了。我一度想起我的高三班主任曾告诫我们的话:"人的一生是注定的吗?不是。如果人的一生都是注定的话,那我们没有必要去奋斗什么。因为奋斗不奋斗,都是一个样。人的一生是不定的吗?也不是。如果人的一生都是不定的话,那我们也没有必要去奋斗什么。因为奋斗的得不到好结果,不奋斗的却有好收获。正是因为人的一生在注定与不定之间,我们通过自己的努力,还能抓住一些什么,还能改变一些什么。这就是我们要奋斗的缘由。"而那时正处于选题焦虑中的我尚不知道,我想要抓住的东西,到底什么时候会到来呢?

我仍旧不断地进行选题。感觉到单纯的图像学难以进行下去,于是,我想是不是可以将其同明代诗学结合。因此,我便定下一个"明代诗学与图像"的研究方向。但是,问题在于我对图像一窍不通。直到今天,我仍然相信这是一个较好的具有可行性的选题,但并非三四年的时间可以完成。这也提示我们,要警惕跨学科的题目。第一,我们对自己学科之外的其他学科可能难以把握。第二,我们可能不熟悉其他学科的传统。比如说,在古代文学里,一提到"白鸥""南山",我们就会定位到隐逸这个格调;但在图像学里,这棵树、这块石头来自谁的笔法、包含怎样的传统、表达什么样的情感,这是需要长期的学科积淀,而非短时间内所能达到的。第三，更为重要的是，我们通过跨学科所做出的自以为创新的研究成果，很可能是其他领域的常识，最后做成了一个多学科的拼盘，没有深度。

于是，我放弃了"明代诗学与图像"中的"图像"，那么问题就变成了"明代诗学"。可是，做明代诗学的什么呢？我心里又打起鼓来。我想着做一个明代诗学的概念史，但是这种题目属于一锤子买卖，没有延展性以及可持续性。后来，我想着做明代某个时段的诗学研究，但是深感文献太多，难以做完。再后来，缩减到做一个流派的研究，仍感觉太大。最后，索性决定做个案研究。问题是，选择哪个人做呢？我选择过李东阳。他是明代正德年间的文坛领袖，重要性于此可见。可是，他的诗学研究空间仄狭，诗歌深度又有限。而在梳理明代诗学的发展时，我发现钱谦益是一个承上启下者，他总结了明代诗学，开启了清代诗学，可以说是研究明清诗学的一把锁钥。

终于，博士论文选题有了一丝微弱的光芒，而这时已经到了二年级的上学期末。如果钱谦益这个选题再不可行的话，我很可能无法按时开题。一次偶然的机会，我遇到一位研究明清文学的老师，限于时间，我只问了他一句："我博论想做与钱谦益相关的，不知可行吗？"这位老师回了一句令我印象深刻的话："钱谦益再怎么做也不为过。"由是，我坚定决心，就做与钱谦益相关的论题。虽然具体做什么，我还没有很清晰的认知，但至少心中有了底。我回去给导师写了一封长长的邮件，说明了选题的方向，导师予以了肯定，而我也打算回家过年，想着在家待个四五天，便回学校着手研究。但是，最大的危机——疫情——气势汹汹地登场了。

真是人算不如天算。以往每年假期回家的我，总要带回去一箱子书。由于这次盘算着很快回校，我就只带了一本《钱谦益年谱》回家。于是，因为疫情而被困家中的我，当真是巧妇难为无米之炊。后来随着疫情的缓和，快递逐步恢复，我终于能够在网上购书。更可悲的是，一些原先购买过的书由于放在了学校宿舍，不得已还要重新购买一遍。于是，我一边购书屯资料，一边写起研究综述。

关于研究综述的写作，我颇有发言权，因为此前不知写了多少次。首先，列清单。将所有的研究成果按时间顺序排列。当然，这些研究成果不可能一次收集完，需要在不断的阅读中再予以补充。其次，按清单顺序阅读。这样阅读的好处，是能够最快地把握学术史的发展历程。再次，删清单。当所有的研究成果都阅读完毕，这时会发现，其实很多研究成果没有什么价值，还有一些是重复研究，那么就要把这些条目删掉，最后留下一个重点的清单目录。复次，清单类分。即把重点清单目录中的这些研究成果按照所解决问题的不同进行归类，这能使我们很快把握研究的热点以及不足。又次，撰写研究综述初稿。此处的研究综述只是一个学术发展史的梳理，即将研究按时间分段，突出特点，发现问题。最后，重新撰写研究综述。在我的观念里，研究综述至少要写两遍，第一遍是关于学术史发展的，目的是发现问题；第二遍则是围绕问题本身、围绕论文所要探讨的话题，再去写一遍。甚至说，在论文写完之后，还要重新修订一遍研究综述。

研究综述如此重要，可以说把它写好了，就为论文的开展打下了坚实的基础。因为研究综述就是告诉我们：哪些研究，前人已经做过了；哪些研究，前人做错了；哪些研究，前人做得不足；哪些研究，前人还没有做过。把这些掌握清楚了，接下来需要做什么，自然也水到渠成。前人做过的研究，我们不必再做；前人做错的研究，我们予以纠正；前人做得不足的研究，我们继续补充；前人没有做过的研究，我们大做特做。这样的研究既能回应学术史，又能具有创新性。但是，对于创新性的认识，我们仍然需要警惕。改革开放以来的 40 多年里，古典文学研究得到长足的发展，你所能想到的题目，几乎或多或少都被人"染指"过。如果一味地追求纯粹的创新性，那可能无处下笔。在当今的学界，如果你发现一个巨大的学术空白，那或许只能证明两点：第一，这个题目本身没有太大的价值；第二，你读的文献还不够多。

当我做完研究综述之后，却发现原先预计的题目根本不可行。我本来是想做钱谦益的诗学研究，进而回应明代诗学的某些话题，可我发现这方面的研究已经多如牛毛。相关论著都不止一部，甚至抄来抄去，有人为此还打起了笔墨官司。这时就凸显出研究综述的功用了。我发现，虽然关于钱谦益诗学的研究已经汗牛充栋，但是关于钱谦益诗歌本身的研究仍有很大的开拓空间。于是我想，这是为什么？回到上面的两个质疑，第一，这个题目没有价值吗？显然不是，作为文坛领袖、被誉为清代七律第一的钱谦益，其诗歌价值很高。第二，是我读的文献还不够多吗？显然也不是，我已经按照列表清单应读尽读了。那么，造成这种局面的原因还有一个，那便是"困难"！钱谦益本人才高学博，罕有其匹，所写之诗，典故繁复而生僻，又为避祸清廷，故意使用廋辞隐语，就连陈寅恪先生亦感其中之艰难。可是，这不正是学术开拓的契机吗？我在博论的绪论中说明，我们需要重新检讨对"新材料"的定义："所谓新材料并非只是从来没有被人所发现的，而更多是容易被人们忽略或者浅阅读，甚至畏难而不去阅读的文本。从这个角度来讲，关注别人容易忽略的文本，深入阅读别人匆匆一瞥而过的文本，阅读别人不愿意阅读的文本，这就是新材料。"于是，大致的研究方向终于定下来了，那就是做钱谦益的诗歌。

不过，钱谦益的诗歌仍然是一个广阔的话题，怎么做？做什么？我依然没有概念。而此时距离开题已经不足两个月了。按照以往的惯例，我们不仅要提交博论的大致框架，还要提交样章。而我当时只完成了研究综述，于是决定先写一篇"投名状"。我观察到钱谦益的一组论诗诗十分有价值，而且没有太多的研究成果，准备从此入手。可当我收集好材料，设计好大致框架时，却发现有一篇刚发表出来的文章，竟然与我的许多想法不谋而合。这使我进退维谷：就此作罢吧，心有不甘；继续前行吧，又要重新构思。思量再三，我决定重新构思写作。这是我写得最为艰难的一篇文章，一方面要调整原有框架，另一方面又要避免与新发表文章的成果相重复。最终，这篇文章还是写出来了，导师虽然也指出了其中的问题，但也认为基本达到开题的标准。当务之急，是要将毕业论文的框架进一步完善。谁也没有想到，论文框架竟然是笼罩了我之后两年的梦魇。即使开题后，我还在不断调整它；即使正文已经写完，我还在继续修订它。

我经常告诫自己：我们要学着坦然接受那些自己费尽千辛万苦，却仍然一无所得的事情。不过，做毕业论文研究综述的这一过程使我感到，人生的苦难没有白白遭受的。你以为的付出没有回报，其实上苍会以另一种方式回馈于你。我先前所以为的为寻找题目而做的大量无用功，其实正是锻炼了我写作综述的能力。这使我进一步发现了钱谦益研究的问题所在，进而开展了毕业论文的写作。

三、年华五百风吹晒，一片冰心似石头

"人生不能像做菜，把所有的料都准备好了才下锅。"（《饮食男女》）博论的写作也同样如此。直到如今，我仍然诧异我的博论写作过程，简直就是"一边摘菜，一边做菜"。当然，这并不值得提倡，而是时间紧张下的一种权宜之策。

在写完一章样稿之后，我仍然没有找到一种合适的写作方式，直到很偶然的一次读书会。由于疫情，学生都未能返校，导师也担心我们荒废学业，便组织了线上的读书会。虽然这次读书会并未持续太久，却决定了我论文的写作模式。这次读书会共读的书目是一部唐代诗学书籍，但是由于我临近开题，导师特许我可以不必参加，我提议可以讲自己的研究进度，不跟随大家所读之书，导师亦欣然同意。

于是，我便开始准备读书会的内容。但准备什么东西呢？我顿时犯起了难。我决定从钱谦益的一组诗歌入手，为大家串讲这组诗。因此，我对这组诗从头到尾进行了注释，并且翻阅了以往学界的相关研究成果。我发现，以往的研究大多失之偏颇，而且存在争议之处。由是，我便在此基础上撰写了一篇文章，并在读书会上宣读。这一个偶然的事件，促成了我

对钱谦益诗歌研究的一种方法或者说"套路"。即首先选定同钱谦益的人生转折或者诗学观念有着密切联系的诗歌作品，然后予以注释，再从中发现问题，最后撰写文章。而且，我发现这也是研究钱谦益的著名学者严志雄先生的研究方法。于是，我便去揣摩严先生的治学理念。这其实也提示我们，在学术研究的道路上，我们不仅要选择自己感兴趣的学术领域，而且也要选择对我们研究有所裨益的前辈学者去学习。从本质上讲，我们都是站在巨人的肩膀上，将这份工作一步步向前推进。

选定了目标诗歌，发现了学术偶像，总结了研究方法，这时的我总算有了一些底气，并且顺利开题。但是，仍然有一个问题一直困扰着我，那便是论文的框架。虽然我选择的目标诗歌十分重要，提出的问题也较有创新意义，但论文的整体系统性比较差，看起来就像是一个个专题研究的合集。然而，这个问题并非短时间内可以解决。与导师交流之后，他建议我先把有想法的内容写出来，最后再去调整。幸而我没有执拗于框架，否则难以按时写出论文。不过，作为一个拥有"后见之明"的人，我认为这种做法具有一定的风险性，而且需要明辨论文的不同写作模式。其风险性在于，论文一旦写成，再去调整的难度会比较大，如果可以提前定好框架，则比较稳妥。而且，这只适用于一部分论文，即论文各个章节之间的关系是平行的，先写哪一章与后写哪一章，差别不是很大。但是，还有一种论文模式是递进式的，即如果不能解决前一个问题，则不能推进下一个问题，那么对于这一类型的论文，则一定要想好整体的框架再动笔。

在有一个不是很明朗的框架的情况下，我开始了博论的全力写作。论文的写作反而让我感到十分放松，因为我知道，只要我去认真研究，便一定会有所得。这种感觉同选题时相比，真是不知幸福多少。有人说，读博过程中，总要苦一阵，要么前面苦，要么后面苦。所谓"前面苦"便指选题时，所谓"后面苦"便指写作时。我觉得，苦的确在前面吃完了。我的写作过程，也是乏善可陈。不过，我总是被人询问"你每天写多少字"这样的问题。这个问题本身就是一个伪问题。我们每天写多少字，实际上是不可控的：今天想法多一点，便写得多一点；明天想法少一点，便写得少一点；后天没有想法，甚至一个字也写不出。这实在是很普遍的状态。如果一写不出东西便无比焦虑，那么往往会打乱写作的节奏。这其中有两点需要注意：第一，虽然不必要求每天写多少字，但是应该给每章预估一个完成的时间；第二，有想法就写论文，没想法便整理材料，这是对抗"今天一无所得"的焦虑的一种方法。最后，我甚至只用了一年，便将论文的初稿写完。因而，我也萌生了提前毕业的想法，无奈因为种种因素而告败。

那时的我，站在肃杀的冬日寒风里，心里无比的悲哀落寞，我忘记了前辈的告诫——世上绝大多数的事情都不是我们所能把握的。我忽然记起，我已经好久没写过诗了。于是，援笔而成《岁末感怀》，诗曰："风物萧萧不尽愁，人间何处寄蜉蝣。身来总怨树如此，道尽犹能桴作舟。胡蝶前尘成梦幻，庄周今日枕骷髅。年华五百风吹晒，一片冰心似石头。"所谓"年华五百风吹晒，一片冰心似石头"乃借用《石桥禅》典故。相传佛陀弟子阿难出家前，在道上见一少女，从此爱慕难舍。佛祖问他：你有多喜欢那个少女？阿难回答：我愿化作石桥，受五百年风吹，五百年日晒，五百年雨打，但求此少女从桥上走过。如果将学术比作我这一生所挚爱之事，那么这些风吹、日晒、雨打又算得了什么。我想，我的心还是不够坚固。

在与导师沟通后，我发现论文仍旧存在很多问题，于是也驱散了未能提前毕业的沮丧，继续修订论文。此时所谓的"修订"并非修修补补，而是我终于想到一个可以将论文系统化的主题，但是如此一来，我需要舍弃近三分之一的篇幅，再补上一半的内容，绪论还需要重写。不过，发现新框架的欣喜让我无视了这些困难，我又埋头写作起来。最后定稿的论文，总算令我颇为满意。其实，一篇文章的成败得失，无论他人如何夸赞或贬低，只有自己最清楚。欲写出一篇合格的论文，需要不断地修订打磨，不断地查缺补漏，正所谓"头未梳成不许看"，"一诗千改始心安"。

当然，现在回头再看论文的写作过程，觉得没什么可说的，或者觉得已不算什么。然而，当时沉浸其中的自己，却只能独自品味个中酸甜苦辣。虽然总体上写作状态趋于平和，但遇到思路不通、文献难找、材料不懂等问题，实在是家常便饭。正是对这些问题的审视和超越，才让我们的论文一步步趋于完善，才让我们的人生一点点厚重。塞内加曾说："何必为部分生活而哭泣，君不见全部人生都催人泪下。"那些独自落泪的时刻，那些辗转难眠的夜晚，那些落寞凄清的背影，我们不必逢人诉说，也不必乞求同情，这自会铸成我们的血肉和骨骼，而使我们堂堂正正地站在阳光下，坚毅而无所畏惧。我常常因而想起18岁时登泰山的自己，那时候，我只知道泰山的石阶很陡很峭，每一步都要走得很认真。

四、大梦觉来还是梦

《杀鹌鹑的少女》有一段著名的话："当你老了，回顾一生，就会发觉：什么时候出国读书、什么时候决定做第一份职业、何时选定了对象而恋爱、什么时候结婚，其实都是命运的巨变。只是当时站在三岔路口，眼见风云千樯，你作出选择的那一日，在日记上，相当沉闷和平凡，当时还以为是生命中普通的一天。"这一点，我在答辩时颇有体会。由于疫情防控，遂采用线上答辩；又因为时间安排的调整，故临时通知于晚上答辩，接近凌晨方才结束。

我曾无数次设想过这个场景，我会穿什么样的衣服，和老师们怎么合影，答辩完去哪里吃饭，准备什么样的酒水，我会不会喝多酒而出洋相，可是这一切都成为梦幻泡影。更奇怪的是，我设想过我有一肚子的话要说，可是在发表感言的时候，却语无伦次，不知说了些什么。直到现在，我仍旧觉得大梦过后，仿佛又是一场梦。我望着手里沉甸甸的博论，竟然毫无感觉。我在想，我不应该痛哭流涕吗？可是，并没有。直到离开学校的那一天，我坐上拉着我行李的车子，头也不回地离开了。

我不知道多年后的我，如何看待这一天。或者说，这件事情多么重大，足够改变了我的一生。如今的我觉得，奋力追逐的事情常常一无所得，顺其自然的事情往往有好的结局。我因而感到怅惘迷离——对命运的不可捉摸。我在博论的后记中也写道："钱谦益的故事让我大为慨叹的是，一个总想着逆天改命的人，反而一次又一次地被命运踩在脚下。这印证了那句话，命运拨弄人就像拨弄虫子。你索要的无人赐予，你放下的会绕一个圈再回来。命运就是这么不讲道理，却似乎又总想着教会人什么。"我不再奢求命运能赐予我什么，因为我不知它又会偷偷带走什么。我想，当你只管默默做事，而不关心有没有一个好的结果，甚至不关心有没有结果时，任何人和事物都无法伤害到你——这是属于我的"精神胜利法"。

我曾经询问过师弟、师妹们一个这样的问题："如果再给你们重来一次的机会，你们愿意吗？"他们几乎异口同声地回答道："不愿意。因为太苦了。"可是，我愿意。我愿意告诫自己需要更勇敢一些，我愿意告诫自己不要只顾着赶路，我愿意告诫自己多关心身边的人。如果要问我从这一场所谓修行中获得的最大收获是什么，那便是——珍惜眼前人。名利是无尽头的，欲望是无止境的，可是身边的人却聚散有时，他们只能陪伴你有限的时间。朱孝臧说得好："可哀惟有人间世，不结他生未了因。"

所幸，一路走来，我总是遇到善良的人。从我学习时的伙伴，到教导我的老师，再到工作时的同事，都给予了我无比的宽容与帮助。我十分珍惜这些曾给予我善意的人们，因为我知道，这并非理所应当，而是人性中散发的光辉。我也试着小心翼翼地将这些善意传递下去，希冀做一些力所能及之事，可以温暖那些在寒夜中瑟缩的人们。这大概就是我想写这篇文章的全部缘由了。

永远不要等准备好才开始写！

——针对博士论文写作中的拖延情绪

黄雨伦

2021年毕业于北京师范大学文学院文艺学专业
现就职于中国艺术研究院

- ◆ 所有这些冲突的、难以被简单概括的存在，正是思想和研究的张力，也是论文所应极力呈现的内容。
- ◆ 在写完博士论文后回望这一过程，我感到最重要的一件事就是：不要试图完成一个完美的作品，而要将整个论文写作视为一种经历和过程，给自己一个成长的机会。

现在回忆起我的博士论文写作，是一连串快乐和痛苦相伴的记忆。快乐是因为读书和思考本身。读到文科博士阶段的人，总归是有几分真心热爱读书的。因此，每每读到那些宛若闪电般穿透黑暗迷雾、照亮感觉和知识的研究时，每每感到自己更深刻地理解了一些自己的研究对象时，都会有喜悦的电流在身体里奔窜。但在此之外，痛苦也是真的。尤其是当你知道什么样的研究才是好研究并以此为标准要求自己时，就格外能看到自己的水准和这种"好"之间的差距：无论怎样努力地读，还是有海量未读过的材料，让你犹豫未读过这些材料的自己所下的判断是否准确；无论怎样努力地思考，还是有一些无法清晰整理的感觉，让你怀疑自己是否适合研究学问。

这种犹豫和自我否定伴随着我的整个博士论文写作过程，甚至一度使我无法动笔，一直拖延进度。虽然每天都在不断地阅读材料，从未有过懈怠，无论在做什么，心里都记挂着论文，但每当下笔时就痛苦地感到"我所写下的每个字都与理想的论文相距甚远"。而在和朋友们的聊天中，我并不惊讶地发现，对已经写出的论文和理想中的论文间差距的挫败感，伴随着我们每个人。或许，所有在写作博士论文的人都应意识到，自己在经营的是一项矛盾重重的事业。一方面，博士论文写作是一件极为精益求精之事。它和既往的学习过程不同，过往的学习重在"读"和"学"，即吸收已有的知识，理解他人创造的理论与方法，对现象和文本的分析和总结。在这种学习过程中，最重要的能力是同义转述，即用自身的、理解性的语言概括出对象所想要表达的意思。而对于一篇博士论文来讲，其最重要的使命则是在"学问的诚实"的基础上，"言他人所不能言"。所谓"学问的诚实"是在尽可能充分地吸收材料的基础上，对事实形成一些忠实而完整的判断；所谓"言他人所不能言"则意味着，利用特殊的视角和切入点，以清晰的方式阐述与论证自己的判断，这使得一篇优秀的博士论文虽然是以"读"和"学"为基础的，但却需要彻底粉碎所读和所学，将其转变为自己立论的部分。另一方面，学术世界中充满了理想主义的神话，热爱宣传一种追求完美、愿意因为热爱坐冷板凳的奉献精神。这种精神固然值得敬佩，但对于初入学术门庭的人来说，过于追求完美是有害的。有这样一个故事曾令我受益匪浅。故事的主人公杰里·尤尔斯曼曾经在佛罗里达大学做过一个实验。他将参加自己摄影课程的学生分为两组，一组是"数量"组，他们的最终成绩由其所交作品数量决定。另一组是"质量"组，他们一个学期只需要交一张照片作为作业，它必须足够好才能得到A。到学期结束时，他惊讶地发现，高质量的作业反而都诞生于"数量"组，因为他们在不断的拍摄中磨炼了自己的技艺，而质量组则成了一些"空想家"，只能交上一张平庸的照片。博士论文也是如此，它更应该被视作我们练习规模化、体系化学术写作的一次重要机会，而非只是我们展现毕生所学、在学术史上留下印记的一个作品。还需要注意的是，博士论文并非一场"毕其功于一役"的战争，可以纵容我们"十年磨一剑"，而更多的是一个人学术生涯的起点，一项有时间限制、需要统筹和安排的任务。传统意味上，当一个人完成博士论文答辩，他就会被视作此一问题的"专家"。在国外，当博士论文中的相关文章发表后，他就大概率会收到需要评议审核的期刊稿件。可以看到，如果将学术研究视为一种工作，那博士时光则类似于入职培训，在3—4年的时光中，博士生需要完成一场蜕变，从初入门庭的"萌新"，成长为一个在所属领域有判断力的，甚至独当一面的学者。

这种矛盾或许正是博士论文的考验：如何在规定的、不太充裕的时间内，尽可能地写出一篇优秀的、达到一定篇幅的论文？在写完博士论文后回望这一过程，我感到最重要的一件事就是：不要试图完成一个完美的作品，而要将整个论文写作视为一种经历和过程，给自己一个成长的机会。不要害怕犯错，不要害怕不完美，就像在职场上再怎么思虑周全的新人也会因经验不足犯下错误一样，重要的是你能否吸收这些经验，使其成为今后学术与生活道路上的助力。博士论文的写作是一段我直面自己各种弱点的时光：拖延，完美主义，眼高手低。但当我真的写完它，这段旅程却带给了我一些没有想到的自信：原来即使在最开始的时候一切都不尽如人意，但最后的结果却不一定那么坏，我真的可以写完一篇令自己还算满意的论文。所以，永远不要等感觉自己准备好了再动笔写，因为实际上，永远不会有真正准备好的那一天。不要一直贪婪地阅读材料而不动笔，一直在脑海中构思而迟迟不愿落笔于纸面，反而要接受自己写作一篇有瑕疵的初稿，毕竟，一篇优秀的论文实际上是一个不断调整、修改的结果。在撰写的过程中，选题、前期准备、写作的过程都格外重要。我想结合自己的经验，谈一些这方面的思考。

一、如何选题

在分享选题经验前，需要简单介绍一下我自己的教育背景，因为每个人的情况不同，而选题时最重要的就是根据自己的情况和兴趣扬长避短。我本科在北京外国语大学德语系就读，硕士和博士在北京师范大学文艺学专业就读。这是一件比较幸运的事，因为文艺学是一个"兼容并包"的学科，我们文艺学学子总是半自嘲、半自豪地讲，如果你不知道自己要研究什么，但又对许多事物拥有浓厚的兴趣，就来文艺学专业吧。文艺学专业的人，可以研究文学理论，也可以研究音乐、电影、绘画等艺术，还可以研究综艺节目、网络小说等"不入流"的大众文化，有自由而宽阔的研究领域。而我个人的语言能力也使得我在文艺学领域内有一定优势，毕竟有语言能力的加成会在选题上比别人多一些自由度。虽然语言学习没有止境，而且往往越学越能感到自己的不足，但就我自己的语言水平来说，英语和德语方面，可以做到通读和理解文献，日语方面则可以读一些简单的材料。

在博士一年级选题时，我的阅读兴趣点基本集中在近代中国，也就是晚清至新中国成立前，基本上一直在读康有为、章太炎、王国维、刘师培、胡适、周作人。所以初次和我的导师方维规教授讨论选题时，我提出想做一个讨论近代诸家文学史阐释策略的题目。我的导师是一位非常开明、喜欢鼓励学生的老师，他虽然觉得我做关于中国的题目有点儿可惜，但完全没有否定我，而是让我回去仔细阅读材料。我后来自己放弃了这个题目，因为我发现以我当时的能力和对这个领域材料的熟悉程度，很容易写成一篇各板块平行、章节与章节间内部联系比较松散的论文，而那不是我理想的论文形态。

在第一个题目失败后，我决定还是去找一个与德国相关的题目，以便发挥自己的语言优势。而在与德国相关的人物里，我最熟悉的、最喜欢的就是瓦尔特·本雅明。但很不幸的是，我和导师提出想研究本雅明的时候被直接否决了，原因非常简单，就是研究本雅明的论文实在太多了。我说我的研究是以《德意志悲苦剧的起源》为中心的。导师立刻和我枚举了近年研究《德意志悲苦剧的起源》的博士论文。当时我有一点儿不服气，因为彼时的我，凭借热爱曾很完整地读过本雅明德语全集，自信于自己对他的了解之深入和全面。但是现在回想起来，我知道我的导师是正确的。彼时我对本雅明的理解，其实是一种"转述"意味上的理解，即我或许能比较好地转述出本雅明思想的面貌，但是，这种转述只是博士论文的基础，我并没有一个具体的打算，怎样从一个特定的角度去研究本雅明，形成一种连续性观照，而只是一种简单的想研究本雅明的冲动。因此，我的导师作为一个学术经验丰富的学术质量把关者，也作为一个充分了解本雅明研究难度和研究现状的人，判断我并没有真正准备好写这个题目，他是对的。

经历了两次选题被否定让我有些沮丧。开题在即，我不得不打起精神找题目，然而反复翻阅自己过往的阅读笔记，并没有发现什么合适的。于是我转换了找题目的心态。在此之前，我一直试图找一些自己感兴趣的、有一点基础了解的问题作为自己的题目，但没有找到特别合适的。于是我问自己，那我可不可以找一个非常感兴趣但迄今没有深入的领域，把博士论文当作一个高强度学习的机会呢？怀着这样的想法，我确定了我最终的研究对象狄尔泰。他和我感兴趣的很多领域都搭边儿，比如近代知识的转型、现代学科的建立，比如史学理论尤其是德国近代的史学史（兰克、布克哈特、德罗伊森等人），再比如一个最基本的问题，就是我们究竟是如何"理解"他人的。再加上，在文艺学学科中，狄尔泰作为诠释学大咖，是一位举足轻重但研究并不充分的人物，因此我的导师直接通过了这一选题。现在想来是很有趣的，因为当我决定选择这个题目时，我只非常粗略地读了两本狄尔泰的中译本，对这个人基本上是完全陌生的。但是因为我有自己的一些问题，而这些问题和狄尔泰确实相关，所以反而让狄尔泰比本雅明更适合作为我的研究对象。

实话说，虽然我现在可以坦然地确认这个选题是正确的，但是，在写作的过程中，我曾无数次地怀疑这一点。狄尔泰是生活在19世纪的学者，彼时的学术范式、术语、思想所关心的问题于我们当下都是陌生的，这使得我阅读他的著作时，时常陷入一种"字面上讲什么我都懂，可你到底在说什么"的疑问。更可怕的是，这位学者的德语全集一共有厚厚的26卷本。而作为专人研究，通读这26卷本的著作是基础中的基础。天知道我光是读一遍这些最基础的德语材料就用了多久。更不要说用外语阅读时，虽然能够读懂，但是信息难以完全吸收形成直觉，需要不断反复阅读以加深感知。无疑，这种高强度的阅读带来的收益是显然的，即我现在对19世纪的德国哲学有一种直接的、并不假借旁人而完全从文献中来的直觉，我想，我会终身受益于我的博士论文为我打下的基础，但当中的付出、屡次萌生的换题的念头，也同样真实。从这个意味上，我真心建议大家选题时或许不必如此"地狱难度"，还是应该倾向于选择自己有基础的领域，或者语言藩篱和其他要求不高、能够较易把握基础的领域，可以省却很多痛苦。

总体来说，博士论文选题是应该慎之又慎的。它不仅关系到你能否有质量地完成一篇论文，更关系到你学术生涯的起点。选择什么样的题目作为论文选题，就是说你在辽阔的知识地图上选择在哪里给自己驻扎一个坚固而扎实的营地。因此，我结合自己的经验，认为博士论题的选择应该有这样四个方面的考虑，我将此区分为四个层面的问题：自身优势是什么？个人感兴趣的领域是什么？选题是否有可操作性？选题是否有价值？

关于自身优势，其实就是思考"有什么是我可以做的而别人很难做到的"。我认为可以从语言基础、前期研究（是否完成过相关主题的硕士学位论文、课程论文）、田野调查与人际关系资源三个方面来考量。比如我因为是德语背景出身，所以选择与德国相关的问题具有很大优势。项飚的硕士学位论文《跨越边界的社区》中对北京"浙江村"的调查之所以可能，是因为他温州人和北大学子的双重身份，使得他拥有深入接触这一群体并获得其信任的可能。学术的创新是"言人所不能言"，这并不意味着一种刻意的故作惊人的创新，而在很多时候，我们的身份、能力、经验本身，就赋予了我们一种独特的、他人没有的看问题的视角。将此发挥出来，许多新意会自然而然地降临。

感兴趣的领域则可以分为两个方面。一是从学术史中重要的问题而来，将自己的研究视为对此一问题的延续。二是从自己切身体验而来的兴趣。这种体验可以是日常的，也可以是艺术的。比如每个人都有为之深深着迷的作品。为何会着迷？这部作品究竟与其他作品有何不同？本雅明的所有研究都是从这种"着迷"的经验开始的，《发达资本主义时代的抒情诗人》就可以被视为一种对波德莱尔偏爱的辩解。从这种切身的兴趣开始的研究，能够打通我们的经验感觉与概念之间的隔膜，使得我们对作品、对理论的论述不是空疏的"就理论谈理论"，而是拥有一种和自己的相关性，并使得论文的写作增益自己的艺术感受力和思维锐度。我尤为喜欢的一篇博士论文——中国人民大学储卉娟老师的《说书人与梦工厂——技术、法律与网络文学生产》——就是这种博士论文的典范。作为一篇社会学博士论文，储老师利用了自己法学的背景优势和作为编辑的出版经历，从知识产权的角度切入了网络文学生产，当中对法兰克福学派理论的运用、对网络小说发展史的娓娓道来、对知识产权桎梏的思考，都令人深思。而当中最打动我的，则是对 21 世纪初曾经展现出爆发式生产力的网络文学的投入和热爱，这令这部博士论文读起来在细密的说理之外，有种感动人的热情。

选题是否有可操作性是在选题时最需要考量的一个问题。因为博士论文的篇幅要求，我们需要选择一个能支撑起 20 万字研究的研究对象。这其实是博士论文与单篇论文最大的不同。如果说单篇论文中，我们可以凭借自己的灵光与锐利，直接剖取研究对象的一个截面，以生产一种见解和观点为目的，那么在博士论文中，我们则需要连续而深入地挖掘同一个对象，展示其不同的侧面。这种连续性使得我们所选择的研究对象一定要是可操作的：既丰富，又要有清楚的边界。此外，我们还需要找到合适的切口，将自己的兴趣落实到研究对象中。此外，有些论文的选题需要特定的田野调查资源、外语技能和文献资料。是否有研究必备的技能？是否可能接触到研究所需的材料？这些问题都需要考虑。比如在疫情期间，许多图书馆、档案馆不提供开放阅览服务。如果想做需要查阅大量档案的历史研究，就要斟酌考虑这方面的因素。多与导师商议，借助他人经验，判断自身是否可以胜任选题，是否能够在三年左右的时间内完成写作。

最后一点，即考虑选题是否有价值。由于博士论文是学位论文，因此，选题首先必须符合学科论文的一般选题范围，需要注意所选题目的学科归属问题。其次，所选题目是否有创新潜能？我们可以通过最新研究成果判断——如果一个领域依然维持着非常旺盛的产出，且该最新成果依然能提出非常有价值且新颖的观点，就说明选题方向是大有可为的。最后，博士论文作为学术生涯的起点是非常重要的，对于博士论文的生长性以及是否有助于学术道路的长远发展也是需要多加考虑的问题。

必须要说的是，很少有一个选题能完满符合这四个方面，如果你有这样一个选题，那么我要恭喜你。但是如果没有，也不必沮丧。因为有些缘分其实可以在论文进行的过程中结下。比如我的博士论文研究狄尔泰的阐释学，但是正如我之前分享的那样，我是没有前期研究的，而国内的相关文献也很缺乏。所以我选择去海德堡大学哲学系访学一年，我记得和我的合作导师安东·科赫（Koch）谈起自己的研究兴趣时，他说我的题目是一个和海德堡大学渊源极深的题目，也确实是这样，我在海德堡大学的课堂上、图书馆里真的学到了很多东西。再比如我也有极好的朋友，在做自己的博士论文之前对所研究的人毫无感情，但是在研究的过程中越研究越觉得有意思。这些都是会在博士论文研究时不断变化、发展的。

二、研究的前期准备和撰写

在结束选题的部分之后，我想讲一讲进入研究的前期准备。这个阶段大致对应于"开题报告"阶段。开题报告最重要的功能是什么？我认为是帮助我们判断选题是否可行。而在这一阶段中，虽然每个环节都很基础很重要，但最重要的就是"文献综述"。

文献综述写得好，整个论文的写作将事半功倍。开始撰写论文时整理文献有三个功能。第一，熟悉文献。博士论文的参考文献数量一般在200以上。这么多文献在开题阶段都看过是不切实际的，而且当中的许多文献，无疑是等我们写到一个特定问题时才会去寻找的参考资料。但是，在开题阶段，我们对文献的熟悉至少要做到能够自己给自己"开书单"的程度，即大致能够把握有哪些文献是必读的、精读的，有哪些文献需要了解但泛读也可。如果你在写作之前并不特别了解所写对象，那么可以通过相关主题的博士论文和专著的文献回顾、注释、参考资料等对材料有一个初步的了解。此外，如果研究对象是西方思想、艺术史上的重要人物，那么就应该关注每隔几年由该领域最知名学者撰写的近年研究状况总结。第二，博士论文要求创新，但是这种创新并不是没有基础的创新。我们需要了解相关领域人的观点和判断，才能和他们形成对话并有所创新，因此，文献综述能帮助我们整理研究现状。第三，文献综述可以帮助我们熟悉"学术史"中的重要问题，从而形成一种问题意识。当有了这些问题意识后再去读原始的、基础的材料，就会像奥尔巴赫所说的那样，有了一些理解、归纳材料的概念工具。比如我在写开题报告的文献综述阶段，意识到大家倾向于将狄尔泰归到一个因为反黑格尔、反形而上学而强调历史主义乃至相对主义的框架下，因此在阅读狄尔泰原文时，我有意识地带着这个问题进入狄尔泰，就发现二者是有所抵牾的。这是一个初步梳理材料的过程，能让我们在别人的帮助下，比较有效率地将凌乱的材料梳理成不同的脉络，和不同的学术传统发生对话关系。往往属于你自己的问题和角度，就是在这个过程中诞生的。

很少有博士论文的完成是一气呵成的，大多数博士论文——包括最好的那些——都是不断调整材料、论证、线索和结构的产物。因此，这种从阅读、整理文献至发现问题再至阅读、整理材料的循环，实际上伴随着我们整个论文的写作过程。在论文的每个具体的部分，都需要我们进行一些"微操"，而这会不断加深我们对对象的理解，从而改变论文的整体面貌。市面上的博士论文写作指导总是教育我们，写论文要先高屋建瓴，进行整体构思，设计严谨的宏观论文结构。但实际上，就我个人的经验来说，若想让论文贴合所论述对象的肌理，而不是在某一框架下肢解对象，那么论文的结构很难在一开始就确定。所谓"学问的诚实"，某种程度上是在要求我们尽力摆脱一切先入为主的观念（当然，从某种意味上我们不可能真正摆脱），彻底地浸润到材料之中。在这个过程中，我们会发现材料溢出固有观念的部分，超出如今刻板理解的部分，而那正是论文生长的地方。可以说，论文的写作框架不是在下笔之前就定好的，而是在写作过程中慢慢浮现的。我在论文写作中就经常遇到这样的情况：开始有一个很好的想法，但在阅读的过程中发现难以找到支撑的材料，于是不得不放弃这一想法。有时，材料甚至会引导我走向另外的、甚至和最初的设计相背离的结论。但是，不要害怕这种背离，因为所有这些冲突的、难以被简单概括的存在，正是思想和研究的张力，也是论文所应极力呈现的内容。

某种意味上，论文的写作就是从材料到问题/结构再到材料的循环往复，从论文的整体，到论文的每个具体部分，都是如此。因此，像博士论文这样篇幅的文章，是不可能等你准备好才开始写的。因为小到每个部分的论述，大到章节与章节间的布局，都只有等到具体的写作时，才能察觉到其中的线索是否顺畅。在脑海中演绎一千遍的逻辑，等到下笔后才发现缺乏关键材料的支撑，这种捉襟见肘的情况在论文写作中屡屡发生。在写作过程中，材料的准备始终是论文最基础，也是最为艰难的一步——一旦你的材料准备充分，一些写作上的困难或许就迎刃而解。我的一位师姐为撰写论文准备了大约40万字的材料，她说自己的论文写作就是每写一章便用约两个星期的时间把所需要的材料都罗列出来，排布好先后顺序。一旦顺序定下，论述思维也就清晰了，撰写成文只需要花费一两天的工夫，足可见材料本身即可帮助我们厘清论文中逻辑的串联与论证。而在具体的章节和论文的整体框架之间，则需要一种动态调整。需要有意识地思索每一章节的内容和论文主题间的联系，论文原有主题在加入新的章节后会有什么变化，以便在具体的写作中突出线索，呈现出思考的连贯性。

这种具体章节和整体框架间的调节和平衡是一件困难的事情，写作过程中时常会在此遇到瓶颈。我们需要意识到，这种瓶颈是最正常不过的事情，因此无须产生畏难的情绪。不要担心自己写的东西不够好，不要担心自己没想明白，尝试着把现有的东西表达出来。此外，学会寻求帮助也是博士论文写作的重要维度。我的许多朋友，包括我自己在内，在写作论文的时候时常闭门不出，不愿与人交流。所以我们后来组了一个"兴趣小组"，在小组里，可以选择直接将自己写完的部分给信任的学术伙伴看，也可以选择和朋友直接谈论自己在论文中遇到的问题。事实证明，这种做法非常有效。因为我们自己距离新近撰写论文的心理距离太近了，近到并不能客观地把握其优劣，而我们信任的、与我们分享相似学术志趣的伙伴则能从一个比较抽离的、客观的视角做出反馈，这有益于我们校正自我评价。而和朋友交流论文中的问题，则意味着你要把写作、思考中遇到的专业性很强的问题，以一种简单易懂且逻辑清晰的方式分享给他人，这一过程本身就是对论文思路的整理，有利于新想法的迸发。当然，在朋友之外，导师也是我们获取帮助的重要渠道。许多博士生畏惧自己的导师，但是其实和导师建立一种定期的制度性互动与反馈联系是对写作和身心都非常有益的。在和导师的交流过程中，要避免询问抽象问题。何谓抽象？即××问题我该如何写。导师有时并不是博士论文领域的专家，对于资料并不熟悉。这样的问题反而会让他们犯难，不知如何提供帮助。具体的问题或许会更有益，比如，针对我想写的这个问题我有几点想法，但是它们纠缠在一起，我要怎么论述清楚。在和导师的互动过程中，我们需要学会怎么提"好问题"，这种"好问题"不是智识上的炫耀，而是能够切实帮助到自己、打通关节的问题，这种提问会带给我们真正有帮助的回答。

  当人以严格的标准要求自己，也会因为这种严格而受挫、拖延。许多拖延症论文患者之所以拖延，是因为他们害怕写出的东西达不到自己的期望。但我仍然想说，永远不要等到准备好再动笔写。二十几岁时所写的论文，是永远没有所谓"成竹在胸"的一天的。在有了最基本的想法后，只有开始动笔写，你才真正知道自己还需要学习什么，还需要看什么，还需要了解什么。恢宏的罗马如果不开始建造就始终只是概念，唯有砖瓦匠知道如何将手里微不足道的灰砖垒成那堂皇的拱顶。

近乡情更怯

——关于博士论文的前前后后

黄金城

2014年毕业于北京师范大学文学院文艺学专业
现就职于华东师范大学

◆ 或许，只有开始写东西，甚至只有把东西写完，才知道自己真正想写什么。

2019年年底，拙著《有机的现代性：青年黑格尔与审美现代性话语》出版了。由于师友们抬爱，这本由博士论文修改而成的小书让我在朋友圈里有了一点名气，以至于今天张颖老师还能想起它来，让我谈一谈博士论文写作过程中的经验。在德语中，"经验"叫作"Erfahrung"，指的是某种在反复实践中形成的知识。我以为，"经验"是可传授的，庶几近于"智慧"。就我的博士论文而言，尚有自知之明的我乐于承认其中或有可取之处，但绝不敢妄称它是什么优秀或成功的案例。因此，我不能冒失地谈论"经验"。不过，我已经冒失地接下了稿约，只能把这篇命题作文做完。现在，回想起我的博士论文，前前后后，历历在目。我知道，这些对我的个体生命来说值得注意或铭记的东西，在德语中只能称为"Erlebnis"，也就是"经历"或"体验"了。我只能在这个意义上，来谈一谈我那篇久违了的博士论文。

我为什么会在读博期间写作一篇有关黑格尔有机体概念的论文？缘由还得从更早的求学经历说起。2003—2009年，我在中国人民大学文学院度过了本科和硕士的求学岁月。从一开始，陈奇佳老师就是我最亲近的老师。或许是我表现出来的求知欲让他对我心生好感，他时常带着我去各处学术书店买书，甚至不时带上我坐着300路公交车，从四通桥转过大半个三环，到成寿寺去买碟。当然也少不了吃饭喝酒。在种种场合间，他不时感慨，他虽然研究尼采，但内心无比热爱康德，他是以康德立场来研究尼采的。又说，黄克剑老师对康德推崇备至。或许是这种耳濡目染让我下定决心，通读了一遍"三大批判"。阅读过程中当然不求甚解，但也偶有所得。我于是写了一篇有关康德自然与自由概念的本科毕业论文，然后就跟随陈老师读了硕士。

在那段时间里，我对乌托邦思想颇为着迷，对形形色色的反乌托邦话语抱有论辩的激情。同时，我也对席勒以降的审美乌托邦思想感到不满，认为它阉割了乌托邦思想的政治潜能。于是，凭着一点微末的康德知识，更多的是凭着一股子少年意气，我真可谓洋洋洒洒地写出了一篇硕士学位论文。论文的主旨便是"正本清源"地用《判断力批判》驳斥审美乌托邦理论，并为乌托邦思想辩护。现在看来，这一主旨大概只是一个愣头青的执念。不过，在个别具体问题上，这篇论文似乎还有些许见解。这些见解后来整理成文，承蒙王峰和王嘉军两位老师赏识，发表在《文艺理论研究》上。

那时候的我有些懵懂。临近硕士毕业，同学们有的选择出国留学，有的选择工作。我只知道继续做学问是安身立命的不二选择，但具体何去何从仍然毫无打算。陈老师见我满脸茫然，就把我推荐给曹卫东老师。在那个推荐电话中，只听得陈老师说，这个学生在念康德，基础不错云云。我不禁莞尔，原来念康德是一个有说服力的推荐理由。于是，我便开始备考北京师范大学文艺学专业，同时想着，既然已经读了康德，那接着就是读黑格尔了。在考博面试上，只记得王一川老师等几个考官问了我一些学习和研究的背景问题之后，曹老师接着问道："博士期间想研究什么？"我脱口就答："我想研究黑格尔。"曹老师扬起眉毛，一脸严肃地盯着我说："那要学德语。"面试就这样结束了。

2009年9月，我考入北师大文艺学专业，开始在曹老师门下攻读博士学位。开学后，我就在四通桥的歌德学院报名学起德语。女友留在中国人民大学念博士，于是，每周在歌德学院上完课之后，我便回到人大校园，生活没有发生太大的变化。不过，学习节奏则紧张了许多。一方面当然是因为德语学习，另一方面则是因为曹门的读书会传统。曹老师给门下学生开列了一个必读书目，自然都是古往今来的经典著作，他要求大家每周阅读一本，在读书会上做报告。当时，曹老师的政务已经相当繁忙，和学生相处的时间自然少了许多。不过，每周五的读书会他仍然会尽可能坚持到场。有时候，看到我们答非所问，不知所云，他会阴沉着脸批评人，那副严肃的样子着实会让人心中一凛。不过，当他心情愉快的时候，也会和我们讲起他的求学经历和治学心得，其中很有几分传奇色彩，有些事迹虽然已经讲了几遍，但每次听他说起，我都听得津津有味。师姐师妹们都喊他作"师父",我暗自觉得这个称呼显得亲昵,似乎不适合刚入门的生性拘谨的我,于是改口称他为"老师"。不过,我内心一直把自己当作"学徒"。当时,师兄师姐们有的已经毕业,有的还在留学,有的在职读博士,常年不在学校。于是,博士一年级那年,我便成为读书会上唯一的在读博士生。在硕士师弟师妹们的称呼中,我便僭越为"大师兄"。后来,晚入门的王蓉、田艳比我年长,也跟着这么喊,直把我喊得哭笑不得。我的博士念了五年,在读时间最长,经历了曹门人丁最为兴旺的时光。

在曹老师门下学习,我有时会协助曹老师完成一些学术工作,这些工作自然也免不了要大量接触德文文献。那时候,我刚开始学习德语,顶多也就是 A2 水平,面对那些德文材料,实在头皮发麻。我只好硬着头皮,使出浑身解数,誓要把材料弄懂,至少也要把它理解得八九不离十。正所谓:只要思想不滑坡,办法总比困难多。现在,每当我看到一些德国哲学译著,发现有些颇有名气的译者连原文都看不懂时,不免暗自庆幸自己的德语阅读能力似乎还过关。今天想来,这种阅读能力恐怕和 10 多年前的这些近乎蛮干的训练有关。所以,我时常回味着黑格尔对康德认识论的那个著名批判:"在没有学会游泳以前勿先下水游泳。"也经常把这句话送给身边有志于学的学生。

我在曹门求学的时候,曹老师的学术重心已经从法兰克福学派研究转向德国思想史研究。他不时向我们坦露心迹,说要写一部三卷本的德国思想史,提纲早就拟好了。当时,他已政务缠身,说起此事,神情和言语之间总是流露出无奈和失落。有一次,他终于忍不住,打开电脑,颇为得意地向我们展示那份提纲。一位师妹边看边呼:"风一样的少年!"我也上前看了看,这是一份纵贯 18—20 世纪,横跨保守主义、自由主义和社会主义的思想史提纲,端的是高屋建瓴、要言不烦,不由得暗自赞叹他的思想视野和问题洞识。或许是为了推动这个宏大的学术计划的实施,曹老师创办了德国研究中心和辑刊《德国学术》。于是,我、匡宇和汪尧翀等几个在读博士生(以及已在上海人民出版社工作的师妹贾忠贤)便成为协助曹老师打理这份辑刊的主力军。我们也因此得以接触曹老师从德国复印回来的大量思想史文献。一个午后，曹老师让我们帮他整理一处办公室里堆放的复印资料。走入那间办公室，我就像老鼠掉进米缸那般兴奋。当时，我已经对某些思想史话题感兴趣，并开始着手博士论文的题目。那天下午，我就在那间办公室里翻看那些复印资料的目录，每当发现一本与我关注的话题相关的复印资料时，便欣喜不已。这些资料，莫说国内的图书馆，恐怕连德国大学的图书馆，也很不好找。于是，我当即"借"走了一些资料。不能隐瞒的是，这些资料再也没有回到曹老师手里，而是跟着我千里迢迢从北京来到了上海。遗憾的是，我在撰写博士论文时还未能用上这些资料，只是在后来修改博士论文和写作其他文章时，才略微使它们派上用场。

在曹门学习的5年里，我和曹老师单独见面的机会并不多。通常的情形是，他把我们几个叫到办公室，匆匆交代完事务就把我们打发走了。有时候，在半夜十一二点，他会突然给我打电话，让我去一趟办公室。当我推开办公室的门时，他往往还在橘黄色的台灯灯光下工作，便让我坐下等一等，又埋头工作。我坐在沙发上，颇感局促，只好强装自若，到书柜前翻翻这本书，又翻翻那本书。时间一分一秒地过去，过了大半个小时，他才把手里的活儿处理完，让我陪他散步回家。我总以为他有什么事情要专门交代，不过，一路上也就是聊聊天。有时候，他会讥诮而不无警示意味地说，在这个社会上，绝大多数人拼的不是智商，而是努力。有时候，他会语重心长地说，学术是一场马拉松。有时候，他又会意味深长地说，做学问首先要学做人。这些话大有深意，我接不上茬，只好唯唯称是。后来，当我发觉自己精神怠惰时，总会回想起这些场景，心里感到丝丝惭愧。有一次夜间散步，他问起我的博士论文选题。我说，我想写黑格尔的有机体概念。他说，这个题目好，要注意和思想史关联起来。我的博士论文选题就这样确定了。

我为什么会想到这个题目？最初的问题意识恐怕还和写作硕士论文

时的某些初步思考相关。那个时候，我还没有什么自觉的目录学意识。在检索英文资料时，自然而然地便找到了阿伦特的《康德政治哲学讲演录》。我觉着篇幅不大，就读了一遍。阿伦特试图从《判断力批判》中重构康德的未成文的政治哲学，这种研究思路让我豁然开朗，直觉得《判断力批判》里，除了一些已成为常识的美学命题之外，还别有洞天。差不多与此同时，我误打误撞地读到利科《论公正》的中译本，里面就有一篇关于阿伦特《康德政治哲学讲演录》的评论文章。在那篇文章里，利科有一个精辟而显豁的评论：阿伦特的康德政治哲学重构是一种"押注"，把赌注押在了审美判断力之上，而无视了目的论判断力。读过第三批判的朋友想必知道，有机体是该著第二部分即"目的论判断力批判"的主导概念，而康德概括了有机体作为自然产物的有组织且自组织的结构特征。我当时注意到这种结构特征所隐含的共和主义旨趣，因此试图以有机体为原型来理解康德的"目的王国"。利科的判断促使我在硕士学位论文里对阿伦特提出了一些批判性意见。而在写下那些文字的时候，我油然回想起以前在图书馆书架间逡巡时的一幕：书架上的《判断力批判》上卷完全被翻烂了，而下卷则崭新如初。原来，在邓晓芒译本问世以前，通行的译本是由宗白华、韦卓民两位先生合译的。宗白华翻译第一部分"审美判断力批判"，韦卓民翻译第二部分"目的论判断力批判"，而商务印书馆的《汉译世界学术名著丛书》则将这两部分分成上下两卷出版。图书馆藏书的那一幕，相当直观地反映了当时国内学界对《判断力批判》的一般接受状况，那就是片面地接受审美判断力，忽视了目的论判断力。与此同时，我也在康德的书信集中注意到一个细节：当康德完成前两大批判之后，开始构思的只是一部名为"鉴赏力批判"的著作。那么，当这部著作最终以"判断力批判"的题目问世时，不正是表明康德关于第三批判的致思重心已发生了某些改变？甚至，不妨说，这个重心难道不是已经从审美判断力位移到目的论判断力上面？这些发现都让我对有机体概念产生了极大的探索兴趣，并且萌发了重估目的论判断力的理论意义的想法。

在笃定要研究黑格尔之后，我就开始断断续续地阅读。据说，马克思把黑格尔的《美学》当成消遣读物，所以我就想着从《美学》开始培养阅读黑格尔著作的感觉。甫一打开书页，我很快就被书中星罗棋布的有机体概念吸引。这种概念使用现象，自然促使我发出一些十分初步的语义学问题：有机体到底是一个可以简单打发的隐喻或类推，还是一个有其内在理据的理念？我就带着诸如此类的隐含问题读起了《精神现象学》和《小逻辑》。我自信对康德的有机体概念颇有心得，不过，在读到黑格尔那个套嵌在诸如"生命""灵魂""本质""内在""外在"等术语中的有机体概念时，我真觉得这个概念是那么熟悉，又那么陌生。不过，《哲学史讲演录》中的一个论断倒是给我吃了颗定心丸。黑格尔说，判断力理念的对象"一方面为美，一方面为有机的生命；而后者是特别的重要"[[德]黑格尔：《哲学史讲演录》(第四卷)，贺麟、王太庆译，商务印书馆1978年版，第294页]。看到这个论断时，我如获至宝，因为我此前对《判断力批判》所形成的一些初步判断在这里得到了印证（唉，这真是一个诉诸权威谬误的活案例）。当时，在纯粹的理论层面上，我对黑格尔的有机体概念仍不明就里，更没有深入的研究，但考虑到有机体概念在康德和黑格尔那里呈现出那么丰富的语义学现象——诸如艺术作品作为有机体，国家作为有机体，等等，我相信，从康德的有机体概念出发，必定大有文章可做。

可是，这个文章怎么做？

在黑格尔的有机体概念这个选题方向确定下来之后，我便开始着手开题报告，撰写文献综述，进行创新性和可行性论证，构拟研究提纲，等等，自不在话下。忙活了一段时间之后，我写了一份两万多字的开题报告，题为"黑格尔的有机论"。其中，研究提纲自然是从我念兹在兹的那个所谓"被忽视"的《判断力批判》第二部分出发，提出问题。接着，提纲分成上下两编。上编试图展开正面的理论分析，由有机论的世界观背景展开话题，重点落在对黑格尔哲学内部的有机体概念的理论分析之上。下编则试图从发生学的角度出发，沿着黑格尔著作的形成史，讨论其有机体概念的演变。现在，当我重新打开这份开题报告的文档时，我从中看到的，只是一个得意扬扬、实则左支右绌的初学者的滑稽形象。研究提纲一开篇就口出狂言：半部《论语》治天下，而半部《判断力批判》就统治了中国美学界。这还没完，我还在脚注里煞有介事地引用黄克剑老师的《康德哲学辨正——兼论哲学的价值课题》一文。现在直把我看到心惊胆战。我的天，此等"迷之自信"，从何而来?!幸好当年曹老师诸事繁忙，大概无暇细看我的开题报告，否则少不了一顿挨骂。

在开题报告会现场，我就被浇了一盆冷水。我阐述完毕之后，当年仍然健在的童庆炳老师率先发言。他的原话我已经记不清了，大体意思是，这个题目不适合文艺学专业。其他老师也各自说了几句意见，我就悻悻然下场了。不过，当时的我想必不会沮丧。过后，我试探性地问曹老师，要不改个题目？他说，没事，你就写你想写的。

当时，正好赶上国家留学基金管理委员会的联合培养博士项目。我把"黑格尔的有机论"这个研究提纲缩略翻译成德语后，就在网上查找德国黑格尔研究专家们的联系方式，打算逐一发邮件联系合作导师。首先联系的是柏林洪堡大学神学系的安德里阿斯·阿恩特（Andreas Arndt）教授，他是国际黑格尔协会主席。我很快就收到他的邀请函，我想着，柏林洪堡大学是黑格尔执教过的地方，到那里去学习黑格尔哲学，再合适不过了。我拿着阿恩特教授的邀请函，顺利地申请到留学基金委的联合培养博士项目。

从 2011 年 10 月到 2012 年 9 月，我在柏林度过了一年时间。在我的想象中，完美的留学生涯大概是刻苦学习，广泛交游，遍览胜景，学成归来。但我跟这一切都不太搭边，终其一年，我都克服不了异乡人的不适应症。我跟着上了阿恩特教授的几个讨论班，主题涉及施莱尔马赫的早期著作、青年黑格尔派的宗教批判以及《资本论》。不过，我的德语交际能力不足以使我真正从中受益。我和阿恩特教授也只有草草的几次交谈。在那段时间里，最愉快的时光莫过于每周六在博物馆岛旁边的旧货市场买书的日子了。第二年，我从德国运回了400多斤重的德文书。关于这段留学经历，我现在很少主动提及，顶多只是在简历中写上一笔。后来，学界有些朋友听说我曾留学德国，便流露出赞美之词，朱国华老师就在一旁打趣说："他这只大闸蟹只是在阳澄湖里泡过几天。"这算是帮我打了圆场。

刚出国时，曹老师正在筹办《德国学术》第一辑《德国青年运动》。我带着一篇尚未完稿的主题文章来到德国，花了一两个月时间在洪堡大学图书馆和柏林国家图书馆补充了许多原始材料之后，才心满意足地给文章画上句号。随后，想到手里还有一篇有关托马斯·曼文论思想的文章初稿，于是又利用图书馆的资料把它扩充了一遍。这些文章后来似乎产生了一点反响。不过，在当时，我的博士论文却迟迟没有动笔。在此期间，我在洪堡大学图书馆沿着有机体的线索看了一些参考材料。不过，面对黑格尔的有机论这个话题，我仍然一筹莫展。其实，按照论文开题时的设想，我本打算对黑格尔的有机体概念展开"正面强攻"。但我渐渐发现，研究是一种理论重构，但我始终找不到合适的理论重构方式。或者说，我不知道从何下手，找不到一种我所能理解的方式来处理这个概念。没有进行理论重构的攻城武器，还怎么摆开阵势来正面强攻？我便宽慰自己，多看些材料，多酝酿一些时候，时机一到，自然水到渠成。但是，不得不承认的是，我在当时以及后来相当长的一段时间里，早已没了开题时候的那种自信，有意无意地选择了逃避。回国之后，博士论文还是一个字都没着落，我便提交了延期毕业申请。就在这时，曹老师正组织人手翻译梅茨勒出版社的《哈贝马斯手册》(*Habermas-Handbuch*)，这倒是给我提供了一个顺当的逃避理由。那段时间里，我翻译了10多万字的稿子。现在，我对自己的译笔还有点自信，基础便是在那个时候打下的。

但时间日渐紧迫，"黑格尔的有机论"这篇文章到底应该怎么做？这已经成了一个避无可避的问题了。我一再延期毕业，最后只能在本科生公寓里讨得一个过夜的床位。幸好德国研究中心在学十六楼有一处办公室，我便把所有能够想到的资料都搬过去，驻扎在那里读书写作。那个时候，匡宇、刘长星、王蓉和汪尧翀等几位同门经常过来讨论《德国学术》的相关事宜。讨论完工作之后，我们一起聊天，倒也其乐融融。小汪见我埋头工作，到了饭点就过来喊我吃饭，或不时给我带饭过来。在同门的博士生中，只有他年龄比我小，每当读书思考有所得，我便摆出师兄的样子，兴奋地向他阐述一番。现在想来，这其实是一个消化材料和梳理思路的过程，难得小汪有耐心听我自顾自地说。

既然无法对论题展开正面强攻，那就只能从侧面"偷取"。于是我转而集中阅读黑格尔的早期著作，试图从中寻找作文的线索。终于有那么一个瞬间，我觉得自己仿佛弄通了什么。在阅读黑格尔早期的权威宗教批判时，我发现，他把"权威性"（Positivität）的本质界定为机械论，并由此延伸为对知性思维的批判，而这种批判诉诸有机体—机械体的语义学对立。机械论本是启蒙主义的思维方式，当启蒙主义用机械论来批判权威宗教时，黑格尔却通过其权威宗教批判，在更本质的层面上指认了启蒙主义本身的权威性。我顿时觉得，这种戏剧性的张力仿佛就是"文眼"，有了它，一切文章皆可做。有机体话语作为启蒙批判，这样一个宏观论旨马上在我脑子里成型。我想起曹老师一开始对我的提醒，感到可以把有机体处理为德国保守主义思想史的一种核心话语。通过这个思想史视野来思考问题，理论视野似乎一下就打开了，而且话题讨论起来仿佛也有了某种纵深感。对于写作来说，更重要的是，这个视野可以直接盘活在此期间阅读的背景性材料。我逐渐感到对话题有了一些把握能力，也觉得沿这个方向写下去，效果大体不会太差，就边看资料边写起来。

我向来有点失眠，觉着写文章就像入睡，开头的入睡环节最为煎熬。不过，真正写了一段时间之后，也有了渐入佳境的感觉。或许，只有开始写东西，甚至只有把东西写完，才知道自己真正想写什么。我很快就推翻了原有的研究框架，把话题集中在青年黑格尔的有机体话语上，因为有限的时间和有限的能力已经不允许我去处理黑格尔成熟时期的著作了。同时，在读了一段时间的浪漫派文献之后，我认为完全可以把浪漫派的自然哲学及其有机体概念把握为一种审美现代性话语。进而，考虑到黑格尔与浪漫派那段从合作走向决裂的思想纠葛，我觉得以有机体为契机，似乎可以讲述出一段还有些许意味的思想史故事。于是，便形成一个新的题目——《论有机的现代性：青年黑格尔与审美现代性话语》。在这个题目之下，大体的讲述方式是：第一章讲述 1800 年前后德国知识界如何对启蒙主义的机械论本质实施反动；第二章讲述青年黑格尔（伯尔尼和法兰克福时期）如何分享浪漫派的有机体话语；第三章讲述青年黑格尔（耶拿时期）如何出离和克服浪漫派的有机体话语。不过，我必须承认的是，写到第三章时，我就力不从心了，因为我已经完全来不及充分研读黑格尔耶拿后期的文稿了。这个时候，我的博士已经读到了第五年。我看字数已有十七八万，作为博士论文，堪可交差，就草草作结，提交答辩了。然而，它和我的预期目标已相去甚远。

在论文答辩会上，陈剑澜教授、方维规教授、蒋原伦教授、王焱研究员和赵勇教授等几位答辩委员对我的论文赞赏有加，使我备受鼓舞。不过，我深知论文仍存在诸多缺陷。坦率地讲，对于黑格尔以及我所处理的这个论题，我还谈不上做了多么深入的研究。我不过是凭借一点小聪明，找到一种我所能把握的"做文章"的方式，差强人意地把它做了出来。所以，除非某些场合所需，我不敢冒称它有什么"研究意义"。这只是来自一个有点求知欲的学生试图去理解一种伟大思想所采取的权宜之计。这篇文章或许有些优点，如行文洗练、论述干脆，但这只不过是来自一个中文人对遣词造句的癖习。其间或有新意，但这点新意直到后来修改成书时，我才真正有所把握。所以，我只是把这篇博士论文当成学生时代的充满遗憾的习作，并且时常懊悔，想着如果可以重新开始，我或许可以把它写得更好。这点曲衷，那些对我赞誉有加的师友们未必知道。在博士毕业之后，我曾打算对书中的论题展开更深入、更得体的研究，但由于性格疏懒，精神怠惰，后来把博士论文修改成书时，也未能真正弥补这些缺陷。对于一个学者来说，博士论文是学术生涯的出发点，现在，当我回顾起博士论文时，我越发感到仿佛游子归家。可是，近乡情更怯。

历史学博士论文写作经验浅谈

焦天然

2020年毕业于北京大学历史学系中国史专业
现就职于中国艺术研究院

◆ 博士论文的写作就如引一曲蜿蜒的活水，随势而行，不拘泥，不放纵，终成一泓清池。

2022年年初，李修建老师向我约稿，让我来谈一谈博士论文写作。李老师的盛情邀约令我感到十分荣幸，亦感十分惶恐。因为我是历史学专业出身，博士论文以西北出土简牍研究汉代边郡制度，研究本身较为冷僻，而不同的人文社会学科的研究方法大相径庭，各学科的博士论文写作也很难有一个统一的范式，所以深恐自己的经验没有广泛的适用性，唯愿勉力一试，期望能对同专业的学生稍有帮助。

博士论文的写作过程一般是：确立选题，搜集材料、梳理学术史，搭建论文结构框架，写作，修改，其中前三个部分需要在开题之前完成。下面，我就以此为顺序，谈一谈个人博士论文写作的经验与感悟。

一、确立选题

选题是博士论文的重中之重，可以说选题与博士论文的学术水平和创新程度直接关联。在博士入学面试时，按照惯例导师会询问博论选题的初步构想。博士论文是一部体大思精的学术研究作品，需要依靠平时系统学习和研究的长期积累，很难一蹴而就。确定选题时，一定要优先考虑研究目的和研究范围，而对选题的构思则越早越好。这样才能在博士学习期间更加有的放矢地积累素材，在确定研究目的的基础上，对研究范围进行适当调整，让其更加翔实充备，利于论文写作时的选择和取舍。

研究目的是指向研究的学术价值，要考虑所选问题的研究现状与是否有进一步深入的发展空间。研究范围则是要给论文设定一个界限，这个界限的确定，考虑到文科博士论文一般需要15万—20万字，所选题目既不能过于细小琐碎，一定要能支撑得起这样的写作体量；也不能过于庞大空泛，超出自己学术研究水平所能驾驭的范畴。创新是博士论文的核心问题，如果有幸能发掘到前人未曾留意的领域最好，但像秦汉史这样的专业方向，因为传世史料非常有限，我们面对论文选题时，往往会发现所有自己能想到的题目前人都做过了，而且做得相当好，或许只能做一些修修补补的工作，但很难做出自成体系的理论创新，那么转而研究出土文献等新材料，就成了一个很好的选择。所谓"地不爱宝"，简帛研究是 20 余年来历史研究的热点，其内容统分为典籍与文书，而其中文书又分为诏书、法律令、户籍以及日常行政记录的官文书和以书信为代表的私文书，这些文书为研究秦汉的统治秩序、行政制度与社会生活提供了非常宝贵的材料。

在我思考关于选题的第一步时，首先要面对的一个抉择就是要不要继续对硕士学位论文的主题进行深入扩展。一方面，如果能把硕士论文变成博士论文中的一章，无疑会省不少力气。另一方面，我的硕士论文的研究内容是秦汉时期的月令制度，在写作时便已经颇感遭受材料不足的桎梏，当时我对银雀山汉简《三十时》的研究遭遇瓶颈，而北大简《雨书》、清华简《四时》《五纪》均尚未公布，导致我在旧有研究基础上难以推进，而新的领域也无法开拓。最终，我放弃了硕士论文的论题，开始重觅新题。

寻找博士论文选题时首先要审视自己所处的学术背景和时代，翻检所能接触的文献基础材料。所幸我在硕博期间参与过大量简牍与墓志等出土文献的整理与释读工作，其中最为熟悉的是以居延汉简、居延新简、肩水金关汉简、额济纳汉简、敦煌悬泉汉简等为代表的西北简牍，因此，我在确定博士论文选题时自然希望以这些简牍为主要研究材料，进而我考虑了一下这些材料能否满足博士论文体量和深度的要求，结论是应该可以。以简牍材料为中心展开研究，其最基本的创新之处在于新出简牍的公布和已刊布简牍图版、释文的更新。西北汉简的发掘始于 20 世纪初，自斯坦因在敦煌酒泉的烽燧中发掘了 1000 余枚汉简，揭开了西北汉简发掘与研究的序幕。20 世纪 30 年代，中瑞合组西北科学考察团成员贝格曼在额济纳烽燧中发掘到简牍 1 万余枚，主要以大湾、地湾、破城子三地出土居多，即所谓"居延汉简"，又称"居延旧简"，现藏于台湾"中央研究院"历史语言研究所，经由劳榦先生拍照整理编成《居延汉简甲乙编》，一直为学界所用。2012 年开始由邢义田老师主持拍摄红外线图版，并重新校订释文，编成《居延汉简》一套丛书。我在台湾大学交流时，有幸参加了第二册的校释工作。20世纪70年代甘肃考古队在额济纳河流域的汉代甲渠侯官（A8）、甲渠第四燧（P1），肩水金关（A32）等三处遗址发掘出土19000余枚简牍，就是居延新简与肩水金关汉简。北京师范大学张荣强老师和中国社会科学院马怡老师主办的京师读简班，用五年的时间重新校订居延新简，成果编为《居延新简释校》一书，我有幸全程参与。甘肃省文物考古研究所的张德芳先生主持重新拍摄红外线图版，并校订释文，编成《居延新简集释》一套丛书。1979年，甘肃省文物工作队在敦煌西北马圈湾汉代烽燧遗址发掘出土1217枚简牍，2013年，整理出版为《敦煌马圈湾汉简集释》一书。2000年前后又在额济纳采集500余枚汉简，图版与释文在2005年《额济纳汉简》一书中公布出版，又在2017年出版了《额济纳汉简释文校本》。肩水金关汉简从2011年陆续公布出版，20世纪90年代开始发掘的敦煌悬泉汉简也在陆续刊布。也就是说，在我博士论文写作之时，新的西北简牍在陆续刊布，旧有的简牍则几乎都更新了图版和释文，因缘际会，所逢其时，这些简牍材料都是非常有益的研究基础。

下一步就是考虑论文主题的落脚点。这些简牍是在烽燧中出土的，作为河西边郡的行政记录，内容丰富，包含了大量的诏书、律令、司法文书、簿籍、符传、私信及典籍等，可以从中了解汉代边郡的官僚系统、侯望系统、屯兵、屯田、仓库、邮驿等方方面面的重要信息。那么面对这样庞杂的材料，我的博士论文主题要落在何处呢？烽燧是侯望系统的最底层，燧上有部，部上有侯官，侯官之上为都尉府，都尉府属郡。学界对于西北汉简的研究多集中在部燧，而我在读简时，则对郡太守与部都尉更感兴趣，所以便将目光落到"边郡"这一问题上。进一步考虑，"郡"属于汉帝国行政体系"中央—郡—县"的中枢关节，汉人视郡如邦国，视太守如郡君，《汉书》卷八九《循吏传》载："（汉宣帝）常称曰：'庶民所以安其田里而亡叹息愁恨之心者，政平讼理也。与我共此者，其唯良二千石乎！'以为太守，吏民之本也。"郡的重要性是毋庸置疑的。在汉代行政划分上，边郡与内郡有着明确的区别，然而汉代边郡的面貌是何样？边郡太守的佐官与属吏如何架构？边郡都尉与内郡都尉有何差异？边郡的日常行政如何运作？对于上述问题学界尚不能做出圆满的答复。而西北汉简作为张掖郡与敦煌郡的行政记录，正给出了解答这些问题的契机。

基于此，我决定以汉代边郡的太守府和都尉府作为博士论文的研究主体，探索边郡官吏体系、权力执掌、人员迁转、文书行政诸问题。在确定研究主体之后，我还需要为博士论文找一个落点、一个视域，那就是"政治文化"。不仅仅因为"政治文化"是近30年来中国史研究引人瞩目的新兴领域，更重要的这也是我的导师陈苏镇老师的研究领域。我希望通过对边郡的实证研究，探讨其制度的形成机制和革新动力，剖析其和当时政治思想与军事活动的深层联系。

以上就是我关于博士论文选题的思索，历史学科论文的选题其实很大程度上依赖日常的研究积累，稍微宽泛些来说，博士论文的选题需要有一定的创新性、重要性，可以使相关学术领域的研究有所推进，而且要有较为充足的资料储备，保证博士论文可以完成，选题最好能有可供拓展的深度和广度，可以成为将来后续研究的基础。

二、搜集资料、梳理学术史

搜集资料是每个文科学生几乎每天都在做的事情，也是研究的基础，本不必多谈，这里只强调一下建立资料库的重要性。资料库的建立，是一个不断整理不断更新的持续性动态过程，日常中我们都会从各个渠道获取大量材料，我个人习惯是随时把新入材料先归纳分类，规范化重新命名，再编入自己的资料库中，并不定期整理资料库。经常性地阅读专业期刊，掌握学界的动向，在他人的研究中汲取灵感；关注相邻领域与跨学科视域的交互沟通，这些也是搜集资料的过程中需要做的事情，以确保资料库得到实时的更新。

20世纪以来，尽管历史学研究发生了翻天覆地的变化，但"考据"作为史学研究最重要的方法之一，仍然被学界广泛采用。历史学博士论文的写作仍要以广泛普遍的深入阅读为前提，以掌握资料多少为论断根基，对传世文献进行细致考证。除了简牍之外，石刻也是中古史研究的重要材料，汉画像石、画像砖等非文字资料也需重视，在对这些材料进行搜集与加以利用时，应注意考虑时间、地域因素，将传世史籍、出土文献和考古资料进行有机结合，形成资料的多维结构。

顺带说一下文献的阅读，以秦汉史专业为例，前四史是最基础的文献，对于这些史料文献要反复阅读。熟悉基础史料，不仅是为论文写作，也是博士学习期间最为重要的功课。北京大学中古史的传统之一是读《资治通鉴》，所有学生都要读一年，据说是陈寅恪先生传下来的。我的导师陈苏镇老师经常告诫我们，读书应该从容不迫，静下心来一个字一个字地去读，这样坚持几年，基础就不一样了。在史料文献的反复阅读过程中往往会发现新问题，将感兴趣的材料摘抄下来，将想到的问题随手记录下来，不要让灵感一闪而过，多写读书笔记与札记，这样积累得越多，写作时思路就越清晰，视野就越开阔。

学术史的梳理一般在博士论文开题时就要完成。我们在阅读文献时获得的信息是碎片化的，通过梳理学术史，能够使论文思路逐渐明朗清晰。学术史的梳理主要围绕两方面进行，一是前辈学者做了什么，二是前辈学者没做什么。前者要将既有研究的发展脉络与已经取得的成就归纳总结出来，后者则要发现既有研究的问题与缺陷，以此作为自己博士论文的突破口和落脚点。

具体写作时，还需要一些技巧，先把前人的研究成果按问题内容分为若干部类，每部类对已有成果进行述评：做了什么样的研究、取得了哪些成果、存在什么争议、还有哪些问题尚待解决。此时切忌盲目地罗列堆砌，而是需要检选出重要的论文与著作，用以考察学术发展的源流，再找到与自己研究密切相关的学术成果评价其得失。简言之，是要抓住有贡献的著作，剔除掉无用的文章。如果遇到较为复杂的学术争论，例如河西四郡的设置时间，有多位学者提出不同的观点，就要厘清各家观点的先后顺序，是哪位先提出，又有哪位做出了推进或驳斥。从搜集资料到梳理学术史是一个不断精简的过程，搜集资料时尽可能求全责备，梳理学术史时则要对搜集的文献进行精选取舍。在这个过程中也会不断深化对博士论文论题的思考，通过他人的研究扩展自己的思维视野，通过寻找学术史的空白培养自己的问题意识。可以这样说，对学术史梳理得越清楚，就越能发现问题。梳理学术史的工作在日常阅读文献和论文写作中就要做，这样在写博士论文时，一些日常积累可以直接拿来用。还有一点非常重要，就是在博士论文完成后重写学术史部分，因为经历了博士论文的写作，对论题的认识会比开题时深入得多，以论文完成后的视野对学术史进行重新梳理是十分必要的。

三、搭建论文结构框架

博士论文的结构框架即章节安排，开题前需要有一个大致的构思。博士论文一般分为绪论、正文和结论三部分，正文分为若干章节。其框架结构是我们对博士论文的总体规划：论文分成几章，每章要解决什么问题，每章又分成几节，各章节之间有什么逻辑关系。以我的博士论文为例，研究主题是以张掖郡和敦煌郡为代表的汉代边郡，除去绪论和结论，在开题时我的设想是博士论文主体分为五章。第一章总述汉代边郡制度，分为四节：对"边郡"释义的考证、梳理两汉边郡沿革、考察边郡与内郡之异同，并对河西四郡的建郡年代与地理变迁进行考证。太守与都尉分别是边郡行政与军事的长官，所以要分两章分别对二者进行研究。第二章围绕边郡太守府展开讨论，包括佐官与属吏、边郡太守的权力执掌、太守府的日常运作等。第三章围绕边郡都尉府展开讨论，首先对边郡的部都尉、农都尉、属国都尉做出考辨，再讨论各都尉的佐官与属吏以及权力与执掌。以上三章是围绕边郡"制度"进行的，第四章则转入"边政"，即讨论汉代的治边思想、边郡政策与文书行政。第五章为新莽时期的张掖郡府制作复原模型，通过对出现在西北简中的新莽时期张掖郡的吏员进行整理，复原重构此时期张掖大尹（太守）府与都尉府的各级建制，从而讨论边郡政府的人员迁转与各种实际情况，期望借此发现新莽时期乃至汉代边郡的新问题，如官吏任职与士卒戍边年限、人员迁转等。

　　章节安排并非一成不变，以上所述仅是我开题时的构想，这只是在博士论文写作开始前一种理想化的构建，实际写作时，论文结构框架必然会伴随着思路变化与实际写作的进展而进行不断的调整。仍旧以我的论文为例，在第一章的写作中，我发现郡太守与都尉的权力执掌在总论边郡制度的时候无法绕开，所以索性将原先设置在第二、三章的这部分内容提前到第一章。而河西四郡置郡的具体年代学界争议颇多，对史料的发掘也非常深入，在没有新材料的情况下很难将现有研究进一步推进，所以我放弃了这部分，转而通过都试与秋射研究中央与边郡的关系以及二者在政治表达上的差异问题。写作第二章时，我又发现太守府佐官与属吏的问题非常错综复杂，于是将研究重心转到了这部分，对太守府的佐官与属吏进行了较为细致的梳理，以厘清太守府的行政架构与各机构间的关系。第三章除了原先的写作计划，增加了对侯望系统（侯、塞、部、燧）、屯兵系统（城尉、司马）、屯田系统、军需系统（仓、库）的讨论，旨在厘清各都尉间的结构及其所属、所关联的其他机构的分布，以及不同等级官吏之间的隶属关系。第四章本打算以"官文书所见之边郡行政"和"私文书所见之边郡生活"来讨论边郡的文书行政，但在写作时发现文书行政牵涉极广，问题过于宏大，很难将其浓缩在一章之内且做到理论创新，所以在写作时我把第五章提前，将第四章移后，并做出较大的调整，放弃了对"文书行政"的论述，而是将目光转向文书行政的实践基础——边郡吏卒的文化训育问题。由此可见，博士论文的写作就如引一曲蜿蜒的活水，随势而行，不拘泥，不放纵，终成一泓清池。

可以看到，博士论文的框架是在不断的修改和调整中定型的，章节之间的构建需要有问题意识和论证逻辑贯穿其中，框架搭建好后，要审视博士论文的结构是否完整、各部分的逻辑关系是否妥当、章节的衔接是否自然、有没有冗余的部分需要裁剪等诸多问题，一一予以解决，逐项予以完善，既不能马虎、不能敷衍，也不能锱铢必较、难以割舍。

四、写作

博士论文的写作需要把握的核心是论点与论证。历史学博士论文的论证逻辑需要缜密而具有层次性。论证过程体现了作者的思维能力，不能仅仅堆砌史料，更需要对史料进行取舍，摆出史料之后应做出自己的解读与分析，把史料纳入论证的逻辑环节中，要以史料为基准，有一分材料说一分话，做到论从史出，证由史鉴，避免在史料不足时强行推论。论证的层次体现了作者思考的深度，首先要围绕核心问题展开论证，再逐步递进将问题深化，同时要避免用间接证据进行多米诺式的单向推导，这样的推理乍看起来很精彩，但其中任何一个环节出现问题就会导致整个逻辑链应声而倒全面崩塌。此外还应重视注释的作用，注释不仅仅用来表明材料出处，也可以将一些"枝蔓"的论证与对他人观点的态度放入注释中，这样，既保证文章主体论证集中、叙述流畅，也可借助注释令论文内容充实、视野开阔，有些优秀的注释本身就是一篇精彩的札记。

博士论文写作过程中，时刻都要注意自己的论证是否完整、有没有逻辑跳跃、推论环节有无明显谬误、有没有规避问题。写作的过程也是自我检视的过程，预设观点与立场是论文写作的大忌，不可以仅仅选取符合自己预设观点的史料进行论证，而对与预设观点不符的史料避而不谈。博士论文的写作更是一个求真的过程，所有的结论都需要依靠史料进行分析与逻辑论证后得出，直面反证是博士论文写作时所必须持有的态度。论证逻辑的训练也是长期积累的过程，平时精读一些专著与论文，例如田余庆先生的《东晋门阀政治》、唐长孺先生的《魏晋南北朝隋唐史三论——中国封建社会的形成和前期的变化》都是非常经典的范本，学习前辈学者的论证方法对自己逻辑思维的提高是非常有益的。

还要说一下博士论文的结尾，博士论文的结论章需要格外认真地写。结论章是对整篇博士论文的总结概括与提炼升华，既需要对各章节进行宏观上的概括，并对章节的观点进行提炼与整合，更需要强调自己在博士论文中做出的创新。除了归纳论点之外，结论章还可以对博士论文的得失进行自我审视，对此前行文的意犹未尽之处、能力未达之所进行更深入发散的思考，对所研究问题的未来发展进行预测与展望。

博士论文的写作过程中会遇到各种问题。以我自己为例，我的博士论文写作思路是以探讨汉代边郡的太守府与都尉府为主线，涵盖边郡官吏体系、权力执掌、人员迁转、文书行政诸层面，同时，尝试将制度研究与对汉代的法律、社会生活、思想文化之探讨相结合，力求全方位、多角度地展现汉代边郡的历史面貌和时代特征。但在写作过程中，遇到了一个问题，随着《肩水金关汉简》五册陆续出版完毕，我发现其中涉及张掖太守府与肩水都尉府的内容没有想象中的丰富，敦煌悬泉汉简则迟迟未公布，我对新材料的期待很大程度上落了空，只能回到旧材料的校勘上下功夫。我的研究以居延新、旧简为主要材料，所幸台湾"中央研究院"历史语言研究所居延汉简的红外线图版与甘肃省文物考古研究所居延新简的红外线图版都较之前照片在清晰度上有了大幅提升。论证的基础是材料的解读，出土文献的解读则在于对照图版认字。西北汉简本身由边郡基层官吏书写，书手文化素养有限，呈现在简牍上的字迹就潦草多变，即使最权威的专家也会有释错的情况，所以平时要通过大量对图版的阅读来熟悉字形与行文格式。认字之后则需要断句，一般出版的释文是没有断句的，需要学者在写论文时自行断句，断句的语感也需要通过大量的阅读来培养。所以论文写作时每一条简文的引用都要通过图版核对释文，对简文释读的推进往往会带来观点的创新。碑刻材料与简牍相似，也需要对照图版核检录文，对于传世文献则需要考察版本，即使现在通用的中华书局版"二十四史"被认为是参校了众多版本而整理出来的"范本"，但因人力、经费、时间的限制，不免有所疏漏，我在博士期间参加了《晋书》的修订工作，对此感触尤为深刻，所以对于论文的核心史料要不吝时间地在版本与校勘上花些功夫。

此外，博士论文的写作没有必要严格按照框架结构的顺序来写，可以跳跃，可以搁置，先写自己感觉材料比较完备、思考比较成熟的部分，感觉不好下笔的部分就先放置。博士论文的写作过程中也是一个享受自己先前积累成果的过程，需要让自己保持在较为舒适的写作状态中。这样说有些拗口，以我个人而言，不太喜欢制定严格的时间表，规定自己每天要写多少字，觉得有思路有笔感就多写一些，没有思路没有笔感就搁置几天，但停笔不停思，搁笔的时间不宜过长。写论文与读书有一点是相通的，需要静心、从容不迫。还可以把自己写过的论文充分利用到博士论文中，我们在博士甚至硕士期间所写的札记与论文其实都是博士论文的基础，我的博士论文对新莽时期张掖郡的模型构建，来源于早年对居延新简中新莽简的搜集整理；对边郡部都尉的思考，则起源自对肩水金关简所见张掖郡北部都尉的考察。

写作过程中，还需要注意章节比例大致适当，如果某章节过长，就要进行适当删减或拆分，如果章节过短，则需要及时对论文框架进行调整。同时也要注意时间统筹，合理分配，要避免前期过于松懈，导致后期时间紧张，一些内容仓促写就，或者根本来不及写。

五、修改

修改是博士论文写作的一个常态环节，在论文写过的过程中，随着新内容的写作，自然会对旧的内容进行修改调整，论文完成后更是需要反复地斟酌和修改。我们对于自己写出的文字，多少有些敝帚自珍的情感，然而对于博士论文写作而言，则需要勇于进行删改。我在写论文第二章的时候，曾经花了近万字对边郡太守的秩级进行考证，但是在预答辩和匿名评审阶段，都有老师对这部分提出意见。我觉得老师们的意见非常中肯，只是囿于材料有限，很难提出可以确证的新论点，而且时间上也不允许对这部分章节进行大修，最终在不影响论文完整度的前提下，我删掉了这一部分。由此提示了一个重要的问题，就是在论文收集材料阶段勿厌其烦，正是翔实丰富的材料才经得起琢磨删减，也支撑得起删减留下后的空缺；而在论文写作阶段勿吝其精，该删则删，当减则减。

此外，博士论文写作过程中，听取他人的意见是非常重要的，及时与导师沟通，多和同侪交流，不要使自己陷在"闭关"的状态中。同时，博士论文中比较成熟的部分可以作为单篇论文提交学术会议或向期刊投稿，这些学术会议的评议、期刊的评审意见都是同专业学者的宝贵反馈，对于博士论文的写作与修改大有裨益。我写论文时还喜欢向不同专业的同学和朋友讲述我的观点和论证，如果他们能理解我的论证逻辑，说明我的论证可以站得住脚，而且他们可以为我提供不同专业的视野和思维方式，这样不同专业的交流与碰撞是十分有益的。

以上是我基于自己专业对博士论文写作的一些心得体会，博士论文往往是青年学者的第一部也是最重要的一部学术著作，要尤为慎重仔细，但也要保持心态上的轻松来应对写作时的种种压力。最后推荐荣新江老师的《学术训练与学术规范——中国古代史研究入门》一书，这本书是荣老师给我们开设"学术规范与论文写作"专业必修课的讲义，也是中古史写作的必读之作，与我的浅薄经验相比，这本书会对大家的博士论文写作更有益助。

博士论文写作心得

李寒冰

2022年毕业于北京大学哲学系美学专业
现为自由职业者

◆ 在无数个濒临崩溃的日日夜夜，我只能保持持续阅读文献，期待灵感降临。事实上，每一阶段的"灵感"确实也都是在无意中到来的，它到来时会一并带着此前努力过的所有痕迹。

◆ 在我看来，博士论文写作的"心法"有三：一曰自我敞开，二曰不离问题，三曰抓大放小，三者其实是共存而并进的。

——"当初总以为博士论文是终点,没想到却只是学术生涯微不足道的起点。"

——"起点虽微不足道,但其中已蕴藏了未来发展的全部动力。"

一

回顾来时的路,一切都是最好的安排。2010年春天,大一下学期,我旁听了中国传媒大学陈旸老师给摄影系二年级同学上的一门"艺术哲学"课,就此燃起了对学术的兴趣。2013年,我步入硕士学习阶段,跟随中国传媒大学艺术研究院的徐辉教授开始学习和训练如何读书、做研究,那时关注的主要领域是法国现象学、后结构主义哲学,硕士学位论文题目是《德勒兹美学中的力量问题研究》。2017年9月,我来到北京大学哲学系开始了为期4年(半)的博士生生涯。我的博士生导师朱良志教授是中国美学、中国艺术史方面的大家,而我在硕士阶段却是以法国哲学、西方美学为主要研究方向的。彼时的我仰慕朱老师的学问与人品,认为无论以什么作为研究对象,总是能试图在思想层面与朱老师的"道"相契合的。因而,和导师研究方向上的巨大差异并没有给我带来过大的困扰。

事实上,我的导师朱良志先生确实给了我充分的自由选择余地。以朱利安(François Jullien)的思想作为博士论文研究对象,于我而言既是一种偶然,也是一种必然。2017年,张颖师姐翻译的《大象无形:或论绘画之非客体》刚刚出版,颇具影响力。也是通过这本书,我才开始接触朱利安的哲学思想,发现他虽关注中国并研究中西之间,但在思想方法上却是尼采、德勒兹等人的同路者。如果选择朱利安作为研究对象,我似乎就能够既不放弃硕士阶段的法国哲学研究背景,又不浪费朱良志老师中国美学的思想资源。朱老师很支持我的决定,并时常宽慰我:"我相信你,你按自己的想法做就好。虽然我对这个领域不了解,但是我们有很多老朋友（杜小真、宁晓萌、徐辉、张颖等）都是这方面的专家，都可以请教。"虽然朱老师口中自谦他对我的研究对象不甚了解，但事实上为了指导我的论文，他专门阅读了大量朱利安、列维纳斯等人的相关文献，并对他们的很多观点都有自己的独到见解。

选择朱利安作为研究对象，无疑是我当初无知无畏、天真使然。很快我就发现这个题目并不像我先前想象的那么好做。无论是法文文献的数目、体量和难度，还是他思想的"滑溜"风格，都令我身陷泥潭，既出不来，又抓不住。其中，最大的困难还在于他本人尚活跃在学术界，作为研究者需要顾虑的因素颇多。并且，他本人及其研究成果无论在法语学界还是在汉语学界都是毁誉参半的。因此，想要对他的思想尽可能准确地定位不但需要足够的能力，还需要足够的勇气。于是，从开题报告到中期考核、年度考核，直到预答辩，几乎每次做汇报，我的行文思路都有巨大的变动。每次都要经历一番对选题正确性的动摇和对自我能力的巨大怀疑。在无数个濒临崩溃的日日夜夜，我只能保持持续阅读文献，期待灵感降临。事实上，每一阶段的"灵感"确实也都是在无意中到来的，它到来时会一并带着此前努力过的所有痕迹。

2019年9月，我有幸取得国家公派生的资格，在我先生和儿子的陪同下，赴法国巴黎跟随朱利安先生接受联合培养一年。朱利安先生十分繁忙，常常在世界各地开会。但他一回到巴黎就会好心地抽出时间来跟我交流我的研究。他送了我台湾地区出版的《去相合：自此产生艺术与畅活》（中法双语），并建议我可以以他近期的几个核心概念为抓手来结构博士论文。他还邀请我去参加他的新书发布会和学术研讨会。在一次研讨会上，我遇到了朱利安著作的资深翻译卓立老师。卓立老师也在研究内容上给了我一些十分重要的建议。前半年的学习和研究进展顺利，除了自己研究的材料搜集和文献研读工作外，我每周会去索邦大学旁听哲学系的课程。欧洲哲学界的新秀梅亚苏教授在课上神采飞扬，德勒兹的女婿大卫·拉普雅德教授温柔而坚定，课后中国留学生们自发组织的《差异与重复》法文原典读书会也令人受益匪浅……后半年的学习和生活就没有那么顺利了。受到疫情影响,索邦大学关闭,一切读书会与研讨会都取消了,和朱利安先生的沟通也由线下转为线上。欧洲疫情一直很严重,学习期满回国的航班被取消,机票价格飙升十倍不止且一票难求。我们被迫滞留在巴黎,身份证件过期。朱利安先生同意延长我在法学习的时间,并愿意为我延长证件时效提供必要证明。但朱良志老师非常关心我们,他敦促我们尽快回国,平安健康最重要,无须担心费用问题。一个月后,我们顺利回到中国。唯一遗憾的是,种种困难导致我回国前没能跟朱利安先生当面告别。

疫情期间的种种困难和论文自身进展的不顺利让我决定延期半年毕业。彼时,与我同年入学的同门和好朋友们都按时完成了博士论文,顺利毕业。我真心祝福他们的同时,也产生了只剩下我一人的孤独之感。博士论文写作之路终究是一条孤独之路。直至我自己的博士论文完成,蓦然回首,才发现和入学时比,大家的心境早已不同。早我半年毕业已经在高校工作的小姐妹如此感慨:"当初总以为博士论文是终点,没想到却只是学术生涯微不足道的起点。"是啊,当初总以为……

二

初为博士生时,我们总以为生活的尽头就是眼前那座高耸入云的山——十几万字的博士论文,它几乎承载着我们对博士身份与学术征途的全部想象。那时的我,只知自己的任务是去登攀;到达山顶,便可一览众山小。虽知"登攀"不易,但"登攀"究竟意味着什么,我却从未想过,甚至也从未觉得这应该是一个问题。我总以为自己只要足够努力、足够优秀,就可以出色地完成任务,一篇优秀博士论文的写就不过水到渠成。说到底,还是10多年来的"学习"与"考试"经验让我忽视了它们与真正"研究"的差别。

硕士阶段的研究与思考不过是初体验,凭借已有的人生经验与学习能力尚能轻松应对；而博士阶段的研究与思考就不再只是"学习—模仿"，而是学着真正去"发现—创作"，哪怕此时所呈现出来的东西是浅薄的、不成熟的。"创作"意味着"无中生有"，即从自己此前尚"无"的人生体验处"生长"出新的思想与脉络，这种"新"无关于别人，而内系于自身。它意味着一种与自身过去经验的"断裂"，一种持续地对自己的打破重塑。因而，博士论文写作不再是为了呈现阶段性的学习成果，以为此前的努力作结，而是预先设立一个面向未来的契机，倒逼博士生学会以"深耕"与"创新"的姿态，对待学术、面对世界。

博士论文写作是一次学术训练，能够让我们习得如何在特定的学术领域里，以特定的学术方法，发现问题并解决问题；它也是一次生活体验，能够让我们深度体验学术生涯中最为精粹的生活方式，体会自己在这一过程中感受如何，并抉择是否愿意坚持以此为志业；它更是一次生命拓展，能够令我们在较为单纯的环境中，无后顾之忧地将自己"置之死地而后生"，敞开自身，迎接世界更深处带给我们的震颤。

博士论文写作的这一意义，是我在完成论文之后才反思到的。回过头看，倘若一开始就想明白这些，便可避免写作期间的许多心态失衡问题。选题时的瞻前顾后，对自己能否驾驭这一题目的担忧，行文不顺利时的自暴自弃，面对批评意见时的崩溃伤心，实际上都是由于将自己看作封闭式的，认为当下的成果是代表了自己此前一切努力的，因而也无法接受当前的自己没有取得满意的成绩。事实上，合格的论文不是一蹴而就的，博士论文写作的真正目的也不是产出惊世伟作，而是培养出"合格的"（尚非"优秀的"）能够从事学术的人。这样的人，要时刻懂得放下自己、敞开自身，专注于问题，并在不断推动自身领会与认知的更新中推动问题的进一步解决。

三

博士论文写作之法,有"心法"也有"剑法"。"心法"运作,才有诸多"剑法"自生。作为"剑法"的技巧虽因人不同而有适用性的差异,但作为"心法"的原则却万变不离其宗。因此,反思总结出原则性的"心法"总是比列举出技巧性的"剑法"重要得多。明白了博士论文写作本身的意义,便知它的"心法",必然离不开一个真正与"我"相关的"问题"以及一个真正思考"问题"的"我"。在我看来,博士论文写作的"心法"有三:一曰自我敞开,二曰不离问题,三曰抓大放小,三者其实是共存而并进的。

第一个"心法",关系到博士论文写作中的心态问题。如何看待"自己的写作"和"写作中的自己",事实上对论文能否写成,能够写到什么程度有着很大的影响。"自我敞开"是写作过程中对自己心态上的要求。心态开放而平稳,才能更为从容地应对写作过程中的诸多问题。

"自我敞开",首先意味着在选题上不能忽视自身的生命体验。我的导师朱良志先生曾谆谆告诫我们,论文选题既要于当世有价值,又要与自身内在相关。也就是说,在顾及论文选题的可做性(价值方面)与可行性(操作方面)的前提下,不能忽视作者自身与这一问题的深处关联。这个选题是否是我发自内心好奇的,或某个从学术本身的角度说有价值的选题是在何种层面上与我的生命体验息息相关,因而我愿意为此投注多年的精力与生命力,是值得我们事先思考并持续思考的。但这并不是说,我们要完全根据自己当前的兴趣来选题,不感兴趣的领域永远不去碰。因为,"兴趣"往往依据的是我们的"已知",根据当下的"自以为如此"而对某项事物所做出的好恶判断。事实上,一个题目是否与己相关,不在于我当下是否对它已产生兴趣,而在于它是否有可能激起我未来持续的兴趣。这也说明了为何有些同学的选题来自师长的建议,起初自己并不喜欢,但后来越做便越觉其中有滋味。师长的建议往往是带有预判性的,扎实的学识积累、丰富的研究经验与敏锐的学术直觉和判断力，令他们能够看到某些选题的价值和潜力，也能看到某些选题将带来的困境和问题。因而，适当听取他人建议，并不妨碍我们找到与自身内在真正相关的选题。关键点在于，要打开自身，不固执于当下的己见，保持寻找自身与选题的内在关联、更深层的关联。正是在这种关联中，我们才有切己的、真正的"问题"以及对"问题"的真正思考。

"自我敞开"，其次也意味着在研究领域上我们不要轻易给自己设限。硕士阶段一直关注西方的问题，是不是现在再做中国古典的问题就没有优势？之前一直关注甲思想家，是不是再研究跟他完全不同路子的乙思想家就会水土不服？我想要研究的领域和导师的相离甚远，会不会难以得到足够的指导？很多同学会因各种机缘巧合面临重新选择研究领域的问题。当下所选的领域和此前的不同，自己的领域和导师的不同，都会给我们带来很大的困扰。事实上，第一种不同所带来的困扰主要是由于我们高估了此前的知识积累对博士论文写作的帮助，或是低估了博士论文写作即将带给我们的挑战；而第二种不同所带来的困扰则主要是由于我们错估了导师在博士论文写作中的指导作用。事实上，无论是自己曾经的积累，还是导师的从旁指导，其所带来的帮助都只是资源性的、辅助性的。博士论文写作是一场只有当下自己参与的全新的"冒险"。在这场冒险中，资源虽在侧，工具却要自己造，宝藏要自己找。围绕一个新选题，缺乏的背景知识要自己补，值得思考的问题要自己去发掘。害怕自己没有足够的积累而不敢面对某些领域，是在为自己的懒惰和怯懦找借口。"自我敞开"式的不设限恰恰不应是某种无知无畏，而应是直面前方，知其难而为之。

"自我敞开"，同时也意味着研究过程中不要害怕自我推翻。甚至可以说，没有一次次的自我推翻，就没有真正意义上的提高，或说成长。论文在成长，写作论文的"我"也在成长。随着文献研读的深入，随着对问题思考的推进，我们可能会突然发现，自己此前的想法错了，甚至在非常关键的问题上大错特错、完全颠倒。这种情况往往令人沮丧，此前写完的很多篇幅可能也就此作废。但事实上，我们应该为此感到高兴，因为这说明了我们比之前的自己又成长了。"研究"本身就是等待着研究对象来触动"我"、打破"我"、重启"我"的过程。没有这一次次打破重塑的经历，"学力"难以有养料以兹增长。除此之外，他人的意见和建议所带来的震荡和冲击，也会引发这样的自我推翻。师长或同学的意见中所提出的问题，有可能是自己隐隐感觉到却没有重视的，也有可能是自己压根儿就没有想到的，但无论如何，这都是一个个帮助我们再次成长的契机。"自我敞开"式地不断自我推翻中，不能把注意力放在否定自己此前的努力上，这样只会带来沮丧和自暴自弃；"推翻"不意味着"否定"，而是意味着"升级"，写出来的东西能够不断升级，是值得欣慰的事。纵使改到最后又回到了原先的表述，那也是到了"看山是山，看水是水"的第三境，而并非做了无用功。能够平和地看待自己的错误、别人的质疑，不怀疑自己的能力和价值，是博士论文写作中需要具备的很重要的能力。当初，我也遇到了这样的困境，最严重的一次是在答辩半年前的年度考核时，行文已过半，却被老师指出了致命的问题。当场还能心态平和地应对，回去后却左思右想，觉得不得不将此前章节全部打乱重写。那时的我对自己充满怀疑，脑海中不断浮现老师提意见时的情境，并勾带出记忆深处所有令人印象深刻的负面回忆。我甚至开始怀疑自己可能根本不适合搞学术。直到某天，我无意中看到了《现象学的观念》一书导言中讲到胡塞尔在《逻辑研究》发表之后的6年里所经历的严重的危机。"'同行相轻'对他的触动远比他愿意承认的更大。但较之于这种外在的失利更为严重的是他对自己的怀疑，这种怀疑折磨着他，以至于他竟不能肯定自己是否能够作为一名哲学家而生存。从这种绝望中产生出这样一个决定：弄清楚他自己和他自己的任务。"当时的我，瞬间就释然了，胡塞尔尚且如此，看来自我怀疑本是学者的常态，只要不让自己长时间沉溺其中就好。于是，我努力调整情绪，放下"自我"的包袱，让自己重新沉浸于材料中，继续埋头寻找出路。回头想来，这段经历是在让我补承受内在压力、坦然接受自己不足的课。只有真正敞开自我，才能不执着于别人的评价和自己的当下所得，从而看清接下来要走的路。

第二个"心法"，关系到我们博士论文写作中的"问题意识"。"问题"是博士论文的核心，可以说，"论文"这一文体本身就是用来呈现"提出问题、说明问题、解决问题"的全过程的。这一"问题"应是值得被追问、需要被追问，而又与"我"内在相关，是"我"渴望去追问的。对问题的追问，不但意味着对答案本身的呼唤，还意味着对潜藏其下的一种能够自圆其说的完整世界观的呼唤。也就是说，每一个核心问题所寻觅的答案都勾连着作者当下对世界的全部理解。正是在这个意义上，"研究问题"既应该是与当下世界相关的，也应该是切己的。"选题"的与己相关还只是为自己锚定一个标画大致范围的圆圈，而"问题"的切己则意味着聚焦到一个更为核心的点，由这一点可以辐射出一条条具有方向的矢量线，而正是这些线，可以带动一个个相对可观的面。"问题"实际上就包括了这个点+矢量线，它从一开始就不但确立了立足点，也预设了思考行进的方向。正是对特定"点"的锚定与对特定"方向"的选择，构成了"问题"之解决过程的独一无二性，也即所谓论文的"创新性"。（"创新"不是外在于自己的，刻意追求与别人不同，而是当每个生命抵达真正体验处，其所创造终究与别人不同。培养"创新能力"从来不是要让自己学会如何避开别人已有的观点，而是练习如何更深地抵达自己内心真正的思考与体会）从这个意义上讲，真正的"问题"是后于"思考"的，也就是说，只有思考初见成效，我们才能真正明白自己思考的"问题"究竟是什么，它意味着什么。

在现实操作中，我们常常也是先为自己限定出一个研究领域，进而确定一个研究对象，再接着，我们试图找到某种方法来处理该对象，但往往最为重要的"问题"会被我们忽略。"你的核心问题是什么"常常是同学们最害怕回答的问题，因为只有真正把研究对象了解透彻，而又明白自己想要干什么，才能清晰明了地回答这个问题。第一步需要完成足够的文献阅读和材料整理工作，而第二步则需要找到属于自己的、真正值得思考的"问题"。（理论上讲，这一"问题"应是开题报告阶段就找出的，而事实上，在大多数情况下，论文行文开始很久，这些"问题"也还是不清晰的、尚待找寻的。因为，很多"问题"并非空想得来的，只有不断地阅读文献，并及时整理想法，动笔写作，才能将思考真正推进。因而，尽早开题的一大好处就是尽早让自己进入通过"阅读—写作"的方式推进思考的阶段）另一种误区是，我们往往会错把"研究对象"或"选题"当作最终的"研究问题"。例如，当某同学将哲学家甲的 A 范畴当作研究对象时，他可能会误以为，自己的"研究问题"就是"哲学家甲的 A 范畴（从……角度看）到底是怎么回事"。因而，在结论中，他难以提炼出问题的答案，而只觉得自己全篇论文都是对"哲学家甲的 A 范畴（从……角度看）到底是怎么回事"这一问题的回答。而事实上，这是一个典型的"伪问题"，因为它虽以问句形式表述，但却只是开始思考的临时起点，它并未暗示出更深一步的追问："A 范畴是这么回事，又意味着什么？""对于它的这种情况，你真正想说的是什么？你的观点是什么？"我们的确需要一个这样的起点来开启文献阅读与思考工作，但一经开始，就要意识到真正的"问题"是尚待找寻的，它所指向的不仅是一个事实，还是一种判断。

"不离问题"不但意味着，论文写作整体需要有真正的"问题"，也意味着这一"问题"是要贯穿行文始终的。也就是说，行文的每一部分都应该是围绕整篇文章的"核心问题"来写的。每一部分都应是说明该问题、解决该问题的必要环节。

绪论部分的"选题缘起""问题说明""文献综述"与"方法/思路/结构"等都应围绕"问题"的提出与说明来写。"选题缘起"意味着要说明你为何想要研究这一"问题"，即这一"问题"为何是有价值的；"问题说明"意味着要解释清楚你的问题是什么、不是什么，从而为"问题"本身划定一个有效范围；"文献综述"部分是要写出针对这一"问题"，有没有现有研究与此相关，这些研究已经把"问题"推进到了什么程度，而在什么意义上这一工作尚未做完，因此还需要你来做；"方法/思路/结构"部分则是要给出一个思考路线与行文脉络，让人看到你打算从何入手，往哪个方向推进这一问题的解决。这里容易出现的问题，同样是误把"研究对象"当作"研究问题"，因而在论述中没有真正的聚焦点。例如，将选题价值等同于研究对象本身的价值，或将文献综述当作与研究对象相关的所有参考资料的罗列等。（事实上，想要避免这一问题，可以尝试将这一部分放到后面写，也就是说先写正文部分，等真正找到"核心问题"再来补上这一部分）

正文接下来的章节也要围绕"核心问题"的解决来写，每一章节所要解决的分论题都应是为了解决"核心问题"而必须按逻辑次序一步步说明的。比如说，如果要解决核心问题S，就必须先说明问题A，说明了问题A才能说明问题B，说明了问题B才能说明问题C……在说明了A、B、C……这些问题之后，我们才能明白问题S到底是怎么回事、意味着什么。问题A、问题B、问题C等都是与核心问题S密切相关的，其中每一个都构成了问题S的一个角度、一个向度或一个层面；而这些问题的每一个又应与前后的问题具有逻辑关系，或推进，或并列，或为前后因果。因此，它们在一一论述的逻辑线条上应是连贯的，其中的每一个都是不可或缺的，如果缺少某一环节，问题的解决就难以顺利推进。而实际上，论文写作中非常容易出现的一个错误就是各部分逻辑松散，某些章节只具有话题相关性，而并无真正的逻辑连贯性，以至于拿掉某些章节也无碍于前后的论述。更有甚者，有些章节略显跑偏，看上去会有凑字数之嫌。由此可见，只有把每一部分的论述紧扣在核心问题的解决上，才能使论文结构严密、详略得当、思路清晰。

这里似乎有一个悖论：只有先动笔写，才能推进思考，找到"问题"，但只有思考明白了，有了"问题"，写作才能真正开始。那么究竟应该先思考，还是先写作呢？这里推荐一个小方法，就是学会写"阅读思考笔记"。无论是阅读文献时的有感而发，还是对某个具体问题的思考，都可以分门别类写入笔记中（有引用时，注意及时标注引用信息）。写"阅读思考笔记"属于论文（整体或每章节）正式落笔前的准备工作，它可以是片段式的，也可以是如正文一般连贯的。一般说来，它在字数体量上会远远超过论文成文的字数体量。由于介于文献标划和论文正文之间，"阅读思考笔记"可以起到帮助材料与思想之间进行转化的作用。如果没有这一中间环节，我们可能会盯着文献空想，看着后面，忘了前面，也可能由于文献过于繁杂，我们在写作正文下笔之时仍不知从何说起；或者，我们看了文献，直接进行论文写作，容易导致贴文献过近，与本章节所论述问题的逻辑关联性不强，因而显得没有足够的自己的观点。"阅读思考笔记"是一个缓冲地带，让我们在这里把纷繁复杂的文献厘清，分拣打包，去粗取精，并梳理自身尚不清晰的想法，在隐约处抓住思考问题的关键；它也是一个发酵池，让我们在尚无新想法或面对困难尚无更好的解决方案时，维持输入、发酵，等候着灵感跳出。正是在"阅读思考笔记"的基础上，我们才能有余力地将材料与相关思考恰当地运用在对各部分问题乃至核心问题的解决上。

第三个"心法"——"抓大放小"，是指我们无论在材料的选用上、思考的用力上，还是行文的落实上，都要有整体意识。耽搁在局部，反而容易"钻牛角尖"，导致整体思路堵塞。

首先，在材料选用上，一手材料的使用贵"精"，而二手材料的使用贵"广"。通过广泛阅读二手文献，我们能够尽可能全面地了解相关问题的整体情况，并初步择选出有价值的二手文献，排除掉价值不大的部分。事实上，只有材料涉猎面相对完整，我们才能避免做很多从零开始的无用功。因为，很多工作是前人已经出色地做过的。我们要学会用面粉做出美味的面点，而非一定要从种麦子、磨面粉开始做起。可是，如果过度沉浸于二手文献的局部精读，我们很可能会在其中浪费很多不必要的时间和精力，以至于难有余力看得足够全面。更有甚者，有些糟糕的二手文献会先入为主地带给我们看待研究对象的错误视角，一旦不能及时意识到其局限性，我们就会很容易陷入其中，难以形成自己的独立思考。因此，对二手文献的阅读要尽可能广泛，但又要去粗取精，抓重点放细节，这能加强我们看待研究对象的整体观，也能帮我们为自己的核心问题找准定位。

其次，在思考的用力上，我们也要把思维拓宽，大处着眼，而不能仅仅沉溺于细枝末节的逻辑游戏上。往往对一个问题的思考不能推进，不是由于"思考"得不够，而是由于"阅读"得不够。所谓"思而不学则殆"，思考问题时不能只以现有的、"自说自话"的逻辑方法去回答问题，还要通过对更多相关维度的关注，打开一个更加开阔的局面。

最后，在行文的落实上，我们也要学会"抓大放小"，要找准解决问题的核心思路与关键点（论点—分论点—论据+论证），层层展开论述。写作过程中，要更加关注道理论述的推进，而非言辞的具体表述。我在写作前期也常常纠结笔下的某些具体表述与措辞，常常在一两个词之间，或某段话的修辞上耽搁很久，直接导致写作进度缓慢、思路行进不畅。走一步三回头，希望每一句话都是经过深思熟虑的，只会导致成文文气不畅、思路零散。事实上，在写作时，只要有想法，就要及时将思路整体推进，落实在笔下。等到成文后回头修改，再来做具体表述的调整、润色和推敲。枝节处固然需要尽可能精致漂亮，但整体思路的连贯性与清晰性才是博士论文写作中更为重要的东西。

四

回顾博士论文写作中走过的弯路，只觉得都是泪的教训。泪水见证着成长，这种成长带来的并非某种功成之后的喜悦，而是看到生活真正面目之后的清醒。从当初的无知者无畏，认为登上眼前的山，便可"一览众山小"，到如今登上一座山后，发现前方还有无数座山，方知杨万里诗中深意。"莫言下岭便无难，赚得行人错喜欢。政入万山围子里，一山放出一山拦。"（杨万里《过松源晨炊漆公店·其五》）这"山重水复"的世界不会因我们的埋头努力而变得平整，"柳暗花明"的景色也不会因我们暂时的功成而永存。但正因如此，世界才如此精彩，它有那么多的"问题"等待着我们去追问与探寻；正因如此，人生才如此值得一过，它有这么强的可参与性，让我们能够不断地抬脚、落脚，深深与脚下的山川大地相连。正是在一次次登攀中，我们能够增加新的经验，提高新的能力，能够让自己以更好的姿态去面对新的挑战。博士论文之后，我们或许还会面对更多的论文写作困难，哪怕不再写作，也会面临人生中一次又一次不同领域、不同方式的"登攀"。每一次"重复"都是新的"开始"，这"开始"中暗藏着此前经验的全部痕迹，每一次"断裂"都在迎接"新生"，这"新生"不断开启着未来的无限可能。

博士论文写作的"道"与"技"：一份作为标本的"小传"

李 静

2018年毕业于北京大学中文系中国当代文学专业
现就职于中国艺术研究院

- "道"不必凌空蹈虚，而"技"也不拘泥于形式，二者相得益彰之时，方可达至"从心不逾矩"的境界。保有对这份境界的向往，无疑能较少为表面的繁杂分心，更专注于培植内在的生机。
- 学术研究恰恰需要研究者拉开恰当的距离，把自己的关切寄托于、转化为深入且科学的学术探讨，而非确认某种粗糙的立场或满足虚假的道德感。

一、小引:"悲欢"能否相通?

人文学者的一大惯性,就是躲在伟大的头脑后面思考。李修建老师发来撰写博士论文写作经验的邀约时,脑海中居然先蹦出鲁迅先生的话:"人类的悲欢并不相通,我只觉得他们吵闹。"想到先生说的"并不相通",缘于这几年的近距离观察,优秀的学术前辈们各有各的精彩,无不独立探索出一条发挥甚至超越自家潜能的治学之路。"君子不器",可作此解,众妙之门,难以言传。至于自己的博士论文心得,乏善可陈,算作"警钟长鸣"的反面教材近乎合格。撰写博士论文《改革中国的赛先生——1970—1980 年代之交中国文学文化中的"科学"》时的甘苦喜乐,更与他人无关。这几年间陆续改定其中章节,刊发于《文学评论》《中国现代文学研究丛刊》等杂志,所关注者多在内容本身,并以出版为最终目标,以致当初的心境连自己都日渐忽略。

但之所以我又在转念间满口答应,一方面是感念修建老师长久以来的信任与关怀,另一方面,想到时隔四年再去回首这段特别的岁月,突然生出些陌生感与好奇心。仿佛某个角落里的闹钟嗡嗡作响,提醒一个节点的降临——正视过往的全部经验,即便充满曲折挫败,未尝不能转化为精神滋养。如若对他人有点滴益处,就更是意外收获。

我选择把这篇文章当作"小传"来写,把论文写作放回自己的生命、生活历程中加以观照。动笔后,时常陷入漫长的回忆,甚至久违地不愿完稿,因为沉浸其中的所得竟如此丰厚:一是确信了个人步履如此紧密地与大时代勾连,即便如我这般微不足道的个人经验,内里也承载着时代的分量。二是我之前一直持有某种二元论,认为写作存在"技"与"道"的区分,甚至不屑于去谈前者。如今,这种二元论彻底破碎了。如果说作为学院内的研究者,更倾向于研习论文之"道",那作为学术期刊编辑的经历,令我对"技"的层面有了更深的认识。两重身份叠加,再加上这篇文章的"催化","道"与"技"之间的重重关联开始向我敞开。"道"不必凌空蹈虚，而"技"也不拘泥于形式，二者相得益彰之时，方可达至"从心所欲不逾矩"的境界。保有对这份境界的向往，无疑能较少为表面的繁杂分心，更专注于培植内在的生机。

在正文开始前，不惮烦琐地向读者朋友坦陈这样一段心路历程，是为了说明写作的神奇，在下笔之前，永远想象不到写作会帮助你抵达何处。写作博士论文亦是一段成长旅程，虽然彼此的悲欢难以相通，但我们共同拥有的，正是写作给予的馈赠。

二、"生涯"观与"寻路难"

在与艺术家朋友刘鼎的交谈中，屡次听他提及"生涯"这个词。正是这个朴素的语汇，给予我许多力量，它意味着无论起点如何，都要努力扩充精神生活的容量，尽量延展学术生命。一旦选定了自己的职业，便不妨以"生涯"的观念来畅想与期盼。与此同时，恰巧又读到一本名叫《学问生涯》的演讲集，其中收录了美国学术团体协会 1983—1993 年邀请的 10 位国际著名学者的演讲稿。令我惊讶的是，这些著名学者大多是从幼年时期开始梳理学术历程的，从中可以看出他们的精神底色与真切关怀如何像"基因"一般，在后续的学术生命中不断衍生绽放。人文学术的特殊性，就在于很难剥离研究者的生命与研究对象之间的关系，至少对我来说，最倾心的是那些"把自己烧进去"的学术。这也启发我不妨"照猫画虎"，想想自己的"其所来路"——到底是什么促使我走上学术道路，又是什么力量影响我选择了后来的专业、所从事的题目，以及蕴藏其中的现实关怀？

所以干脆追溯得更彻底一些吧。1989 年 7 月，我出生于山西省沁县，一座晋东南的小城。显然，我成长在中国经济的高速发展期，这也是整个 20 世纪甚至人类历史上少有的以"和平与发展"为主题的时段。个人财富加速累积，物质条件显著改善，科学技术迅猛发展，与此也产生了城乡差距、阶层分化、道德滑坡等种种负面后果。"文革"后恢复了高考制度与正规教育体系，令"学好数理化，走遍天下都不怕"的理念深入人心，整个社会依旧相信通过学习考试可以实现"人生升级"。今天，我这类通过考学进入大城市的人，似乎可被归入"小镇做题家"的行列，这个带有贬义的命名，在我的中学时代却是励志口号般的存在。犹记得高中数学老师的名言是："你们有什么特长？你们的特长就是做题。"应试教育的许多观念深植于我们这一代的人格养成中，以至于需要漫长的时间来清除其中的"毒素"，比如克服好学生心态，忘掉正确答案的规约，摆脱无聊的竞争意识与标签化的外部评价，等等。至今我都在可惜那些花在无聊事物上的、被浪费掉的青春时光。但客观地讲，应试教育也算是磨炼了自己的心性，培养了我对于学习的某种"信仰"，学会了勤劳、踏实、认真地面对书本上的所有未知。

我的家乡沁县虽然地处煤矿大省，却没有一处煤矿，只落得"国家级贫困县"的称号，幸好留下还算未被污染的青山绿水。虽也曾是八路军总部驻地，却比不过隔壁武乡县作为红色摇篮的地位。我所就读的沁县中学，成立于战时的1944年，也曾不乏高光时刻，比如知识青年上山下乡时期，下沉到乡间的知识分子给我父母一代带来了终生难忘的求学时光。但到了我念书的时候，优质教育资源快速向城市集中，母校不复往日辉煌。在我2008年考入北京大学之后，曾一度期盼学弟学妹的到来，但直到今天，母校再无考入清北的学生，而在我之前上一个考取清北的时刻，已远在50年前。在我个人的幸运背后，是巨大的、难以逆转的悲哀。"幸存者"或"漏网之鱼"的自我定位，始终如影随形。

这份"人生素描"不得不到此为止，以免离题太远。不难看出，这是"一个没有故事的女同学"。但"没有故事"，也许正具标本价值。在稳固到难以撼动的社会机制中，"小镇做题家们"忘我地向上攀爬。如今看来，将自我作为时代的标本，进而对自我的命运、位置甚至幽微的不适感的持续反思，奠定了我的某种精神底色，也深刻地影响了后来的学术道路。

2008年，我考入北京大学中文系。当时北京奥运会刚刚结束，正是在北大邱德拔体育馆里，乒乓球赛事造就了三面国旗同时升起的盛景。校园里随处可见身穿志愿者服装的师兄师姐，人与时代共享着青春的朝气。大国崛起的共识，民族复兴的豪情，都是那样的具体可感，化作无所不在的氛围。作为所谓第一批90后大学生中的一员，我首次感到自己这只小虾米开始汇入时代大潮。但不得不承认，与应然状态的朝气勃发不同，在"北大"这个具体的场域中，我却时时感到压抑。造成压迫感的第一个场景，我至今记忆犹新，那是在理教举办的山西省新生迎新会。阶梯教室一般分为左、中、右三大块。在迎新会上，中间部分坐了七八成的学生，几乎都来自太原的几所超级中学，他们彼此间很多是同学和朋友。而像我这种来自小地方的学生，七零八落地散坐在左右侧的座位上。迎新会的空间格局，犹如利剑悬于心头，被年轻的我视作现实写照，也在无形中加剧了作为"边缘人"的心理暗示。事实也确实如此，2008级北大3000余名本科生中，来自县级及以下行政单位的生源数量仅占到一成多。

这种压抑感直接导致两个后果。一是用学习来证明自己。无数个夜晚，我都学到图书馆闭馆音乐响起，或是跟着"熬夜小分队"摸索出从二教穿越到理教的曲折连廊，因为后者关门时间更晚。回忆中的那些夜晚静谧纯粹，多少带有一些自我感动吧。这份开足马力证明自己的好胜心，给我带来了本科起点直接攻读博士学位的机会，由此开启了日后的学术大门。而我那些更聪明优秀的本科同学，从一开始便拥有更广的视野与更多的选项，这是我当时未曾完全意识到的。二是决定了我的学术兴趣一开始就带有对权力结构的警醒，或直白地说，是某种天真的左翼色彩。记得最初接触英国文化学者雷蒙·威廉斯的其人其文时，我产生了太多的共鸣。威廉斯生于工人阶级家庭，考入剑桥大学三一学院后始终心系工人阶级文化，提出"文化唯物主义"理论。他存在于"边界之国"，"一边望去是大学的塔尖，一边过去是考利汽车厂的房顶"，对于这样的处境，我心有戚戚。最近读到迪迪埃·埃里蓬的《回归故里》，埃里蓬写到自己融入巴黎学术界的努力，也让我唏嘘不已。一边是安顿自己的文化之根，一边是融入学术界的秩序，在这样的交叉地带上，左奔右突，艰难寻路。

身处边界的位置感，令初入学术门径的我对左翼理论产生兴趣，并在无形中被抽象的道德感与正义感掌控。学术像武器、证词或呐喊，而好的学术正是为弱者发声。怀抱着这样的学术观与理论激情，我在读博期间旁听了许多社会学系、哲学系的课程，大多囫囵吞枣，好处是打开了视野，对柏拉图、马克思、韦伯、弗洛伊德、涂尔干、海德格尔、尼采等一流的思想家们有了最起码的认识。坏处自然是对自己的专业——文学研究——分心过多，也过于低估了文学本身的价值。

坦白讲，我读博的经历非常不愉快。这种不快感既来自对学科教育状况的幻灭感，但更主要的，是清楚地意识到自我价值感的逐渐失落。学术生涯是"漫长的革命"，不断消磨着那个骄傲自足的自我，一次次验证着自己的不足、无知与有限。作为直博生，在修完繁重的课程后，博士论文的写作需要马上展开。当时的我显然未经过良好的学术训练，像匹不受拘束的野马，构想博士论文时天马行空，恨不得立马为自己的生活"树碑立传"。我从事的专业是中国当代文学研究，研究"当代"意味着我始终想要直接从学术中寻找生活的答案。也正是带着毫不区分"生活"与"学术"、"行动"与"求真"的迷思，我试着"制造"了一个博士论文题目。

这个题目起码是真诚的。从小城来到北京求学，我遭遇了全方位的震惊体验，不免会对原先熟人社会的共同体产生怀旧之情，希望将这样的感受学术化、问题化。经过一番挣扎，勉强凑出一份开题报告，试图梳理20世纪90年代以来文学作品中"空间形象"的流变，包括从单位大院到商品住宅的变迁、邻里的消失与街道的抽象化、城市公地与公共权力等，最终落脚于承受这一巨变进程的城市青年的身心状态。事实证明，这样的设计无异于空壳，整个框架完全出自我一厢情愿的"顶层设计"，也就是说，完全不符合从阅读到思考、从具体到抽象的知识生产过程。一锅理论乱炖的背后，最头疼的莫过于找不到合适的、经典的文学文本来展开分析，从而陷入"无米下锅"的窘境。即便找到了合适的文本，也难逃作为既定结论的论据的命运，这几乎斫丧了文学研究的所有光芒。意料之中，这一研究计划不得不搁浅，也极大地挫败了我从事学术研究的信心。

不过，失败有时是成长的加速剂，我突然醒悟，或许自己对何为学术、何为好学术的理解压根儿是错的。学术研究恰恰需要研究者拉开恰当的距离，把自己的关切寄托于、转化为深入且科学的学术探讨，而非确认某种粗糙的立场或满足虚假的道德感。正是在"求真"的过程中，学术本身才是有意义的，才能对得起"压在纸背的心情"。也正得益于这段信马由缰的读书经历，令我深感不设限的"自由"等同于不能承受之轻，当整个知识系统陷于混乱时，自由便是一种恐怖。渐渐地，开始懂得少即是多，慢即是快，我需要在自己的专业领域中找到适合的切口，不断积累精进，尝试去超越学界已有的认识水平，并把新的认识成果以论文的形态公开表达出来。在学科的积累之上，在与同行的对话之中，加诸合理的研究方法与手段，才能最自由、最充分地释放研究能力，实现自己的关怀。虽然在当时我尚且没有如此明确的认识，却也艰难地、一步步地规训着那些放荡不羁而又充满傻气的学术豪情，从最简单的一字一行开始，着手建设自己的学术世界。

三、研究课题与研究者的相遇

即使遍地都是题目，也必定有独属于自己的"那一个"。我不愿使用"选题"这样的字眼，而愿意将之理解为题目与人的相遇。正如张新颖在《沈从文九讲》中指出，写出《从文自传》后，沈从文真正确立了自我，他最重要的代表作《边城》《湘行散记》由是接踵而来。同理，写作博士论文是一项综合工程，想要达到自己的最高水平，必然要调动学术兴趣、知识积累、理论工具，并立足于学术史与学科史状况，最好还能与时代意识有所呼应，总之，这是天时、地利、人和的缘分。在多重因素的交叉点上借势而为，汇聚成篇，并不是所有人都能遇到的幸事。所以建议各位在动笔前，亦可作"学术小传"，尽可能客观地分析自己的情况，并将自家学术的优缺点置于整个学科发展态势之中，努力取长补短，寻找可开拓的方向。

记得若干年前李浴洋组织的一次读书会上，大家研讨完钱理群老师的新著《爝火不息》后，迎来期待中的钱老师回应环节。但令我长久以来大惑不解的是，钱老师并未与我们这些后辈谈太多实际观点，而是花了很大篇幅谈论认识自己的重要性。认识自己，实在不是什么新鲜的话题，多少沾染一些心灵鸡汤的况味。但又不知为何，日后总是能回想起当时的场景，迟钝如我，渐渐明白，学术研究的前提，恰恰在"认识自己"四个字——认识自己真正的兴趣，认识自己所具备的条件与限度。

"认识自己"没有终点，如乌托邦一般召唤着西西弗斯们不断探问生命之根。正是秉持着这样的信念，我在"空间流变"的课题搁浅后，继续在迷茫中不断寻找真正属于自己的题目。机缘巧合，有次读到同门闫作雷师兄的文章《科学的通三统》，大受震撼。这篇文章示范了如何在一项具体课题中涵纳古今中西的思想资源，契合了我对宏大问题的关注，更重要的是激发了我对科学话语的兴趣。不论是对个人境遇的敏感，还是尝试描摹空间流变带来的冲击，我真正关心的是现代性巨变之于普通个体的影响，而科学在其中扮演的重要角色自不待言。面对"科学"这样巨无霸型的概念，我的许多关切都被包纳其中，整个读书求学的经历未尝不能在此视角下进行反思，许多模糊的体验终于拥有了一个讨论的切口。在这个过程中，我也更明确了自己的兴奋点：与印象式批评相比，更倾心于历史化探讨；与实证研究相比，更倾向于思想史梳理；与现象研究相比，更关心根本性的议题。当然，其中的区分不是绝对的，更像是一组组流动中的坐标系，根据研究对象实际状况的不同，随物赋形，灵活调整，以建立最贴合对象的讨论方式。

在好不容易寻到入口后，对相关文献的阅读令人兴奋，诸如汪晖《现代中国思想的兴起》的第二部下卷"科学话语共同体"、郭颖颐《中国现代思想中的唯科学主义（1900—1950）》，以及各种历史材料、科学哲学著作，等等。徜徉在这些文字中，我感到前所未有的充实，对科研的热情被再度唤起。以"科学"为视镜，20世纪经验开始变得有章可循。根据冯天瑜的梳理，"科学"（science）一词的现代用法较早见于康有为1896年编的《日本书目志》，之后严复又将科学的范畴从自然科学扩展到社会科学，科学逐渐取代了传统格致学。胡适称"科学"获取"无上尊严的地位"（《〈科学与人生观〉序二》），吴稚晖则认为"科学公理之发明，革命风潮之澎涨，实十九、二十世纪人类之特色也"（《新世纪之革命》）。马克思主义的传入与落地，也与科学思维的确立密不可分。进入社会主义革命与建设阶段后，科学话语作为整个现代性规划中的一部分，需要被不断改造与调适，绝对不可溢出意识形态划定的方向与轨道，所谓批判"唯生产力论"，否定"科学技术是生产力"皆需在这样的语境下理解。

而在整个20世纪历史中，最能激发我探索欲的则是七八十年代之交。这一过渡时段之于我的吸引力，主要是其复杂性，从"不断革命"转到"经济建设"，意识形态在短短几年间平稳转轨，政治、社会、经济、文化思想等方方面面无不发生巨大变化。当然，转轨的潜流可以追溯至更早，但显见的巨变就在几年间喷涌而来，令人眼花缭乱，而这些变化尚未经过深入的理论反思与学术整理。如果说政党与国家主导的整体性方案调整是根本驱动力，那么在新方案中，科学扮演了异常重要的角色，其无疑是摆脱过去、迎接未来，实现跨越式发展进而论证自身合法性与优越性的可靠力量，而仅仅在几年前，它还是令人忧心的复辟因子。时代巨变自然也会渗透到文学变革之中，立足文学内部视野，测绘内外联动的时代轨迹，成为令我着迷的课题，博士论文的题目也就流淌而出——《改革中国的赛先生——1970—1980年代之交中国文学文化中的"科学"》。如今看来，这个题目尚有许多有待优化的地方，尤其是需要明确文学与科学并非简单的"A"与"B"的关系,也并非主题归纳式的梳理,而是意在探讨这一时期的文学变革如何与崭新的现代化话语配合,又是如何塑造出科学话语的感性力量的。反过来,科学思维又是如何内化为文学语言,促成所谓文学现代化的种种观点与动向。

至今我依然对这个研究方向心动不已。首先,它涵纳了我的真切困惑,无论是科学话语,还是20世纪七八十年代之交开启的巨变,都与身处的此刻密切相关,而且为理解"此地此刻"提供了更加深远丰富的理论与思想脉络。其次,这个题目足够重要并具备挑战性,最大限度地调动了我对知识的兴趣,文学、科学、思想史、当代史各个学科的知识如星图般汇聚,个人的知识图谱有序积累。最后,从学术生产的角度讲,在当代文学研究领域,"十七年"与"八十年代"是热门研究领域,但对七八十年代之交的研究尚且薄弱,因此这一题目具备创新性。另外,科学话语的影响不容忽视,因此其学术的延展性很强,向前可以追溯至五四时期甚至传统中国,向后也完全可以作为索解当今时代的线索。我在博士论文的基础上,继续延展出关于当代文化与科学话语的研究,以系列个案突破"科技—人文"二元分割的研究局面。总之,最适合自己的题目,一定最能契合个人研究特性与独特准备,也要与目前的学术生产潮流、时代文化氛围相互配合。即便达不到这种理想状态,也千万不要自我欺骗,选择自己不喜欢或无动于衷的题目。

所谓研究题目与研究者的相遇,容易被覆上浪漫主义的滤镜,但研究者都知道,那邂逅刹那的欢愉,无不是艰辛劳作换来的。这里说的劳作,是指如小农那般,日日在自己的园地里耕耘,再深一点,再广一些。残酷的是,或许只有劳作还不够,学术还需要才情、禀赋、舞台和运气。而我早已接受自己的平凡或庸常,所在意的,是所邂逅的那些研究对象带来的审美体验、人格境界与历史智慧,哪怕只是收获一方逃离现实烦恼的桃花源。人们常引用博尔赫斯说的"天堂应该是图书馆的模样",而对我来说,书桌是凡尘与圣域的结合,在这里最能作为"人"畅快地悲与喜,也最能超脱出来审视这大千世界。

回首这段跌跌撞撞的历程，虽有许多遗憾与失误，但更多是庆幸。我始终没有剥离学术与生命、思想之间的关系，从未简单地把它当作一项技术操作，而是笨拙地不断向外拓展又反求诸己，去寻找一个真正能唤起持久热情的课题。钱理群老师在一次私下的谈话中，曾说起学术工作只是他作为思想者的实践方式之一。我虽与钱老师的境界相差太远，但却无比认同，私以为不妨也将论文写作当作自己思考、存在的实践方式之一。于书本间穿行，在键盘上起舞，书斋生活虽有种种缺陷，但谁又能否认，白纸黑字间自有广阔天地。而随着年岁渐长，深觉偶然与危机四处潜伏，而个人又是如此渺小。昔日少年豪情渐渐消散，不知是成熟的标志，还是衰老的信号。唯可确证的，是写作和思考的超越性能为我们争取到短暂的自由时刻。在不断的记录、反思与创造中，周遭的枷锁软化甚至脱落。如此立说，似乎太过标榜超拔姿态，毕竟博士论文写作期间，我也是被时间表碾压的大军中的一员。但毋庸讳言，正是靠着一点点收集与保护这样的信念感，我越来越享受整个写作过程，即便有诸多缺憾，生涯还长，又有何惧？

四、材料·思路·表达

前面更多谈及"道"的层面，对我来说，正是在理顺了"道"的层面后，所有技术问题也变得可爱可亲起来。当然，肯定存在由"技"入"道"的途径，换句话说，就是从学习技术入手，逐步理解论文写作的意义。我一直怀疑自己有"方法论崇拜"的毛病，似乎从懂事开始，就很喜欢总结做某某事情的方法。同样，写作博士论文的过程中，有时思路受阻，我会选择一些论文写作的指导书来阅读，经常起到"药到病除"的效果，开辟出一番新天地。如此来看，埋头写作时若能辅以自觉的方法论，真如同利刃在手，事半功倍。这四年来从事学术编辑的经历，也让我更加确认学习写作技术的重要性。"技"的学习，足以帮助初学者完成一篇合格的，至少是不会令老师和编辑抓耳挠腮、痛不欲生的论文。学术编辑都见识过太多"伪论文"，或是毛坯状态的论文，不免愤慨系之，出门前都知整理仪表，那交稿前是否也该有起码的体面？因为被低级写作问题逼出太多内伤，所以衷心希望每位论文写作者都可以习得基本技能，对读者与编辑施以起码的呵护。

言归正传。在拥有了大致的选题方向之后，首先需要做的便是大量广泛地进行相关的学术阅读，较为全面准确地掌握研究论域的现状与最高水平。进而，借由阅读进一步细化自己的问题意识。比如选择了"文学文化中的'科学'"作为话题，起码需要敲实本篇论文的"科学"的具体所指（毕竟这是一个巨大无比的概念），需要寻找到恰切的文学文化文本，需要明确开展讨论的时间范围，需要明确自己讨论的独特定位与问题意识，等等。而这个过程绝非一蹴而就，需要在一轮轮的阅读与思考后，不断精确化、具体化，校准自己的"爆破点"，并摸索出可以操作的路径。

所谓"学术阅读"，也就是"批判型阅读"，要求研究者能够把握阅读材料的前提、思路与观点，并能做出客观评价，进而将之内化为可资调用的论据，逐步构建起自己的论证地图。引经据典时，数量适度，水平优质，来源可信，尽量使用第一手数据，还要善于在自己的行文中穿插安排，推进论证。至于阅读材料本身又是极其多样的，包括史料、理论、文学作品、研究成果等，切不可偏废，对各项材料的掌握起码要达到合格水平。能否真正打开和读懂阅读材料，尤见研究者的功力。同一份材料，不同研究者的所得有云泥之别，而这项功夫只能在"事上磨"。需加强调的是，开卷有益的前提是放下成见，切勿带着强烈的是非标准横加裁剪，而应首先充分理解所面对的观点。尤其是对方观点与自己的相左时，更需具备吸收不同看法的能力，继而辩证深化自己的持论。否则，盲目批驳他人观点，很可能暴露自己的无知，闹出笑话。虽然学术阅读总体上带有明确的目的性，属于功利型阅读，但总会有些不期然的瞬间，某些看似不相关的研究却能带来意外启发。而所有这些，都有赖于尽可能广泛地输入，这是提高论文质量的前提。学术研究的公平之处正在于"知之为知之，不知为不知"，"所知太少"四个字是印在脑门儿上的，水平高下往往一望而知。

一轮轮定位、校准自己的问题意识，目的有二：一是明确自身研究在学科史、学术史与该问题史中的位置，建立起自身研究所处的理论谱系与对话对象。简言之，就是要善于找到自己的定位，在既有盲点、空白点与要害部位上，确立起本项研究的突破口与原创性。虽然分科治学的模式引发了越来越多的不满，但对初学者来说，学科史的规约是必要的，足以帮助自己较快进入学术语境，了解某一问题进展的程度。待到他日游刃有余，再跨界不迟。二是定位清晰与否，将直接决定论文的可操作性。博士论文毕竟是在规定时段内的写作工程，但准备和修改永无止境，可行的办法便是以小切口谈大问题。我个人的反面经验，就是背负着"科学"这样的巨型概念，没有划定足够明确的问题边界，使得论文题目变成一个"大筐"，许多模棱两可的对象似乎都可以被纳入讨论。于是在答辩时，老师很容易提出质疑"为什么你没有讨论×××"。所以在锤炼问题意识的过程中，要在脑海中想象出"对手方"，将自己的问题意识的所指与边界尽可能精确化，提前为自己准备好"辩词"。

建立问题意识之后，论文的整体结构与思路也要精心设计，这是论文与读者见面的"门脸"或者说最具冲击感的"形式"，往往有决定第一印象的魔力。有时翻开一本论文，看完目录便觉味同嚼蜡。而"门脸"的吸引力，受制于整部论文的思考深度，那些令人耳目一新的论文设计，往往出自新材料或新思路，有时也依靠摆脱匠气的"人文学的想象力"，再往深里讲，与学术品位、眼光、视野亦有关联。结构和思路没有一定之规，需要贴合课题特性展开。但论证逻辑务必环环相扣，杜绝明显的跳跃，这也是论文写作区别于其他类型写作的基本要求。我的博士论文是以不同题材领域来结构全篇的，对此我很不满意，但在当时的认知水平下只能达到这样的水平。遗憾的是，我当时羞于请教更多的老师和朋友，日后才发觉高质量的学术交流极为必要。公允地说，按照时间顺序、题材类别等组织全篇，在学术价值上并不一定低，但我个人还是更倾向于以论述思路的关节点结构文章，"可视化"整个思路的关节点，这对研究者的认识水平与驾驭能力显然都有较高要求。但正因有难度，才有价值，每篇论文都向上够一点，也才有不断进步的空间。

很多有过博士论文写作经验的人，都有一个共同的感受，那就是直到论文快写完，才找到自己真正关心的问题点，但已经没有力气，也没有时间去将最精彩的部分写出来。为了避免这样的遗憾，我想只有尽早动笔这一条路。当前期准备到一定阶段时，务必动笔，不能任由准备阶段无穷无尽地进行下去，事实上也只有把那些毛线团一样纠缠的想法化作前后相接的句子时，你的认识水平才可能真的有所推进。尽早动笔，亦是为了留出足够的修改时间。有种说法是，文章第一遍是为自己而写，各色想法倾泻而出，兴尽而止，直到第二遍才是为读者而写，将各路观点排兵布阵，编织出符合阅读习惯的文字路径。许多概念、思路、结论、前提，常常只是默认别人知晓，但实际情况截然相反的例子比比皆是。我始终认为"修改"对于学术写作有着至关重要的作用，可以显著提升论文的质量，除非你是不世出的天才，写下的都是不刊之论。无论是讲给自己听，还是发给朋友老师请他们提意见，抑或干脆搁置几天使之陌生化，都是有效地开启修改的方式。修改的最低目的是将论证过程尽可能清晰地传递给读者。需要始终记得，论文写作是一项公共写作，是为了将自己创造的新知识传播出去，因而秉持读者意识是最起码的职业操守。

说到读者意识，论文语言自然是联系作者与读者的介质。在初学阶段，经常会被酷炫的理论术语、数据表格、缠绕文风吸引，自觉或不自觉地模仿看似高大上的理论腔、学术腔，或是学习某位学术偶像的行文风格。这大概是一个难以避免的过程，学术表达本就与日常表达有一定距离，学会这套腔调一定会有半生不熟的阶段，未尝不可以多给自己与别人一点宽容。但最终还是要明白，文质兼备固然好，如洪子诚、陈平原、王德威、赵园、钱理群、戴锦华等学术前辈，都形成了自己的独特文风与语体，但在学徒阶段，还是以清晰准确为第一要务。大可不必将简洁等同为简单，真正有穿透力的，是所有花费在这一课题上所达到的认识结晶，是你创造的知识真的重要与新颖，而绝非修辞上的故作深沉。在清晰表达自己观点的基础上，如能形成自己的风格，离不开才华加持，更有赖于漫长练笔中培养起来的文字素养。

最后，还需提到一些最简单的层面，譬如论文格式等细枝末节。相比前述种种工作，这大概是最简单也最易被忽略的一项。很多作者认为格式等同于锁链，束人手脚。但不妨反过来思考建立格式的作用：如若没有摘要和关键词，大概无法较快把握一篇论文的要点，作者也丧失了凝练自身观点的机会；如果没有文献综述，怎能确保以往的研究成果被有效利用，又如何知晓你的研究是在何种对话语境下展开的；如果没有规范准确的注释，读者就无法找到文献出处，你的读解是否正确也只能陷入"信息不对称"的局面，同时也不易形成与前人研究"接力"的知识生产……如此种种，并非为了论证格式规范的不可移易，否认其带来的负面影响，只是提醒诸位不妨辩证思考这些规范的立意，窃以为许多规范在高手那里，也已无法构成束缚。对于初学者而言，养成规范的写作习惯，其实也是在养成一套学术工作的思维习惯，学习尊重前人研究成果，学会与他人研究进行对话，善于引用、分析与总结，等等。换个角度，束缚本身也可以是对某项能力的发展。其他许多细节，比如尽量减少错别字与病句、提高引文与注释的正确率、准确使用标点符号等，看似是中学甚至小学语文的内容，但做不到的大有人在。如果能认真地做好以上这些，已经胜过了大多数人。这其中蕴藏的认真精神，确实能带来"文如其人"的上好印象。

俗话说文章不厌百遍改，写作过程总是充满了各种挫败的时刻，但也有许多无比充实与快乐的瞬间。博士论文的撰写历经数月甚至数年，要学会打持久战，寻找适合自己的工作节奏，照顾好自己的身心。不妨遵从内心，选择自己喜欢的空间读书和写作，比如我是在北大图书馆四楼写完博士论文的，非常享受大家一起学习与坐拥书海的感觉。有的人则喜欢有些嘈杂声音的咖啡馆，有的人则在家中更有安全感。其他生活细节，也都不妨更为从容、宽容，听从自己最真实的声音，享受这段人生再难拥有的纯净时光。

五、结语："为己之学"

这段回忆之旅接近尾声了，是否美化与模糊了其中的苦恼呢？也许有吧，毕竟我曾经有段时间时时懊悔自己走过的"弯路"，经常在设想"如果当时不……我会更厉害吧"。背负着巨大的包袱，又不得不勉力前行，这种内耗状态是我写完博士论文很久之后才发现的。时隔四年回看博士生涯与论文写作经历，遗憾依旧在那里，失误也都客观存在，纠结与无助无比真实，但此时此刻内心生长出许多坦然。读博的整个经历教给我"不断进击"的道理，不要放任自己沉沦在"弱者心态"里，反而要永远相信自己、认识自己、实现自己。人文研究，在"化成天下"之前，首先要滋养研究者本身。

以博士论文的写作为起点，我逐渐建立起以阅读与写作为重心的生活方式。写论文是日常生活的一部分，亦为学术生涯的一部分。甚至有时候，还会突然蹦出"我爱写论文"的想法。也许在有些人眼中，不过是多了一个被学术异化的怪物而已。但于我而言，论文写作让经历苍白、心灵孱弱的我，拥有了比之前广大得多的精神天地，启蒙了原本懵懂的自我认知，照亮了晦暗逼仄的日常生活。甚至有时我会感激自己的研究对象，会为历史中的人和事而落泪，会为他人的智慧击节赞赏，会对不如意生出许多释然与豁达。学术阅读与论文写作是我自我启蒙的方式，也是与这个世界沟通连接的重要渠道，曾经赤裸的现实关怀亦有了更深厚的支撑。不再惧怕承认自己的无知，不再回避自己的有限，放下成败心与比较心，享受书桌前一轮轮的日升月落，是我所能够想象的理想人生。希望读到这篇文章的你，也可以拥有自己的"为己之学"，一起在其中铭刻下我们存在的意义。

探索艺术领域的认知边界

——以结构化思维撰写舞蹈学博士论文

毛雅琛

2020年毕业于中国艺术研究院研究生院舞蹈学专业
现就职于中国艺术研究院

- 博士论文的选题可以参照以下7个标准：有意义、有新意、可操作、可驾驭、有资料、有积累、有兴趣。
- 结构是论文中最重要的部分，体现着作者的学术功底和思维整合能力，而结构中最重要的是底层逻辑的顺畅，好的论文结构应该能把论文的主题以合理的逻辑顺畅地串联或并联起来，同时注意主、次内容的占比及核心论题的多维分析。

当我收到李修建老师的约稿邀请时，倍感荣幸但又有些忐忑，我细细回想了我在博士阶段写论文的时光，虽然辛苦但却是我求学生涯中成长最快的一段时间。我想作为学生最大的乐趣就是思考和认知的提升，回顾不同阶段的学位论文写作，如果说学士论文是验证创新、硕士论文是渐进创新，那么博士论文便是突破创新，是针对某一领域对人类认知边界的探索。这样的探索会让你充满了成就感，但也难免会有沮丧与艰辛，这是一段需要不断进行自我审视与心灵跋涉的漫长旅程。而当这段旅程结束的时候，无论是自我的认知还是对于学术的体系性理解，都会是一次质的跃升，我们常把它形容为凤凰涅槃。舞蹈学专业的博士论文在写作之前需要大量非结构化体验的积累，但依然需要以结构化思维展开写作，作为刚毕业不久的舞蹈学毕业生，我没有太多成功的经验，想要跟大家分享的是关于艺术类论文写作中一些通用且实用的小技巧。

一、如何对抗焦虑与拖延

虽然在博士论文的写作过程中需要面对和解决的问题不胜枚举，但很多时候，我们最难面对的却是自己，内心的焦虑和拖延很有可能是论文写作之路上的"终极 Boss"，因为担心做不好所以迟迟不愿开始，又因为一直拖延而陷入深深的焦虑与自责。其实，想要对抗焦虑，首先要做的就是跟自己和解，允许一定的压力和焦虑存在，同时放下完美主义，毕竟尽快开始才是治愈一切焦虑的良药。但接踵而来的问题是，面对无比庞大的工程不知从何下手也不知如何开始，然后又陷入新一轮的焦虑和拖延中……之所以这么了解，是因为我也曾经深陷于此，于我而言，最有效的解决方案就是拆解与倒推。

将还原论作为底层逻辑的拆解法是以结构化的思维把一个无从下手的大任务拆解成多个相对单一的小任务，或者把一个抽象无形的想法落实为具象可行的操作步骤。如表 1 所示，表格可以持续延展，且其中所列的每一模块都可以继续拆解，直到拆解出的模块在你看来足够简单为止。之后便可逐一或是并行完成一个个小模块和小步骤，再将已经完成的部分拼接起来，搭建出完整的结构，最终形成一篇完善而庞大的博士论文。这样的方式，让论文写作的每一个阶段都不会太过困难，从而极大缓解了论文完成过程中的畏难情绪。

表1 模块化的论文写作计划

模块名称	计划与步骤	起止日期
确定选题	自选数个方向—资料初筛—与导师沟通确认—持续聚焦—完善验证	3—5月
文献综述	文献检索—分类—阅读—提炼—总结—成文	4—6月
结构搭建	对象内容—框架脉络—逻辑关联—章节布局—层层深入	5—6月
……		

倒推法则主要是针对研究和写作计划而言，根据最终的毕业时间和已经拆分好的任务模块，一步步向前倒推，可以大致规划出每一模块的时间占比和进度安排。与此同时，给每一模块设定明确且相对紧张的最后期限，并且一定要逼迫自己在既定的期限内完成，这样不仅不会影响论文的最终质量，而且会极大地激发写作潜能、提高专注力。正如已经被脑科学所验证的临考冲刺（deadline rush）一样，在有限的时间内往往更容易到达心流状态。而论文写作的日程也会在这一过程中逐渐变得清晰且条理分明，如果你愿意，甚至可以细化到每一天的具体工作。更为重要的是，原本悠长的读博时光会因为倒推法则和最后期限而瞬间紧迫起来，当拖延和延毕以环环相扣的方式直接相连时，也就有了战胜拖延的自我内驱力。

在思维层面，类似于倒推的逆向思维同样有效，例如，在开始写作前可以首先思考一篇优秀至少是合格的舞蹈学博士论文大致是什么样子？

完成这样一篇博士论文需要具备什么条件？如果站在答辩评审的角度，针对该领域或对象的研究，会期待看到一篇怎样的博士论文？等等。根据这些问题的答案，再来设计选题、框定范围、布局结构，会更加全面、深入，也更有针对性。

博士论文无法一蹴而就，就像人生中所有的大目标都不会突然达成一样，过程中可能还会有始料未及的困难和挑战，但也不必过分焦虑。如果是必须要做的事，与其左思右想迟迟拖延，不如抛弃杂念尽快开始，然后再来思考如何能更好地完成。与其担心是否能够做好，不如先把它尽力做完，再来思考如何能把它改得更好，通过拆解、倒推和逆向思维，当我们坚持不懈地把一个个模块都扎实完成时，曾经高不可攀的山峰已然能够轻松登顶了。

二、如何进行论文选题

关于论文选题，你一定听过这个耳熟能详的说法——好的题目等于成功了一半，在我看来，论文选题决定着论文的眼界和格局，其重要程度哪怕占不到 50%，也至少达到了 30% 以上。正如自媒体奇人粥左罗在书中所说："怎么写是战术，写什么是战略，不要用战术上的勤奋掩盖战略上的懒惰。写好，是正确地做事；写什么好，是做正确的事。一定要先选择正确的事，再用正确的方法去做那件正确的事。这就是写作中的'胜者先胜而后求战'。"（粥左罗：《学会写作：自我进阶的高效方法》，人民邮电出版社 2019 年版，第 53 页）试想一个太大、太空或是没有太多价值和新意的题目，就算有着炉火纯青的写作功底和百分百的写作热情，也很难成就一篇优秀的论文。

聚焦于我的专业方向，就我个人的写作经验而言，博士论文的选题可以参照以下 7 个标准：有意义、有新意、可操作、可驾驭、有资料、有积累、有兴趣。

所谓"有意义",即是有用或者有价值,不能为了论文而论文,根据明末清初的思想家顾炎武之观点,"文须有益于天下"和将来,如果题目本身没有意义,即使能研究得很深入,在推动学术发展的层面也毫无进益。而有新意,并不一定也很难是全新的发明、创造,可以是新的观点、新的材料、新的方法、新的角度、新的结论,也可以是对各要素的重新排列组合。可操作是指清楚了解应如何开展相关研究工作。可驾驭则是指选题的方向和难度在自己的能力范围之内。而兴趣本身是写作的原动力和记忆的最高境界,它可以让漫长的论文写作事半功倍,也可以让相对枯燥的旅程变得妙趣横生。很多时候,博士论文是跟随一个学者一生的课题,就算是以后再也不打算涉足的领域,也要在做论文的过程中深耕至少两年的时间,如果是完全没有兴趣的选题,在写作体验上会觉得难熬很多。正如麦克唐纳所说的那样,"几乎没有人会记得他所丝毫不感兴趣的事情",更何况是要耗费大量时间和心力的博士论文写作。而资料的多寡和积累的多少,则直接决定着选题的成败和论文最终所能达到的深度与广度,如果能够占有大量的一手资料或是有较为深入的前期积累,例如与硕士论文相关的选题方向,相对于全新的领域而言,会更容易写出一篇高质量的博士论文。

如果在选题之初,没有特别明确的方向,就先不要给自己设限,可以多开几个"脑洞",将自己能想到的、不同方向的各类主题全都罗列出来。可以来源于近期阅读中的思考、某一次课程或作业的灵感,也可以是硕士论文的进一步深掘和延展等,值得一提的是,并非所有的硕士论文选题都适合继续来做博士论文。接下来,可以根据上述标准做一个顺序的筛选,删掉那些明显没有价值和新意的题目,再根据留下的题目进行概览式的相关文献查阅,删掉那些可行性不强或难以驾驭的题目。此时可以根据最想要保留下来的3—5个题目有针对性地再进行一轮文献工作,调整题目的范围,同时进一步聚焦,以文字的形式提炼出选择该题目的原因和对于该题目的思考,至此才算完成了论文选题的准备工作,可以去跟导师正式沟通论文选题了。经过两次筛选和至少两轮的文献工作依然得以保留的题目，其相关研究背景和可行性分析已经相对成熟，与导师的讨论自然也会更加高效。即便是单纯向导师寻求帮助也不能一无所知，最好能向导师清晰阐述自己对选题的理解和初步的构想，唯有如此，导师才能给予具有针对性的指导和建议。而这样的沟通可能会经历数次，甚至耗时数月，直到最终确定论文的选题方向，才算完成了论文选题最关键的一步，但选题方向离最终的论文标题可能还相距甚远，此时，可以针对选题通过以下三个维度的思考层层深入，持续聚焦：纵深思考—平行思考—焦点思考。

在选题之初，可能对于论文只有大致的方向，还没有特别清晰的思路，此时既不能过于宽泛又不能太过狭隘，纵深思考可以在时间维度上帮助我们梳理该选题的来龙去脉，及其在历史跨度中的角色和变迁。平行思考则在空间维度上帮助我们厘清该选题的身份和归属，横向类比此类题目的研究思路，以及本选题所具有的独特属性。而焦点思考，则是对选题本身的不断追问，我的导师江东老师在我做论文的全过程中，一直让我思考的一个问题就是"你想要解决的是什么问题"，这对我帮助极大，一方面使论文的聚焦越来越清晰，另一方面也让我可以不断反思论文的核心价值和想要解决的核心问题，始终不跑偏。

对于选题的追问应该贯穿论文写作的全过程，以经典的"八何分析法"（即包括When/Where/Who/What/Why/How/How many/How much在内的5W3H分析法）为基础，作为一篇博士论文至少要追问到以下三个层级：1.研究的核心对象是什么？2.想要解决的问题是什么？包括问题本身（what）、原因（why）、解决路径（how）等。3.研究的价值和意义是什么？在不断的追问和求解中，论文选题的聚焦日渐清晰，而与之并行的文献和资料工作，是回答上述问题的理论基础和重要前提。

三、如何做文献综述

文献工作可能是博士论文写作中开始最早且持续最久的一项任务，甚至贯穿了从选题到写作的全过程，很多时候文献与资料工作的扎实与否直接影响着论文的最终质量。好的文献综述会让你洞察所选领域的研究现状及主要研究问题，尤其是暗藏其中的不足与缺漏，能让你在定位研究思路的同时置身巨人的肩膀，为突破人类知识的边界贡献自己的绵薄之力。在此仅以舞蹈学论文开题前的文献工作为例，我大致经历了三个层级。

（一）查找文献

虽不能因为浩瀚的文献拖延写作时间，也不可能真正做到面面俱到，但是关键的文献还是应该尽力做到"竭泽而渔"，以穷尽的方式将核心和经典文献一网打尽。看似矛盾的要求，意味着文献的检索既不能太庞杂又不能太局限，而且在检索过程中，不同范围和不同层级检索词的设置可能会出现迥异的检索结果，检索本身就是需要学术功力的一门学问，需要具备筛选和辨别的能力，并能根据结果不断调整，既要准确、恰切，又要广博、全面。一个比较高效的方法是认真阅读重点文献后的参考文献，这不仅能帮你快速锁定该领域的其他核心文献，同时还能有效检验此前的文献工作做得是否扎实、准确。而文献的获取路径除了图书馆等传统纸媒外，当下的文献来源已经越来越依赖于网络，在中、外各类搜索引擎和电子数据库的基础之上，一些官网主页、学术论坛，甚至公众号和各类平台的学术推文等，已经成为获取最新资讯和文献的重要来源补充，针对不同的学科领域，文献的获取有其各自的路径和特点，在此不做过多赘述。

（二）阅读、记录文献

对于大部分学者来说，文献的查找和阅读是同步进行的，与论文写作一样，阅读文献的过程也是分层次、分阶段的，需要循序渐进、不断深入。首先在整体泛读的基础上，根据文献的相关性和重要程度做初步的筛选和分级，很多看似重要的文献可能与你的研究并不相关，同时为了便于后期使用和进一步精读，可以按照不同的侧重点对文献做多重的分类和整理，虽是泛读也要着重关注文献的摘要、结语、理论框架和关键句（key-line）。而在重点文献的精读中，则有着更为细致的要求，是由浅表文字深入文献肌理的过程，首先应关注的是文献的研究对象、研究思路、研究方法和最终结论，其次是文献的创新点与价值，再次是论文的行文风格及与相关文献的关系等。可以在精读之前，列出问题清单作为文献整理和记录的模板使用。

例如，该文献最大的理论贡献或价值是什么？

底层逻辑或层次结构是怎样的？

使用了哪些研究方法？创新点是什么？

对我的研究有何帮助与启发？

有哪些观点或方法值得借鉴？

针对该论题，你个人持怎样的观点与态度？

如果是你来写这篇文章，会如何结构？

是否还有改进的空间？

与文中的观点和内容相似或相反的同类型文献有哪些，相互间有什么关系？

你个人如何评价该篇文献？（包括结构、行文、视角、方法、论证等不同层面）

……

在阅读文献的过程中应保有随时质疑的敏锐度，能够带着问题随时走进文献，也能随时抽离与文献对话，努力培养自己批判性阅读及思考的能力。

无论你的记忆力有多惊人，都一定要养成随时记录的好习惯，因为随着时间的推移，加之阅读的文献日渐增多，那些原本清晰的记忆会日渐模糊，隐约觉得在哪里看过，但具体是哪里、具体是什么内容已经完全想不起来了，甚至再次返工也很难觅得其踪影，这格外浪费时间、拖延进度，我自己就有着惨痛的教训。有效的解决方案是借助各类记录软件，记录任何你认为重要的东西，同时将上述内容以每一篇文献或某一类问题为单位进行详细标注和记录。此外，还有一个很好用的文献笔记法，是将同一主题的不同资料、方法、立场、观点、结论，以及自己的理解和思考以文字或图表的形式进行对比整合与结构化梳理，哪怕你觉得很多内容在之后的写作中使用的概率不大，也请坚持这一原则，这不仅是为了文献本身，更是为了厘清思路、训练思维，当这样的对比研究积累得多了，文献综述的雏形便自然而然地显现了。

（三）文献综述

在博士论文中，文献综述常以"国内外研究现状"的形式出现，作为论文开题和绪论中的既定部分，其目的是对既有文献做系统性的梳理，以明确论文选题的必要性和可能性，避免重复性研究，体现了论文作者对该领域的认知深度。透过文献综述，大致可以了解到该领域的概念、范畴、视角、思路，以及该论题的研究源起、研究现状、研究方法、核心问题与已知结论等。正如前文所述，如果第二层的文献笔记做得扎实，文献综述便是水到渠成的事，只需稍加整合即可成文。为了规避文献综述中最常见的问题——对于大量文献资料的罗列和堆砌，综述自身的叙述结构和展开逻辑就显得非常重要。可以以该领域的研究问题、研究范式、研究阶段、研究派别，以及文献的类型层次等为思路整合文献，综述的关键在于对文献的理解、提炼和评价，其中既包含文献的价值与贡献，也包含文献的局限与不足，从而使文献综述具有独立性和批判性，并可从中窥见论文整体的研究思路。

具体的整合方式可以参考以下三种：一是观点导向，对该选题主要的观点、派别进行归类整合。二是时间导向，依据该选题的发生、发展，勾勒出学术史的框架脉络和其中重要的时间节点。三是问题导向，以该领域论争的焦点与热点为切入点，进行客观分析，同时引入自己的判断等。当然，三种方式并不互斥，可以择其一二，也可以三者并用。当你顺利完成文献综述（顺利完成的标准是没有重要文献的遗漏、没有重要观点的误读，同时不是单纯的罗列、堆砌等），对于论文的写作就已经有了相对明确的思路和方向，同时也有了对抗焦虑的底气。

四、有关论文写作与修改的几条小建议

优秀的博士论文各具风格，无法也不应批量复刻，所以我在这里并没有总结模板式的写作流程和套路，只是希望大家可以通过下面几条小建议，未雨绸缪，规避写作过程中不必要的麻烦和陷阱。

（一）关于论文结构的搭建

在我看来，结构是博士论文中最重要的部分，体现着作者的学术功底和思维整合能力，而结构中最重要的是底层逻辑的顺畅，好的论文结构应该能把论文的主题以合理的逻辑顺畅地串联或并联起来，同时注意主、次内容的占比及核心论题的多维分析。围绕主题可以首先将论文拆分成有逻辑联系的若干部分，例如并列关系、递进关系、因果关系、混合关系等，其中的每一部分都应逻辑自洽且紧扣主题。同时，每一个部分作为一个相对独立的分论题，可以遵循上述标准继续拆分、层层推进，每一个论点之间也可以用一条隐形的逻辑主线横向连接。类似于芭芭拉·明托（Barbara Minto）在《金字塔原理》(*The Pyramid Principle*) 中所提出的观点，在搭建论文结构的时候应努力做到主题明确、结论先行、以上统下、归类分组、逻辑递进、自上而下思考、自下而上表达等。

作用于论文结构，可以先画出思维导图或框架图（类似于图1所示，是框架图示中最简单的一种），以此为基础来搭建论文的主体结构，然后

逐步梳理每一部分的内容和逻辑，最终细化为论文中逻辑清晰的篇—章—节—目—点（有些论文结构可能不涉及篇，但至少也要包含章、节、目）。每一层级的标题最好能突出该部分的核心内容或关键词，在推敲整体结构的同时注重每一部分的内在结构，同时注意篇章、节、目、点之间的起承转合。

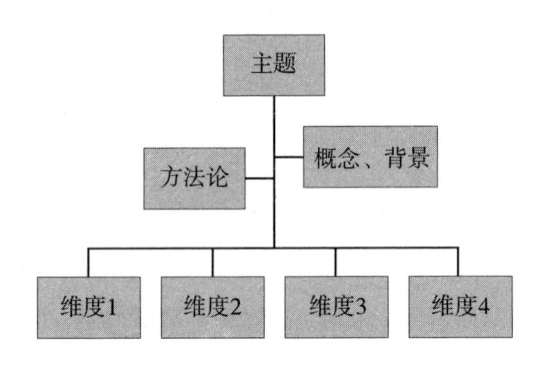

图1 论文结构的框架图

（二）关于论文的写作计划与瓶颈期

针对博士论文的写作，除了要尽早进入之外，持续的写作状态可能更为重要，由于论文的体量很大，所以不能寄希望于在短时间内一挥而就，而是需要日增月益的写作积累。最稳妥的方案是每天定时定量地完成既定的写作任务，根据自己的写作习惯设置每天500字到1000字不等的灵活写作计划，开始的时候可以把字数设置得略低一些，这样不会有太大的心理负担，如果能超额完成还能收获满满的成就感。在写作顺序上，也不一定要按照所搭建的框架结构进行自上而下的顺序写作，可以优先完成思考最成熟或是最感兴趣的部分，而且乱序写作的方式也许还能提早发现一些之前未考虑周全的问题，以便及时进行整体调整。

具体写作中需要注意的问题首先是每一部分的权重和占比，切忌头重脚轻、喧宾夺主，隆重开场、潦草收场。同时，切忌空谈理论，故作高深，而应脚踏实地地为核心论题找到准确而精深的论点、论据，并展开充分论证，使最终结论有理有据、真实可信。此外，还要避免深陷材料中，沉迷细节，在旁枝末节上耗费过多的笔墨，最终影响全文的谋篇布局和写作的整体进度。最后也是最容易出现问题的环节是论文的注释与保存，所有引用的部分，一定要从初稿开始就按规范的格式要求详细标注，以便日后查找、核对。同时还要做好论文不同版本的随时备份，可以在不同的空间多备份几次，以免辛苦完成的工作因意外消失不见，功亏一篑。

理性对待论文写作中的艰难时刻和瓶颈期，在漫长的写作过程中偶有不知前路在何方的困境实属正常，这时不妨暂时停笔，回归文献资料，继续搜寻答案，或是索性暂时跳过，直接开启下一模块，也许很快就能在其他章节中触类旁通，豁然开朗。即便一直想不清楚也不用太过沮丧，可以向外界寻求帮助，尤其是要坚持向导师定期汇报和积极沟通，可以每个月主动向导师提交月度报告，汇报近期的科研工作和论文写作的最新进展，以及遇到的困难和问题等，及时的沟通交流，不仅能让导师了解论文的进度与现状，也能在第一时间获得导师专业的指导和建议。可能自己苦思冥想了许久的难题，经过导师的点拨很快就能迎刃而解，即便是在写作或思考上出现了比较大的问题与偏差，也能在与导师及时的沟通、交流中尽早找到解决方案，最大限度地降低推翻重来的时间和心理成本，为可能出现的结构调整或深度修改争取到更多的时间。此外，还可以经常跟同学和朋友们进行有关论文的深入探讨，每一次向他人介绍论文的过程，都是一次难得的思路梳理过程，特别是一些原本含混的概念和内容，会在向他人的不断讲述中逐渐变得清晰而深入，很多时候困扰我们的是"只缘身在此山中"的迷茫，所以来自其他学科的不同视角有时会带给我们意想不到的灵感和启发。

（三）关于论文修改

我国自古便有"文章不厌百回改"的说法，曹雪芹《鲁迅自编文集：二心集》"批阅十载，增删五次"最终成就经典巨著《红楼梦》，鲁迅先生也曾说过："写完后至少看两遍，竭力将可有可无的字、句、段删去，毫不可惜。"（鲁迅：《鲁迅自编文集：二心集》，译林出版社2013年版，第104页）文学大家尚且如此，何况是正在读博士的我们，但对很多人而言，改文章并不是一件容易的事，以我为例，落笔前必须要深思熟虑，是因为一旦成文，就很难再进行大幅度的自主修改。然而，对于博士论文来说，修改却是一门必修课，正如前文所述，当我们终于完成了大体量的论文写作，想要松口气的时候可能才刚完成了一半的工作，接下来马上需要思考的便是如何才能把论文改得更好，从一稿到送审，从答辩到定稿，"增删五次"并非特例，甚至多达十几次的修改也并不罕见。

那么究竟要修改什么？又该怎么修改呢？这可能比论文撰写更让人摸不着头脑。在具体的操作层面，我们可以把修改分成好几个层级来完成，第一层级是自主修改阶段，当你完成了写作（无论是全篇还是一个相对完整的部分都适用）进入修改阶段时，可以将文稿先放置一段时间，根据论文的进度安排和时间的充裕程度，可以是一天也可以是几天，让思绪从之前的写作状态中抽离出来，然后寻找一个不被打扰的环境和一段相对完整的时间以第三方视角通读全文，遇到需要修改的地方时快速标记但不要过多停留，直到通读完成之后再回头逐一修改此前标记的部分。同时，在这一阶段就要修改错别字、标点符号使用不当以及语句不顺等问题，并按学校的规范调整论文格式，最大限度地避免论文中的低级错误。

第二层级是借助外力的非自主修改阶段，根据导师或者其他重要的修改意见，进行有针对性的具体修改。如果是比较大的调整，可能会涉及论文结构、主要观点、行文风格等的修改，此时请一定不要沮丧，这些修改意见只是希望能帮助你成就一篇更好的博士论文。与此同时，还可以与同学进行论文互改，这个看似可有可无的步骤，却常常能够发现论文中那些被我们习惯性忽略的问题。

第三层是进一步的自我完善，在不需要大改的前提下也首先需要进一步完善论文结构，使层次更为清晰，逻辑更为严谨。其次是材料部分，在答辩前随时增补在近期新出现的相关研究成果，同时删除不够准确或重复的材料，使全文的论述更具说服力。最后是进一步提炼和深化观点，并进行文字的锤炼和润色，努力达到文字表述上的清晰、规范、简洁、准确。

最后，当我们审视或评价自己的论文时，究竟应该遵循哪些判断标准呢？我想大概可以总结为以下三点：一是看论文是否具备了三个以上的显性创新。一般来说，博士论文需要三个或更多的显性创新，而且这些创新最好来自你已发表的数篇小论文，这便能证明你的研究是体系化的，具备了创新性（创造新的理论、观点或方法）与原创性（这些观点、理论和方法是你首创的）。二是论文中的观点和理论是否有清晰的研究边界。是否能够逻辑自洽地描述本领域中的一个具体问题。这其中有两个关键点，所谓逻辑自洽是要看有没有推导或因果上的瑕疵，所谓清晰的边界和对具体问题的描述，则是证明你的观点或理论是成立的，是可以被验证的。三是如果你希望博士论文的研究是自成体系的，那么就一定要有后续研究和拓展的可能性，学术研究是一个长期而持续的工作，当你完成这篇论文的时候，你就应该知道它的局限和未来在哪里，因为受到时间、认知、积累等各种因素的制约，一些目标和成果只能在后续的研究中逐渐实现。博士论文只是阶段性的研究成果，会让我们形成一个很好的学术研究的框架和开端，对于艺术领域认知边界的不断探索，才是我们研究舞蹈理论、艺术理论的原生动力。

五、写在最后

撰写论文的日子像是在暗夜中独自行走,虽有师友相助却无法始终陪伴左右,唯有夜空中时隐时现的点点星光伴我们一路前行,不知道前路如何,也不知道应当如何穿过暗夜到达彼岸。正如《研究是一门艺术》中所形容的那样:"做研究并非像在有熟悉目的地、有清楚标志的路径上游历,比较像是在茂密的森林中摸索,迂回地寻找某个在未寻得之前不知为何物的东西。"([美]韦恩·C.布斯、格雷戈里·G.卡洛姆、约瑟夫·M.威廉姆斯:《研究是一门艺术》,陈美霞、徐毕卿、许甘霖译,新华出版社2009年版,第40页)尤其是当我们面对那些论文路上的荆棘与曲折时,似乎很难想象它完成时的样子,甚至不确定最终是否能真正到达心中的理想之地。但请一定坚定地相信自己,在不断的自我审视与追问中朝着微光笃定前行,黎明前的黑暗可能正是最接近光明的至暗时刻,但你终将穿越黑暗,到那时,你会收获一个更好的自己。而这场孤独的心灵旅程很可能是你以学生身份,单纯与读书和写作为伴的最后一个旅程,那么,请甘之如饴地享受这份难得的孤独,还有这段限量供应的静谧时光。

最初的信念，恒久的问学泉源

——记忆里的博士论文

彭 志

2018年毕业于浙江大学人文学院中国古代文学专业
现就职于中国艺术研究院

- ◆ 专就博士论文而言，若能从大选题中凝练出若干个可以拆解的有意义的小选题，也是不错的训练治学能力的方式。
- ◆ 在研究取径上，不求面面俱到，更着力于以具体的专题，抑或较为有趣的话题为切入口。

随着年岁的增长，旧日时光会不由自主地在生活里复现。近来傍晚，在元大都城垣遗址公园散步时，常会想起那些年的夏天独自在西子湖畔探幽寻胜的乐趣；深夜里凭窗望向天边皎洁的皓月时，思绪常会穿越回数年前的凌晨在浙江大学西溪校区里踽踽独行的身影。于我而言，而立之后，过去那些值得珍藏的记忆往往会成为遭遇挫折时汲取前行力量的源泉，在选择抑或探索人生未来之路的关键节点，对过往的回味与省思，让当下的每一步都走得更为踏实。专就我还不太长的问学之旅而言，爬梳明清诗文典籍，寻找有价值的选题，日夜沉浸在博士学位论文的撰写之中，应是其中最值得珍视与追念的记忆。写作博士论文的过程，不单是对治学能力的训练，更是对人生专注特质和创新精神的培育。当在书山文海里摸爬滚打过，当对论文篇章结构呕心沥血过，他日遇到的任何困难，多能以处变不惊的态度寻找到可有效化解问题的方法。

3月中旬，李修建兄告知我，他和张颖老师正准备合编一本指导学生如何撰写博士论文的书，拟邀请20余位近年毕业的博士畅谈个体经验。因此颇富意义的提议的促动，最近一段时间，我便常常会想起在杭州读书时的点点滴滴，其中多有关撰写博士论文的美好记忆。我的博士论文《明清之际江南诗歌态势研究》虽然在开题之时就立下宏愿，尝试对易代巨变及地域文化影响下的诗歌做一动态观照，但因自己一贯的惰性，最后呈现出来的面貌并不能让人满意。仔细想来，我撰写博士论文的经验卑之无甚高论，可供汲取的经验更是极少，但这其中上下求索遇到的艰难，以及如何克服可能的误区，或许对于初入学术之路者还有一些借鉴价值，基于此，便不揣谫陋，尝试还原博士论文的成形过程。

一、有价值的选题源自广泛有效的典籍阅读

2012年7月，从安徽师范大学文学院汉语言文学专业本科毕业后，我以推荐免试入学的方式进入浙江大学人文学院攻读中国古代文学专业的

硕士学位，导师是元明清文学方向的周明初教授。2014年2月，通过校内硕博连读的材料筛选与面试选拔，转为博士生，随后进一步将自己的关注方向聚焦于明清诗词。虽然"明清之际江南诗歌态势研究"的选题在2015年9月底的所内博士生开题报告上才正式确定，但此选题的萌芽甚早，可追溯到硕士入学前后。

记得在硕士推免面试结束后不久，我曾以电子邮件的方式向周老师请教在正式入学前的几个月里应该提前阅读的典籍，周老师很快回复了邮件，开列了一些中国古代文学专业硕士研究生的阅读书目。

> 接下来离大学毕业，还有好几个月的时间，是应该好好静下心来多读点书了。古代文学，无论是哪个方向的，作为打基础用，先秦两汉的典籍都是应当读的。如果有时间，可以先读《诗经》，可用《十三经注疏》本中的《毛诗正义》，连"毛传""郑笺""孔疏"一起读，如还有问题，可结合陈奂《诗毛氏传疏》、马瑞辰《毛诗传笺通释》及王先谦的《诗三家义集疏》一起读，另参朱熹的《诗集传》。《楚辞》当读洪兴祖《楚辞补注》(王逸的《楚辞章句》包含在内了)，另外可参读朱熹《楚辞集注》。《诗经》《楚辞》精读后，还应当通读《左传》《庄子》《论语》《孟子》和《战国策》，因为时间缘故，通读即可，《左传》《论语》《孟子》可用杨伯峻注释的本子，《庄子》《战国策》可用中华书局的整理本。如果还有时间，则可读中华书局的"二十四史"整理本中的《史记》和《汉书》。视时间而定，至少应当读完《诗经》和《楚辞》。

周老师开列的书目里，非常重视本源性，《诗经》《楚辞》是中国文学的两大源头，后世的汉赋、唐诗、宋词、元曲等体裁中皆可见到它们的影子；《左传》《战国策》《史记》《汉书》是编年体、国别体、纪传体史书的楷范，阅读之后，则会熟悉彼时的社会背景；《论语》《孟子》《庄子》是先秦诸子学的代表，分别开启了对历代士人立身处世影响深远的儒家、道家思想。除了强调阅读书目应涵盖古代经史子集的典范著述外，周老师尤其申明版本选择的重要性，选择历代最好的本子，才能够达到入门须正的要求。在读书方式上，析分为精读和通读，对重要的元典应逐字逐句地细读，以《诗经》这部典籍为例，除了诵读诗三百以外，"毛传""郑笺""孔疏"，以及清代相关的考据学著述都应纳入视野之内，唯有如此，才能知晓《诗经》这部文学作品何以成为经书。而对于史部、子部的一些非涉直接研究对象的典籍，则应采用通读的方式，可供了解文学话语形成的背景。

硕士入学不久，周老师的"《全明词》重编及文献研究"课题获得国家社科基金重大项目立项，因我对词体的喜爱，周老师便让我也加入了项目组。由于参与项目的因缘，我得以翻阅大量的明清两朝典籍，搜寻其中未被《全明词》《全明词补编》及各辑佚论文著录的明词。翻查的范围主要包括域外汉籍、四库系列丛书、方志、家谱等。域外汉籍部分主要为日本藏明清汉籍，特别关注国内各大图书馆未庋藏的孤本、善本、珍本。四库系列包括《文渊阁四库全书》《续修四库全书》《四库全书存目丛书》《四库禁毁书丛刊》《四库未收书辑刊》《四库提要著录丛书》等，主要关注的是其中的集部部分。查阅的方志包括《中国地方志集成》《中国方志丛书》两套大型方志丛书及中国数字方志库、中国方志库两个大型方志数据库，重点关注的是艺文志部分。家谱主要指的是《重修金华丛书》等地方大型文献中收录的家谱部分。爬梳上述文献的方式虽非一字一句的精读，但熟悉原始文献的过程十分重要，因其是今后遇到相关问题时可供调阅的知识记忆宝库。换句话说，正是因为有大量基础文献的阅读储备，才能够在纷繁复杂的材料之中发现有价值的问题，并且具备建立不同思考间复杂逻辑联系的能力。

强调对典籍广泛且有效的阅读，其要义表现在三个方面。其一，围绕研究方向，展开较大范围的原始文献泛读，可以知晓很多问题不能局限于仅从单个角度进行诠释，当掌握的途径足够多时，才能从多个维度探察问题出现的本质。其二，带着问题意识进行文本细读，进入博士阶段后，无目的性的阅读可适当减少，而聚焦于研究对象的有效阅读更有助于选题的获得与推进。其三，重视典籍的广泛有效的阅读并不意味着可以忽视今人的研究成果，当在读书过程中萌生某个有价值的想法时，先行考察是否已有学者关注并研究是应有之义。当在读书治学过程中，注重广泛且有效的典籍阅读，那么发现有价值的研究选题便不再是难事了。

二、篇章结构宏大的博论始于单篇论文的积累

人文学科的博士论文，特别是文学、历史学、哲学、艺术学等学科，在体量上多是10多万字以上，已基本上相当于一本专著的字数。面对字数更多的博士论文，如何处理篇章结构是必须要考虑的关键问题。理想的状况是整本博士论文的各个章节是紧密联系的且具有一定的逻辑层次，或者是就某个问题层层深入地展开剖解，或者基于多个维度考察研究对象的丰富面向，或者由小的聚焦点出发探讨更大范围的问题。无论篇章结构呈现出何种逻辑关系，都需要较强的思维能力作为支撑。驾驭结构更为宏大的博士论文的能力是可以训练出来的，就个体经验而论，主要途径有两种。其一，不要禁锢对未知对象的探索求知欲，在读书过程中，当发现有趣且有价值的选题时，要及时记录这些灵光乍现的时刻，即使关注的对象或许和博士论文选题关联不大，但在精力允许的情况下，也要保持持续挖掘的态度。其二，应将博士论文的宏大结构拆解为一篇篇可以单独进行撰写的学术论文，大多数学校对于博士毕业都有在核心期刊上发表学术论文的要求，且能够发表优质论文，也是检验博士生今后是否适合走学术这条路的重要判断标准。

硕博连读的六年里，读书过程中若有所得，便多尝试撰写成文，并积极投稿。众多刊物不以我稚嫩、阶段性的文字为惧，给予了充足版面，

录用或发表我那些表达烦冗的文章，为学术幼苗的成长提供了肥沃土壤和丰沛雨露。这份需要表达深深谢意的刊物名单主要有《文学遗产》《社会科学战线》《江海学刊》《中国诗歌研究》《云南社会科学》《戏剧艺术》《北京舞蹈学院学报》《中国典籍与文化》《中国地方志》等。之所以强调撰写单篇学术论文并努力让其见刊的重要性，源于在撰写文章及投稿过程中，可以让自己天马行空的想法与不太成熟的论文得到审稿专家和各家刊物的检验。对文章的反馈有肯定、奖掖，也不乏指正、批评，正向、反向的意见皆能让迷途的初学者坚定继续在学术之路上奋勇前行的心志。

博士三年级时，我曾在《北京舞蹈学院学报》2017年第6期上发表了一篇自己较为满意的文章，题为《清代方志文庙舞佾图考论》，后获中国人民大学复印报刊资料《舞台艺术（音乐、舞蹈）》2018年第4期全文转载。文章的灵感来源于翻查明清方志时，偶然在《（同治）六安州志》卷十四发现了一套保存较完整的文庙舞佾图。古代留存至今的完整舞谱极少，被公认的仅《德寿宫舞谱》《六代小舞谱》等数种，因此，文庙舞佾图作为传世不多的舞蹈图谱之一，其地位举足轻重。上述定位不仅是指现代舞蹈的历时追溯，更可拓展到诸如底层士大夫的思想形态及生活样貌等被忽视的有趣话题。基于以上考量，我便系统地翻查了明清方志，又在《（天启）滇志》卷八、《（康熙）山东通志》卷三十、《（乾隆）湘潭县志》卷八、《（道光）直隶南雄州志》卷十三、《（光绪）善化县志》卷十三等多种方志中发现了较为完整的文庙舞佾图。以10多种方志文庙舞佾图为观察窗口，归纳其基本构成形制，在与礼制乐舞型书的比较中找寻源头，探究乐歌舞三位一体的错综关系，考察其在构建地方礼乐文明中的作用。对清代方志文庙舞佾图的形制、源流、关系、意义的多层面讨论，其价值体现在古代舞蹈、乐舞关系、礼仪制度、地方文化等多个方面，而对其展开文献调查及初步理论研究在学术史及现实应用上都不无裨益。

以上介绍的是与博士论文无甚关联，但颇具研究价值的单篇学术论文的撰写。专就博士论文而言，若能从大选题中凝练出若干个可以拆解的有意义的小选题，也是不错的训练治学能力的方式。我的博士论文第四章第二节在撰写时名为"构筑园林风气盛行与士人活动的空间形态"，后来在拆成单篇发表时，易名为《乱世造园：明末清初江南士人的园林书写》，发表于《艺术评论》2020年第2期，文章的主要观点如下。

  士人对构筑园林始终秉持着浓厚的兴趣，肇端于魏晋南北朝，迄于明清，渐渐形成了悠久的造园传统。明末清初江南地区的造园风尚特征表现为高质量园林建筑井喷式出现，专擅造园的艺术家不断涌出，以及总结性的理论著述不断出版。太仓的王锡爵、王衡、王时敏祖孙三代接续营建南园，王时敏更是新拓了东园，成为了可供探究明末清初江南地区家族式园林的精致案例。聚焦并细读王时敏在明清易代前后的园林诗歌创作，具有较为明显地从园居宴游之乐到隐居黍离之悲的嬗递过程。通过此视角的选择、考察，则"时代氛围—造园行为—士人心态—园林书写"四者间的错综关系，或可得到较为清晰的呈现。

接续内容提要的表述，我将这篇拆解出来的文章结构析分成三个部分，即"梳理与表现：士人造园传统与江南园林风尚""接续与新造：王锡爵家族祖孙三代的造园行为""嬗递发生：从园居宴游之乐到隐居黍离之悲"。通过层层递进的论述，可见士人喜好营建园林是一个由来已久的文化传统，而将观照点对准明末清初江南地区的士人群体，则越发可见园林之于士人生命历程的重要意义。在山河板荡之前，士人往往沉醉于叠山理水之中，在游观品赏山石草木中实现远离宦海阿谀争斗的愿景；而乱世易鼎之后，园林则又成为士人在新朝消解敏感政治身份的自保场所。聚焦于阶段特征明显的易代前后，关涉园林的诗歌创作也呈现出从园居宴游之乐到隐居黍离之悲的嬗递。虽为同一处空间，但因外在时局的风云变迁，以及士人心态的起伏不定，会呈现出不同状貌，不变之中萌生的变化情状，形成了非同一般的魅力。王锡爵、王衡、王时敏祖孙三代接力营建的太仓南园，以及王时敏新拓的东园，正好提供了一个可供剖析解读的精致案例。循此路径，明末清初的动荡时势、江南士人的造园风尚、乱离之下的心境起伏，以及园居里的诗歌创作现象，乃至于包孕在四者间的错综关系都可一一得以清晰揭示。可以看出，上述的篇章结构设计，既考虑到期刊对学术论文发表的质量要求，又符合博士论文撰写的章节要求。要言之，通过单篇学术论文的充分积累，才能够最终形成一篇史论结合、体大虑周的博士论文。

三、博士论文撰写中取径史论结合的治学方法

我的博士论文《明清之际江南诗歌态势研究》尝试观察并揭示的问题主要聚焦于明清易代之际江南地区诗歌所呈现出的复杂状态与发展趋势，尤其凸显政权易手的历时变迁与地域文化的共时特征施加于诗歌创作面貌的影响。在研究取径上，不求面面俱到，更着力于以具体的专题，抑或较为有趣的话题为切入口，包括诗歌产生的文化土壤、创作主体、具体文本及嬗变动因等不同维度。而诗歌文本的内容和艺术分析，将贯穿于各个具体章节行文之中。既注重展露出的基本面貌，也努力去探索部分原因。文章主体包括绪论、第一章至第五章、余论、附录等。

在绪论"界定与构想：易代地域诗歌研究的视角选择"里，主要涉及对基本概念、视角选择、研究现状及章节设置的介绍。界定"明清之际""江南""诗歌态势"三个核心词汇，以确立研究对象的时段起止、地域范围和切入角度。展开与文学史观、文学地理学两种研究视角的比较，以彰显构建诗歌态势研究的不同关注。梳理明清之际江南士人、家族、文学的研究现状，思索深化的突破口，并对章节设置的"总分总"结构进行一定说明。

在第一章"易代之际江南诗歌的生成土壤"里，主要探究明清之际

江南诗歌的生长土壤，重点强调的是晚明江南奢靡之风盛行对形成士人主情崇俗创作理念的影响，以及清初"多尔衮—顺治"时期威压怀柔兼具的管控汉族举措对江南士人、家族政治身份的分化作用。

在第二章"易代之际江南士人的多面观照"里，主要分析江南士人在面对易代巨变时的三种反应，或者以诗歌塑造自我在遭逢国难时的不屈表现，并经过群体追忆强化忠节形象；或者热衷于修纂关涉明朝、南明时事的史书，以发抒对逝去旧国故君的深切缅怀；或者通过撰写系列诗歌，详细记录走向死亡的过程，并可烛照出士人精神的变异。

在第三章"江南家族在易代之际的选择与蜕变"里，主要考察江南家族在易代之际的政治身份选择及其诗歌创作的蜕变，将之厘分成抵抗、隐逸、迎合、挣扎四种情形，诗歌创作则分别呈现出文字化为匕首、遁迹山野江湖、屈从奉承上意、煎熬摧折心灵的不同特征，而在清初诗坛话语分布上也相应地发生了家族诗歌的断裂、迁移、异化、低谷的迥异趋向。

在第四章"易代之际江南诗歌中心的形态呈现"里，主要通过结社、造园、流亡、屠城、交界共五条线索去探赜江南地区诗歌中心在易代之际里的呈现形态。择选的具体案例分别是假我堂诗会、太仓州南园、钱肃乐行旅诗、江阴八十一日和钱塘江对峙。

在第五章"易代之际江南诗歌态势的嬗变动因"里，主要呈现触发易代之际诗歌态势发生嬗变的四种动因，以及解析其对诗歌创作的影响。切入点分别为科举应试、入仕贬谪、流寓隐居和战争死亡，聚焦创作主体的政治身份依次是新朝进士、降清明臣、故国遗民及抗清志士。

在余论"诗歌态势与时空关系的再思考"里，主要阐述明清之际江南诗歌态势的总体表现，即创作主体的政治身份不断分化，诗歌书写内容和艺术手法发生较大变化等情形。同时对易代之际地域诗歌态势研究的理论展开延伸思考，并探寻可以继续深挖的研究维度。

三份附录"明清之际江南殉节士人简传""江南地区明遗民考略""清顺治朝丙戌、丁亥两科江南地区考选进士简表及简传"则分别从各类史料中爬梳出明清易代之际江南地区的殉节士人、故国遗民、新朝进士这三个群体的基本面貌,并相应地编写简传、制作简表,以期为继续思考政治身份和诗歌创作间的错综关系,以及明清之际江南诗歌态势等议题提供扎实的文献基础。

在具体论述之中,我颇为注重史论结合的研究方法,即理论阐述应依托于文献史料,而对文献的观照应具有理论高度,枚举一例以详细说明。在讨论清初江南遗民的诗歌创作时,我侧重以文本细读的方法解析士人遭逢易代巨变时的心态,以及其在诗歌创作中的投射,成《诗中的心史:清初江南遗民诗读解》一文,后发表于《哈尔滨工业大学学报(社会科学版)》2021年第3期。该文主要观点如下。

清初,江南地区的明遗民抱持着对故国旧君的追思悼怀,接续不断地在各类题材的诗歌中宣泄无处排遣的悲伤挣扎心绪。在时事类诗歌中,以韵文形式线性地实录易鼎史实,并呈现出糅合了追忆故明、思恋家乡、感喟时事、省思人生的隐微心迹。在感怀类诗歌中,思绪中的故国记忆与置身清朝的现实处境生成了巨大张力,撕扯着明遗民紧绷且脆弱的神经,以及那无时不在的悲痛。在咏烈女类诗歌中,江南女性毅然殉节与男性的犹疑畏葸形成鲜明对照,彰显了士人品行的臧否取舍。借助诗歌的窗口,可剖解出清初江南地区明遗民群体的易代心史。

在论述时,我将文章主体分成了"衣食住行皆悲伤:明遗民诗对情绪的宣泄""诗歌中线性的实录时事与波荡的士人心迹""在故国、新朝间的撕扯与感怀诗里的隐痛""揽镜自照:盛行的咏烈女诗及其多重深意"四个部分。在研究方法上,凸显对明遗民诗歌文本做知人论世的解读,并发掘其中蕴藏的理论底色。在易鼎发生后,进入清朝的江南地区的明遗民始终摆脱不了对故国旧君的追思悼怀,他们的身体与心灵存在着明显分割,一具具行走的躯壳在新朝苟活，而真正的心之归宿却永远地翱翔于旧日山河间。细读清初江南明遗民的诗集，无时不在、无处不在地宣泄着山河板荡、宫阙倾塌后积郁已久的巨深创痛，悲伤心绪是读解明遗民诗绕不开的结。在不同题材的诗歌中，明遗民诗呈现出纷繁多样的特征，时事类侧重于线性地实录史实，以揭示波荡的士人心迹；感怀类铺陈置身故国、新朝间的不断撕扯，展现难以言明的隐痛；咏烈女类赤裸裸地描写两性在危亡之秋的选择，鲜明对照中褒贬之意尽显。这些浸润着易代之际士人血泪的诗歌，实则是明遗民群体心史的直观呈现，剖解之后，更可见包孕其中的精神。

四、纾解撰写博论产生的情绪压力应是必修课

博士论文的写作是一场经年累月的持久战，从广泛阅读相关典籍到凝练有价值的选题，从梳理古今中外的研究综述到斟酌论文的篇章结构，从核查每条文献的具体出处到对字句表达的精雕细琢，撰写博士论文的全过程少则一两年，多则三四年。近些年，随着教育部对研究生论文，特别是对博士论文加大了审查力度，可以预见到未来的一段时间里，对博士论文质量的要求会越来越高，相应地，撰写博士论文所需要的时间也会同步延长。读博时的年龄一般多是20多岁以后，同样会面临经济和生存上的压力。一方面是高校对博士论文质量的高要求，另一方面是博士生群体面临的各种压力，如何在学制以内或延期期间保持良好的情绪状态便成为至关重要的问题。社会上经常会出现高校博士因延期毕业的巨大压力而选择轻生的悲剧故事，且近年来这样的事情出现的频率越来越高了。博士论文不仅是对学术能力的总检验，而且也是对人生抗压能力的锤炼。撰写博士论文期间，保持一种良好的心态，及时纾解情绪压力至关重要。

记得写完博士论文最后一个字时，已是凌晨三点钟，虽有阵阵困意袭来，但我却完全无法入睡，便在手机备忘录里一气呵成地敲击出两段剖解自我的文字。

在撰写博士学位论文最后攻坚的日子里，对"致谢"文字形成后的想象已然成了支撑我夜以继日不断书写的原初动力。当睡眼惺忪时，当思路闭塞时，当情绪浮躁时，便会频频以对"致谢"样貌的展望作为疗治疲惫身躯和不安心理的一剂良药。这种心理的形成与我长久以来的读书习惯有关，每次阅读新书时，都会偏执性地喜欢先行翻至书本最末处的后记，去捕捉属于作者最真实的人生轨迹与情感流露。而今，也终于有机会去表达一己关涉硕博连读阶段的回忆与感想，有挣扎之后的喜悦，人生求学的最重要阶段终于在波折起伏中将要画上一个不太完满的句号；有沉思之后的追悔，这数年里虽一直走在追梦之路上，但距离最初的远大誓言似乎是越来越远。每每思虑于此，便悲从中来，难以抑制。

在写作论文的过程中，无时无刻不在省思造成如今困境局面的内因，可归结为拖延症、情绪化和精力分散，这十字恶疾在这硕博连读六年之中成为我触摸更高、更远天空的最大阻碍。严重的拖延症导致我总是在目标行将截止之前才开始手足无措，时常的情绪化使得我总是会被外在的人、事影响心境，过度的精力分散则让我无法聚精会神地深挖问题的本质。对于自我个性上的痼疾，虽然有着清晰的认知，却很难去攻克这层层堡垒，于是便在恶性循环中，愈来愈深地滑向无底深渊。不同于万余字的单篇论文，更大篇幅的博士学位论文对我个性上的恶疾提出了空前的挑战，在每写出一万字中都会经历数次恶疾与追求的左右互搏。终于在磕磕绊绊中写完了论文的最后一个字，回首三年前在中国古代文学与文化研究所539教室开题报告会上发愿的宏大目标，现在呈现出来的面貌着实无法让人满意。读博阶段于此项上的表现，我对我自己一直有着深深的不满与忏悔，本可以呈现出来的面貌更好一些。在学术追求上，理想与现实的巨大落差总是会让我心有戚戚，而当这种落差是由于一己个性恶疾所诱发的，更是难以抑制满腔悲伤。这几个月以来，经过博士论文的历练和锤打，逐渐感觉到困扰已久的三大恶疾正慢慢得到纾解，第一次发现不会再被一些物事左右，我想我的心智也终于开始成长了。

在撰写博士论文的过程中，因各方面的巨大压力，会产生很多不好的情绪，于我而言，则是拖延症、情绪化和精力分散。与不良情绪做斗争，也是撰写博士论文期间的必修课，唯其如此，才能从容不迫地完成既定目标。

面对不良情绪，千万不要憋着，要寻找适当的方式去努力缓解，我尝试过的方法主要有转移注意力、学会向亲朋诉说、建立治学信心三种，分别简要述之。其一，转移注意力指的是要偶尔将精力从对博士论文的高度关注中迁移到其他可以短暂放松心情的事情上。在完成某个阶段的写作目标后，要适时给自己紧绷的情绪放个短假，看一些轻松愉快的影视剧或者娱乐节目。集中写博士论文的一年时间里，不知不觉中，自己竟然看过10多部韩剧，一些豆瓣评分较高的如《请回答1988》《被告人》《我的大叔》《阳光先生》《今生是第一次》等剧集都是舒缓情绪的良药。浙江大学西溪校区紧邻西子湖畔，很多个傍晚，我都会放下手中正在查阅的资料，饭后去孤山、白堤、苏堤、灵隐寺等处走走。在大自然中漫步，饱览四季美景之余，还可以强健体魄、愉悦心情，益处不可谓不多。其二，学会向亲朋诉说指的是要将自己遇到的学术困境、情绪压力及时地向亲朋诉说，拥有可以倾诉的对象在很大程度上也是支撑继续前行的力量。我的诉说对象是父母和姐姐，他们并不知晓我日夜里在阅读、在撰写的论文有什么价值，但总是能够给予我最大的支持。在外面饱尝风霜之后，有积压情绪想要发泄之时，成长过程中有想要分享的小小成就之时，首先浮现在脑海中的便是他们，从他们温馨的笑容、笃定的眼神里，我也找寻到了源源不断的动力。其三，建立治学信心指的是在遇到困难时，不要轻易否定自己从事学术研究的能力，可以尝试从博士论文中提炼出一些精彩的单篇，并向一些较好的刊物投稿。记得博士毕业的那一年，自己的一篇论文被《中国人民大学复印报刊资料》全文转载，另一篇论文被古代文学界的顶级刊物《文学遗产》录用，这两件事情对我而言，是极为重要的人生节点，因其表明通过不懈努力撰写出来的文章获得了学界同人的认可，是对我一直以来坚守信念的肯定。

不经意间，已将这篇省思撰写博士论文的文章写到了近万字，想要诉说的话仍然还有很多。对过往人生的回忆，就像品读一册浸染岁月的善本，在其中见到了成长的忧伤与喜悦，读至最后，写到最后，并无如释重负的解脱感，反而是悲从中来，不禁潸然泪下。这种多愁善感与理性求知双重秉性的交织，也是我在兴趣上选择文学，并努力追求与史学交叉的原因。倏忽间，人生已过而立之年，随着年岁的增长，也愈来愈习惯回味那些过往的日子，撰写博士论文的美好记忆总能在驻足不前时，给予我充分省思并不断前行的力量。我将这份极具个性色彩的记忆命名为"最初的信念，恒久的问学泉源"，珍视感念之情，将会永藏心间。若这份独家记忆，以及其中的经验、教训，能够有助于同道者汲取能量与规避误区，那么便是值得如此细味深思的极好之事了。

厚积、善思、求新：
博士论文写作漫谈

孙大海

2020 年毕业于北京大学中文系中国古代文学专业
现就职于中国艺术研究院

- ◆ 如果我们在着手博士论文写作时缺少底气，甚至茫然无措，那么应该先反思一下，自己在求学过程中有没有一种主动接受学术训练的意识。
- ◆ 当你对一些近似的规律进行整体思考时，甚至还能升华出一个更大的学术命题。到了这样的阶段，你已经不知不觉有了"深度"。

我的博士论文的题目为《〈聊斋志异〉清代评论研究》，从选题对象来看，可归为中国古代小说专书研究的范畴。我目前在中国艺术研究院红楼梦研究所工作，从事的恰好也是专书研究。前不久，我与红楼梦研究所在读的博士、硕士同学也交流过论文写作经验，发现《聊斋志异》与《红楼梦》同为清代小说经典，其研究方法、角度确实存在着不少相通之处。但我现在不揣浅陋而作的这篇经验谈，可能要面向更多学科门类的同学，大家的知识结构、选题方向、研究路径都不尽相同，其间所论难免会显出局限。因而，希望大家带着一种批判的眼光参考，若果有一二可取之处，也便不至流于空谈了。

一、学术训练与论文写作

在正式探讨博士论文写作前，我想先明确一个问题：硕博研究生教育与本科阶段存在着本质不同。后者以传授知识为主，前者则更侧重培养独立研究的能力，学术训练是其中极为关键的一环。而博士论文作为一个教育阶段的考核环节，也是对博士生学术训练水平的一次集中检验。如果我们在着手博士论文写作时缺少底气，甚至茫然无措，那么应该先反思一下，自己在求学过程中有没有一种主动接受学术训练的意识。这种训练其实渗透在专业课的学习考核、与导师的汇报交流、读书会发言、小论文打磨等诸多环节之中。如果对这些培养环节与学位论文的潜在关联认识不够，便极有可能在被动应付的心态中错过一次次提升自己学术能力的机会。我后来回顾自己的博论写作历程，总会感慨北京大学中文系几位老师的学术训练对我影响之深。以下我便选取最有感触的三点与大家分享。

（一）阅读积累意识

前段时间，微信朋友圈里很多好友都转发了一篇有关殷孟伦先生治学方法的文章。其中殷先生的一句话，我深有体会，即"做学问，肚子里总要有几部不需要索引的书才行"。

  在我硕士阶段刚入学的时候,我的导师李鹏飞老师就要求我选一些经典作品细读,撰写读书笔记,每月汇报一次。他的培养目的,就是希望我先在一两部经典中深耕细作,打牢一个学术基点。我的研究方向是中国古代小说,在这个领域中,我最感兴趣的两部经典作品是《红楼梦》和《聊斋志异》。当时,李老师考虑到红学发展已相对成熟,对于硕士而言,出新较难,而聊斋学则仍有较大研究空间,于是建议我以《聊斋志异》为细读书目。就这样,我用了两年的时间逐篇精读、分析《聊斋志异》,撰写了20余万字的读书笔记,并发表了两篇小论文。其中一篇论文的想法,还直接发展成我硕士学位论文的选题。而这些积累,又为我后来的博士论文打下了十分坚实的基础。那几年,我也清楚认识到,只要肯沉下心来用功读书,无论小论文还是学位论文,都会水到渠成。毕业后,我来到红楼梦研究所,又很幸运地与另一部经典《红楼梦》结缘。而我目前研究《红楼梦》的方法,仍是坚持每天写读书笔记,从中生发题目。这样的学术路径,让我感觉迈出的每一步都很扎实。我也很希望有朝一日,《聊斋志异》与《红楼梦》能成为我肚子里那两部不需要索引的书。

  以上所谈,尚为读书之专精。而阅读积累,亦须在此基础上涉猎广博。我硕士时期,李鹏飞老师还曾为我开过一个长长的书单,令我在精读《聊斋志异》的同时,充分了解从汉魏六朝到晚清民国其他重要的文言小说。此外,又辅以小说理论、文艺理论的经典专著。而在李老师的专业课上,我又补充阅读了小说史上三四十部重要的章回小说、话本小说集。如此一来,我在硕士阶段就把中国小说史上较有代表性的作品都通读了一遍,对小说史的发展演变也形成了自己的认识,再加上《聊斋志异》这个扎实的据点,我当时的阅读积累已初步形成点面结合的格局。而这种学术起步期的积淀,对我的博士论文写作以及后续的研究生涯都有着持续深远的影响。

（二）文献意识

参考文献是学位论文的一个重要组成部分，无论是开题报告，还是正式论文写作，大家都要频繁与文献材料打交道。其中会涉及一些学术规范的问题，如尽量参考原始文献、仔细核实引文页码、调整好文献引用格式等。这些技术性的工作，只要大家态度认真，应该不会有什么太大的问题。接下来我主要想强调学术训练中的文献意识，这种意识会影响到将来论文写作对文献材料利用的广度与深度，可以分两个方面来谈。

第一个方面，要重视早期一手文献资料，理清自己研究范畴的"家底"。现在绝大多数学科领域都有资料集成、汇编性质的著作，这类书大家一定要常备案头，不时翻阅，对于自己写论文可以利用哪些材料要做到心中有数。这些年，我发现很多同学写论文习惯于去别人的参考文献中找参考文献，这当然是一种快捷的方法，但会导致材料引用的逐渐窄化。大家讨论一个问题，翻来覆去就是那么几条材料，文章也就少了很多生气。以前的老先生们多博闻强识，靠着腹笥做学问，真是厚积薄发。现在我们有那么多资料书，平时却懒得翻、懒得记，过度依赖检索工具，这实在不应该。重视资料书，不仅能为我们的论文写作夯实文献基础，还能锻炼我们对材料的敏感性，当你在研究中遇到新材料时，便能很快意识到它的价值。否则，即使新材料撞到你的头上，你也未必能足够重视。

第二个方面，要多跑图书馆，多进行文献调查。我们研究中国古代小说，免不了要参考各式古籍版本。即使将来不做专门的文献研究，相关知识也必不可少。未来的中国古代小说研究，其实更倾向于一种综合性的研究。如果对版本文献茫然不知，上限也不会太高。我硕士刚入学的时候，李鹏飞老师便让我恶补版本学、目录学的知识。而北大中文系还有潘建国老师这位小说文献学领域的大家。他的小说文献学课程大概每两年就会开设一次，我从硕士到博士，连选修带旁听，共学习了三次，每次都收获极大。最重要的是，这门课要求我们频繁去北大图书馆、中国国家图书馆的古籍阅览室调查古籍，比勘版本，并撰写成果。整个过程中，我不仅收获了知识，还领略了学术研究的厚重与乐趣，后来也养成了常常逛古籍馆的习惯。

以上谈到的两个方面，我恰有一段经历可以作为例证。2014年的某日，我写读书笔记写累了，便去北大图书馆古籍阅览室翻阅《聊斋志异》的各种馆藏版本。其中的一个何守奇评点本引起了我的注意，因为里面有一篇"何守奇序"，我十分陌生。那段时间，我每天都把《〈聊斋志异〉资料汇编》装在包里，闲时就翻来看看，有关《聊斋志异》已经整理的清代序跋我基本都有印象。当时，我隐约觉得那篇"何守奇序"是新见文献，仔细调查后，果然如此。于是我便写了《何守奇及其〈聊斋志异〉评点——以北大藏本〈批点聊斋志异〉为中心》一文，发表在《蒲松龄研究》上。这次经历也使我认识到，《聊斋志异》的清代评点本可能还有充分的研究空间，后来几年也便在这个问题上保持了较多的关注，博士期间又在各地图书馆调查了四家合评本、有正本等《聊斋志异》评本。这一系列研究，也为我的博士论文选题打下了基础。

（三）问题意识

学术论文的写作，是一个发现问题、解决问题的过程。因而，当有了足够的阅读积累与充分的文献调查后，若想写出好的论文，还需具备强烈的问题意识。这种意识，无法一朝一夕快速获得，也需要经过长期的学术训练。

我当年写读书笔记的时候，李鹏飞老师便鼓励我表达真实的阅读感受，并勇于提出观点。于是，我读书的过程，也便成了思考的过程，每天都在避免泛泛而谈，尽量去发现有趣、有价值的问题点。现在想想，当时很多观点还是很幼稚的。但李老师给了我足够的耐心与包容，他会为我纠偏，也会肯定我的亮点，慢慢帮我把读书思考变成了一种习惯。

我的博士阶段也可以说是培养问题意识的一个进阶时期。我的博士导师刘勇强老师与门下弟子（既有在读硕博士，也有已经毕业的青年学者）有一个名为"有初学社"的明清文史读书会，每半月一次。半月内，大家都会读相同的经典文本，并在读书会上自由讨论。讨论的过程中常常会有观点的交锋，大家就是在不断的提问、辩驳、反思、打磨中加深了对一个又一个问题的理解。研究中的问题意识，也在这样的训练中得到了强化。比较幸运的是，在我写作博士论文期间，读书会正好也在讨论《聊斋志异》。我论文中的很多观点便曾在读书会上谈过，经过大家的"拍砖"而渐趋完善。

不得不提的是，刘勇强老师每次都能在读书会开始时提出一些重要的问题。他的问题也常常会成为后续讨论的线索，有些经过讨论后，还被读书会成员"认领"，写成小论文发表。时间久了，我就会想，为什么刘老师总是能提出那么有趣，又有学术价值的问题？怎样学习刘老师发现问题的眼光呢？必须承认的是，刘老师对小说有着极强的感悟力，这有点近似天赋，大概无法直接学到。而同时，刘老师又是一个极为勤奋的学者，每天都在读书思考。从早年的百度空间到新浪微博，再到现在的微信公众号，他每天都会发布一条读书思考的笔记，十几年来从未中断过。当然，这些还仅仅是有互联网痕迹可查的。实际上，刘老师还有很多未公开的笔记旧稿，其规模我们已无法估量。这就提醒我，老师善于发现问题，也与数十年来勤于思考的习惯密不可分。我没有老师的天赋，但在努力的程度上或许还可以模仿一二。于是，我从读博到现在，每天都会坚持读书并思考至少一个问题点，写成笔记。仿照刘老师那样贴在网上的，也有千余条了。有了量的积累，我便逐渐感受到了质变。现在看问题的眼光，也确比几年前精进了不少。

2017年，刘勇强、潘建国、李鹏飞三位老师合著出版了《古代小说研究十大问题》，刘老师在给我的题赠中写道："做一个有问题的古代小说研究者。"这条寄语恰恰与我上文所想呼应契合。而刘、潘、李三位恩师在我求学期间带给我的学术训练，也成为我学术生命中最为珍贵的财富。

二、论文选题与开题报告

我的博士论文选题整体来看是比较顺利的。论文开题前，我对小说史作品有了比较充分的积累，对《聊斋志异》几个评点本也进行了认真的调查，当时最感兴趣的题目有两个：一是小说史视野中《聊斋志异》的题材演变，二是《聊斋志异》的清代批评。经过与刘老师的沟通，他认为后者准备得更扎实一点，新材料也更多，于是选了"《聊斋志异》清代评论研究"这个题目。

当然，由于各种客观条件的限制，不可能所有同学在论文开题前都有比较充分的积累与思考。比如，有的同学是跨专业读博，而本学科博士学制又仅有三年，入学后不久就要定选题方向。这里，我根据自己的认识，提出几条选题的原则供大家参考。

第一，要注重学术优长与研究兴趣。博士生一般都经过了硕士论文写作的训练，有了比较熟悉的研究方向和相对稳定的知识结构。对于有些同学而言，博士论文就是在硕士论文基础上展开的进一步研究，这是比较理想的情况。而对于那些改变研究方向，甚至跨专业的同学而言，则尽量不要完全背离自己熟悉的领域，可以考虑一种有交集的研究。这样，不至于所有基础工作都从头再来，能够较快地进入正常研究状态。研究兴趣同样十分关键，它可以增强论文写作的主动性。尤其当论文写作遇到困难与瓶颈时，兴趣会成为你的有力支撑。这里需要提及的一点是，大家在申博提交考核材料时，都会结合自己的专业背景、研究兴趣，写一个大致的研究规划。这个规划，导师也是审阅过的。当大家博士一年级入学后，不妨主动找到导师沟通一下，看看当初的规划是否可行，并根据导师的反馈早做安排或调整。

第二，要尽量保证选题的学术价值。博士论文不仅仅是完成学业、取得学位的必要条件，也是进入学术界的"名片"，要为本学科的发展做出贡献。所以，我建议大家在论文选题时尽量关切学科的重大问题与主流方向，而不要为了回避难点，去追求一些又偏又小的的题目。可以说，博士论文是你的第一座学术地基，这个地基打在什么"地段"至关重要，它关系到你后来的研究是否具有可持续性，能否参与学科主流对话，因而草率不得。其实在古代小说领域，博士论文选题一度存在着"回避经典"的倾向。一些导师会认为经典已经被研究透了，学生在经典面前也有畏难情绪。但好在我硕士时期一入学，李鹏飞老师便鼓励我去研究经典。几年下来，我确实也颇有收获。经典作品、经典问题，其实是谈不尽的，这也是它们被称为"经典"的原因。当然，这里不是说经典之外的问题不值得研究，学术界还有很多拓荒性或补缺性的工作需要去做。我只是想强调，如果你对经典作品、经典问题感兴趣，千万不要因为畏难而退求其次。

第三，要突出选题的创新性。博士论文要对本学科发展产生推动作用，其创新性必不可少。我认为，博论的创新可以体现为三个层面。

一是新的文献材料。在学术史上，我们常会发现某些新文献解决了关键问题，甚至还带动了研究热潮。我前文建议大家要有文献意识，就是希望能为发现新文献做好准备。当然，重要文献往往是可遇不可求的，这里面有运气的成分。不过我相信，大家只要对文献保持足够的关注与敏感，在论文写作过程中找到几条新材料应该还是不难的。这些新材料也许只能在个别章节、个别论点的写作中发挥作用，但已不失为局部的亮点了。

二是新的研究方法。学术论文最终是要解决问题的，而新的研究方法就好像是一把解决问题的新式武器。不能否认，目前很多学科的研究范式都已基本成形，若要博士生提出有变革性的研究方法，困难极大。事实上，很多博士生都在有意无意地模仿前人的研究套路。这里，我建议大家不妨先在论文局部去探索一些新思路。我在论文写作过程中，即曾试图提炼传统评点中有价值的批评思维，结合中国古代小说发展实际来丰富当下小说研究的思路，并在对应章节进行了研究试验。现在看来，当时的论证仍显粗糙，但已体现出极力求变的意识。

三是新的观点看法。如果大家的博士论文缺少新材料，也探索不出新方法，那么在观点层面，至少要写出新意，这也是文章守住创新性的底线。有些同学的研究对象、研究范畴本身就是新兴的，因为前人谈得少，便很容易说出新意。但如果有同学讨论的是经典作品或经典问题，又或者研究领域已有较多相关成果，便要想办法对既有结论进行补充、深化、修正，切忌人云亦云。当然，观点的创新也并非简单的标新立异，而要以扎实的论证为前提，这便涉及论文写作的深度问题。本文第三部分还会就此做进一步讨论，兹不赘述。

第四，要兼顾选题的可行性。博士论文作为学位论文，亦有其特定属性，即要在学制规定的年限内，达到送审、答辩标准。因而大家在考虑论文选题时，也需充分评估自己的时间、精力、能力，能否保证论文顺利完成。有的同学选题很好，但在实际操作过程中，却发现工作量超出了自己能够把握的程度，不得不一次又一次地延期。所以，大家在选题时一定要量力而行，并认真听取导师的意见。导师的学术眼光与研究经验能够帮助你在选题评估中做出更准确的判断。

选题方向确定以后，就要着手准备论文开题，撰写开题报告。其中，研究综述、章节设计、样章三部分相对重要，我接下来分别谈一下。

研究综述的目的是通过前期调查，引出你要研究的重点问题。这里要注意准确、全面、线索清晰。准确，即综述要和自己的选题方向密切相关，切忌铺得太宽，引入过多无效综述，模糊重点。全面，是在准确的基础上，充分归纳相关研究中已有的观点、成果。当然，这里的全面，并非绝对意义上的全面，如果某个问题讨论得比较多了，选取最具代表性的成果呈现即可。线索清晰，是避免将研究综述写成简单的成果罗列，要按照一种发展的、思考的脉络推进，比如，这个问题如何建立、如何展开，哪些侧面经历了讨论，最后凸显了哪些不足，而你的博士论文如何去解决这些不足等。

章节设计的作用是展示论文的基本架构，提供解决问题的思路雏形。

这里要注意两个问题，一是章节之间最好能形成递进关系，体现层层深入的思考过程。如果并列式结构太多，会给读者一种扁平、乏味的观感。当然，有的章节无法避免并列式结构，这时要注意以本质问题将之贯穿起来，而不是简单做现象层面的铺陈。二是章节标题的拟定，务必提炼出相关部分的关键问题，或鲜明点出自己的学术判断与结论，使读者对你的讨论内容、观点立场一目了然。在此基础上，如果能于标题修辞层面有艺术性的加工、点缀，就更好了。

样章作为未来论文全貌的一部分，可以更直观地反映作者的学术水平。建议大家选取思考相对成熟的章节作为样章，尽可能体现论文中的亮点。如果有的同学在开题前发表了一两篇相关的小论文，在小论文的基础之上扩展成样章也是可以的。当然，有些论文，比如版本文献方面的研究，后文的结论十分倚靠前文的基础性工作，只能从第一章开始按部就班地写；而一些准备不甚充分的同学，有时也不得不从第一章写起。通常来看，第一章多起势较平，难以特别出彩，但大家需要尽可能做到扎实、详赡，给开题评审老师一个好的观感。

最后需要补充说明的是，开题答辩时，评审老师会从各个方面提出完善论文的建议。一定要认真考虑这些建议，并结合自己的论文实情，与导师进一步沟通，做出最恰当的调整。而随着后续论文写作的展开与深入，研究综述与章节设计还会面临反复的调整，这些都是正常现象，因为很多环节的问题是无法准确预设的。论文写作的过程，也是一个前后关联、动态调整的过程。

三、论文写作过程中的具体问题

（一）规划与节奏

开题之后，就进入正式的论文写作了。大家一定要根据实际情况，制订一个论文写作计划。一般而言，最后一个学期会面临毕业找工作等诸多琐事，能静下心来写论文的时间不多。建议大家在当年春节前后完成论文基本的写作。有的学校春节前会有预答辩环节，就是要让大家保证一个基本的完成度。

我认为论文写作计划具体到周比较合适，因为大家的时间难免会被一些临时的学生工作、生活琐事占去，无法保证每天的进度。规定一周的工作量后，可以在本周内的几天动态调整、分配进度。如果大家有去外地图书馆访书的需要，也要专门留出时间，并提前与图书馆沟通好访书细节，避免出现大老远跑过去却无法看书的情况。

论文写作的状态、节奏也会有变化。大家要保证规律的作息，从中发现每天的高效期、平稳期、疲惫期，并在各区间分配不同工作。我写论文时，上午最高效，常用来理顺论证思路；下午状态平稳，多为填充论证材料、打磨语句、添加参考文献等；晚上相对疲惫，便以浏览材料、记笔记为主。当然，这些也是相对的。重要的是，大家要找到适合自己的节奏。否则一步乱，步步乱，还有可能出现浑浑噩噩的情况，影响心态。

（二）关于焦虑情绪

博士论文写作通常会持续一年以上的时间，这期间难免会出现一些心态与情绪的波动。有时莫名焦虑，效率低下，是重复工作太久所致。这时，可以适当放松，享受生活。虽说这一阶段，论文是你的生活重心，但并不是你生活的全部。你完全可以在一周中预留出固定的时间来休闲娱乐。

还有一种焦虑，是来自外界的压力。比如，导师的要求、同学的成绩、前途的不确定性等，忽然使你陷入自我怀疑与迷茫之中。这时候，要认识到外在压力都是正常的，不要妄自菲薄。可以与信任的人，如父母、朋友等聊聊天，排遣一下积累的情绪，感受生活中的温情。需要认识到，你的当下，正是你可以把握的抵抗压力的途径。做好自己的事，比昨天的自己更进步一些，问心无愧即可。

焦虑还可能来自论文本身。有时，你会忽然觉得自己写的东西没有任何价值，又不知道该怎么提升。这种情形出现的原因在于，你的论文写作过程相对封闭，你的体验又较为孤独，找不到一种标准去衡量自己所写的内容。你也害怕求助导师，担心从他那里得到更多的"打击"。这时，不妨试着打开自己的论文，找一找自己用过的材料或文中的关键词，在读秀等搜索引擎中检索一番。看看同样的材料别人是怎么用的，同样的关键词别人是怎么说的。看着看着，你可能就会平静下来。因为你会发现，有的人说得实在不如你好，你的论文是有价值的；有的人说得比你更深入一点，为你提升论文带来了启发；还有的人用了类似的材料，而你之前没有关注到。如此一来，你的焦虑情绪便会逐渐消退，注意力又回归到完善论文上了。当然，这个方法更多是用来舒缓情绪，不能作为写论文的常规手段。接下来，我们谈谈怎样在方法层面提升论文的深度。

（三）论文深度的提升

很多同学都想提升论文的深度，但对于"深度"的理解，又常常存在误区。比如，有的同学认为字数多、论文看起来厚重就是"有深度"，结果导致论文"注水"严重。还有的同学认为，大量引入各种理论、术语能提升深度，于是论文多有生硬、矫揉、附会之弊。这些都是表面的花架子，并不可取。我还是要强调，论文写作的过程，是一个提出问题、解决问题的过程。因而，若想提升论文的深度，就要从本质层面加深对问题的理解与认识。虽然不同学科的同学面对的具体问题不同，但我想，以下三种方法都能或多或少地深化大家对问题的认识。

第一，贴近问题，回归现场。大家在思考问题的时候，需要充分结合问题产生的具体情境，回归历史现场。只有贴近时代、贴近人物、贴近作品，才能贴近问题本身。我一直建议同学们多读原典，多读原始文献，因为这些材料能够组成一个观照问题的场域，帮你充分认识问题生成的细节,进而加深对问题的理解。如果我们总是以一种"隔岸观火"的姿态去看问题,对问题的认识难免是粗线条的,有时甚至还会以一种想当然的、预设的架构去"套"问题,这必然无法触及问题的本质。我的博士论文探讨《聊斋志异》清代经典化的问题,其中一个维度是《聊斋》句典的盛行。由于语体接受习惯的差异,今天很少有人会在生活中运用《聊斋》中的句子做典故,所以如果我们从当下出发去思考《聊斋志异》的经典化问题,必然不会考虑句典现象。但当我大量阅读清代文献之后,才发现《聊斋》句典在清代极为普遍,可作为其经典化的一个重要表征,这也是我回归现场才能得到的一种认识。

第二,以一种历史的视野、发展的眼光思考问题。回归现场,可以夯实问题的一个基点。但学术的眼光不能停留在静态中,需要将点串成流动的线。因而,我们在思考一个问题时,应该看看它处于学术史的哪一环;随着时间的推移,关于这个问题的讨论有哪些变化;每一个时期,问题的具体表现形式如何,有哪些优长,又有哪些局限。如此一来,我们便容易厘清问题的来龙去脉,进而触及问题的本质。经常训练这种思维,也会使你注意思考现象之间的前后关联,揭示事物发展的规律。写论文时,你便自然不能满足于现象的描述,而有了进一步探索的欲望。当你对一些近似的规律进行整体思考时,甚至还能升华出一个更大的学术命题。到了这样的阶段,你已经不知不觉有了"深度"。

第三,有主动的对话意识。论文写作,实际上也是一个参与学术讨论的过程。我们撰写研究综述时,已经对选题的研究现状有了较为全面的把握。在论文写作过程中,亦需对已有的观点、成果予以充分的回应。所谓"理越辩越明",学术史上的很多问题都能通过"对话"实现"深化",而论文观点的一些创新之处,也很容易在这个过程中体现出来。当然,追求对话也要注意学术规范,即在尊重他人成果、充分理解他人观点的基础之上,就事论事。对话意识的训练,还会使论文写作不自觉地进入一个"左右互搏"的状态,即进行某段论证时,会虚构出一个"假想敌"来寻找自己的漏洞，使我们不断完善自己的论证过程。因而，有对话意识的人，倾向于直面难题，文章也通常写得比较缜密；缺少对话思维的人，更易回避问题，自说自话，立论不稳，也便难言深度了。

以上拉杂所谈，即是关于博士论文写作的一些零散想法，算不上系统，亦未面面俱到。行文至此，若要提炼几个关键词，做一番勉强的总结，我想到的是厚积、善思、求新。厚积是学问的基础，也是论文写作需要完成的前期工作；善思是寻找问题的途径，渗透在日常笔记的撰写与论文观点的推敲打磨之中；求新则是论文写作的追求与意义，它是经过积累与思考淬炼出的亮点，是论文中闪烁的学术之光。最后，祝愿大家都能写出满意的论文，在学术的道路上前程似锦。

穿越图像丛林：
博士论文写作的四个步骤

万笑石

2020 年毕业于中央美术学院美术学专业
现就职于中央美术学院

- ◆ 让图像说话，是每一位美术史研究者的使命。
- ◆ 相较于凝练抽象的学术概念，朴素的问题也许会略显啰嗦且不成体系，但我很喜欢把它们记录下来，进行分类，再一步步寻找答案。它们往往会为论文引入更细腻而深刻的解读。
- ◆ 从问题出发，挑选现有材料进行论证，并审视问题能否得到充分解决；若答案是否定的，再考量是否花费精力继续完善。

离博士答辩还有三个月的时间，我发布了一条只有配图、未加任何文案的朋友圈。那是我读博士一年级时在中国国家博物馆"江口沉银——四川彭山江口古战场遗址考古成果展"上拍的一枚明代"忍耐"铭文戒指（图1）。当时它和其他戒指有序地排布在一块展台上，并不引人注目——形制小巧而朴素，展签也未标注戒面文字。戒指直白到有一丝诙谐的铭文极具特色，既让人联想到风靡全球的口号衫（Slogan Tee），也令人不禁想要探寻它过去的故事。今天的观众很难想象，在悠远的大明王朝曾有人佩戴过这样一枚戒指。戒指的主人在忍耐什么？这是艺术史研究需要回答的问题吗？经过一番天马行空的遐想，这些问题又很快被我抛诸脑后。直到三年后论文写作进入冲刺阶段，终日抱着电脑码字的我才又想起那枚小小的金戒，还有见到它时那段还算悠闲的时光。当它以图像的方式出现在我的朋友圈，比任何文案都更能表达我在毕业答辩将至时的内心状态。

图1　明代马镫形金戒　2017年江口古战场遗址出水

让图像说话，是每一位美术史研究者的使命。在正式开始写作之前，我们首先要面对形形色色的作品及其图像，再从中挑选合适的材料论述某个主题，尝试回答某些问题。撰写博士论文也是如此，只是面对的议题相对而言更宏大，写作篇幅更长，对图像的处理也更复杂。我将这段历程比作穿越图像的丛林,包括出发前的忐忑、深入时的警戒与坚持、探险结束后的收获与喜悦。而在这场旅途中,博士生还要面对论文发表、工作实习和其他诸多事务。如何提高写作效率,较为高效而保质地完成博士论文?以下是我从个人研究实践中摸索出的写作步骤。我把它运用到博士论文写作中,平时撰稿也按照这一流程。这样的行文步骤看似刻板,但有条不紊地执行下去就可以顺利完成任务。

一、列好"三大题":大问题、朴素的问题和论文标题

事先确立"三大题"——大问题、朴素的问题和论文标题,就像高举三支火把,以防步入丛林之后迷失其中。不论是大问题还是朴素的问题,都是我进入美术史学科后导师尹吉男教授耳提面命的概念。就我个人的理解而言,美术史研究的大问题常常超出美术史自身,是能与其他文史哲学科相融通的议题。我在硕士二年级时,就已隐约形成后续博士论文所要讨论的大问题。硕士时的研究主要围绕明代张叔佩墓出土器物展开,需要探讨墓主生前所处的古铜器赏玩与鉴藏环境,搜集相关资料时,我在明代礼典、方志、文集、小说等文献中发现了大量礼器和礼仪方面的内容,与我所关注的(仿)古器物研究息息相关。恰好当时准备申请读博,便考虑从(仿)古器物与礼仪的关联中引申出一个突破艺术品赏鉴的大问题。尹吉男老师对中国美术史发展宏观架构的研究给我以很大启发。他揭示了贵族政治时代到文官政治时代的转变对于美术史的影响,艺术的传承方式与风格趣味都发生了巨大变化。尹老师特别以书法和绘画为例,对这一转变进行了论证(参见尹吉男《贵族、文官、平民与书画传承》,《书法》2015年第11期)。我在自己的研究中发现,尹先生提出的架构也适用于礼仪美术与仿古器物研究,礼仪美术的转变同样与贵族政治时代到文官政治时代的发展密切相关,只是与书法、绘画相比,表现出一定程度上的滞后性。因此大约在硕士三年级时,我便决定以明清时期的器物及相关图像为例,

探讨礼仪与阶层、艺术与权力、媒介与知识之间的互动,以及艺术作品在其中扮演何种角色。对这些问题的讨论需要放到宋代以降"礼下庶人"的观念变革与礼仪实践的大背景下进行,因此我在撰写硕士论文期间,还特意去北京大学旁听了吴飞老师的"中国礼学史"课程。

　　朴素的问题是尹老师特别强调的,虽然他从未对"朴素"进行界定。据我的学习体会,老师所说的"朴素"主要是对美术史中的事实性问题做简单直接的追问,把艺术世界实在化,让美术史活过来,例如"一张画是常年挂着?还是挂一会就摘下来?"(尹吉男、黄小峰:《美术史的知识生产——中央美术学院人文学院院长尹吉男访谈》,《美术研究》2016年第5期)在我自身的研究中,我将朴素的问题视为直接关乎美术史材料及相关历史情境的基础性问题,一如"忍耐"戒指的铭文内容一样直白、具体,尚未上升到诸如"图像模式""形制特征""图像内涵""社会因素"等学术概念的层面。有些问题可能会过于朴素,仿佛提问者不是专业的学者。例如,明代的礼仪活动需要使用仿古器型的礼器吗?在考古发现中能否找到礼器实物?它们曾被何人使用?能否找到描绘礼仪活动的图像?这些图像出现在什么语境中?在搜集材料时,我曾发现一幅《莫氏庆寿图》(图2),描绘了向寿星莫震敬酒的场景,但令人疑惑的是,举杯敬酒者为莫震的从侄,他的嫡子嫡孙反而在一旁侍立观看。面对这条图像材料,一个关键而又朴素的问题就是:为何选择旁系亲属敬酒祝寿作为画面的核心情节?从这一问题出发,我最终证明图中的庆寿活动参考了明代祭祖献爵的仪式,属于罕见的用图像为逝者庆生的情况(参见万笑石《湖边的先祖:明刊〈石湖志〉图绘的乡族势力与地缘策略》,《文艺研究》2021年第7期)。相较于凝练抽象的学术概念,朴素的问题也许会略显啰唆且不成体系,但我很喜欢把它们记录下来,进行分类,再一步步寻找答案。它们往往会为论文引入更细腻而深刻的解读。

图2 《石湖志》刊《莫氏庆寿图》 明代木刻版画

大问题与朴素的问题的提出没有先后顺序，从开始接触学术研究后就可以同时着手建立两个问题库。准备撰写博士论文前，需要在二者之间连线，在现有库存中寻找最合适的关联。

之后是论文标题的确立，在前两个问题的基础上明确研究时段和研究对象。这离不开对相关学术史的整体掌握，我的习惯是带着以下疑问阅读前人论著：1.作者提出什么问题；2.提供了哪些答案；3.运用了什么研究方法和视角；4.作者提出的学术观点受到何人影响，又影响了谁；5.作者反对谁的观点，被谁反对。梳理学术史后，我决定研究明清时期的献爵仪式及其图像表达。这个标题不是论文的最终名称，只是一个初步拟定的题目，最终的标题也许要到论文撰述完毕之后才能确定。

"三大题"保证了整篇论文具备清晰的问题意识，不仅帮助作者明确之后的研究路径，让后续的论文写作条理清晰、言之有物，还将为读者带来更佳的阅览体验，使他们快速把握文章重点，也更容易查看感兴趣的段落。但形成"三大题"的过程不是一蹴而就的，相反会非常崎岖，对于论文写作者而言甚至会十分痛苦，因为需要近乎拷问式的追问，时常还要推翻早先的设想，最终再清楚地表达成文字。我的导师给出的对策是研究自己真正感兴趣的问题，这确实是行之有效的好方法。我自己也摸索出一个有些天真的技巧，那就是先起一个带有小说或电影色彩的标题。它很可能并不准确，最终也不会被选用，但能鼓励你在现实的打击下不断重拾勇气，心潮澎湃地创作一篇与标题同样引人入胜的论文，而且这类冒失的标题往往暗含论文最抓人的元素，支撑作者坚守最具创新性的独特视角与观点。我的定稿标题是"献爵：明清时期的图像、礼仪与日常生活"，看起来中规中矩，而标题的早期版本已成为独属于作者的隐秘乐趣。

二、构思文章结构

这一阶段包含两层内在框架，分别是问题提纲和章节结构。前者需要先行建立，比如我的问题链是从明清时期与献爵相关的器物、图像、礼仪与生活四个维度展开，将"朴素的问题"——放置在相关维度中回答。需要注意的是，由于这四个面向息息相关、多有重叠之处，同一个"朴素的问题"会多次出现。但这样做的好处是审视目前各维度相关材料的掌握程度，例如某个维度的问题和材料比较丰富，而在另一个维度中，问题与材料都很欠缺，如此就能意识到目前研究进程中的薄弱之处，同时还能考察哪些部分的学术史已经十分丰富，哪些部分更有优势发挥独创性。

对问题提纲进行一番查漏补缺后，就可以设计论文的章节结构了。我对自己论文的设想是从器物和图像入手，逐步深入，为明清时期"礼下庶人"的历史现象梳理出一条乃至多条视觉线索。论文共有五章，鉴于研究方向为美术史，前两章分别讨论了爵型器的不同形制和献爵图像的时代变迁，以此作为整篇论文的基本前提。第一章首先为读者营造一个语境，阐明我的研究对象究竟是什么形式的器物，先介绍大家熟悉的三足爵，再谈论目前学界对爵型器的不同看法和分类方式，尤其是对于"雀背负盏"式爵和杯式爵的指认（图3）。对于今天大部分读者而言，后两种爵型器可能十分陌生，但它们在明清时期不仅存在实物，还有大量图像描绘。爵的形制本身或许不是整篇博士论文最核心的议题，却是全文的重要基础。因为紧接着第二章就要开始讨论献爵图像的时代特点，而若要研究"献爵"图像，先要证明图中器物是"爵"，尤其是对三足爵以外的器物形象进行辨别。

图3　从左至右：三足爵、"雀背负盏"式爵、杯式爵

至于献爵图像在明清时期的新发展和新特点，由论文的第三、四、五章从多方面进行阐释。第三章讨论传统的礼仪语境，旨在考察地方社会如何利用带有公共性质的儒家礼仪活动推行教化，构建地方秩序，其中又有哪些环节涉及献爵仪式。第四章的研究范畴聚焦于更具私密性的家族仪式与献爵行为，以此描摹地方士绅在"礼下庶人"过程中的具体角色。第五章转而讲述婚礼和饮酒娱乐活动中的献爵，研究相关图像会发现，献爵一方面仍与传统儒家礼仪保持着千丝万缕的联系，另一方面却脱离了礼制与礼仪语境的束缚。有关献爵的图像与观念进入明清社会生活的各个领

域，爵已成为民间普遍知晓并使用的一种饮酒器。

将自己的观点有效传达出去并非易事，递进式的章节结构有助于增强叙事的流畅性，也便于读者接受论述者试图传递的信息。让我印象深刻的是我在德国海德堡大学参加博士生项目（Heidelberg/Getty Connecting Art Histories Workshop）时汇报过一篇关于宋代《毛诗图》的研究，其中谈到图卷对"雀背负盏"式爵的描绘，以及利用这一形象展现宋人对先秦礼仪的认识。当时除了熟识中国古器物的柯律格（Craig Clunas）教授以外，大部分师生对此并不了解。大家的知识背景天南海北，有人研究中国的卷轴画、版画、书法，还有人研究日本书画，我是那一届唯一与中国古器物沾边的博士生。因此我的第一次汇报反响并不好，虽然我已用南宋淳熙二年（1175）本的《新定三礼图》举例证明，"雀背负盏"式爵属于爵型器的一种，但大家很难接受我的观点——这画的怎么能是爵呢？可能有人会认为，这是由于知识背景不同而产生的分歧，而且研讨汇报的时间太短，这种情况绝不会发生在浏览博士论文的专业读者身上——通常我们都会假设读者是本领域的专家、同行，或对相关问题感兴趣的研究者，他们拥有充分的知识储备，阅读时遇到疑问也可以查阅相关文献。但试想，若能像为不同专业领域的听众演讲一样安排博士论文的结构，会带来什么效果？由浅入深，循序渐进，只要控制论文中知识性"常识"在全文中所占的比重，即使是专业读者也不会感到倦怠，整体的阅读体验反而会更加流畅。

三、快速写作：为自己而写

搭建好论文框架后，正式进入写作阶段，此时需要坚持机械式写作。当然，若从方便读者高效阅读的角度看，博士论文的每一章最好都有开场、主体论述和小结。开场要么是承接前一章提出的问题，要么是一段吸引人的材料，二者的目的都是引导论述进一步展开并驱动读者继续阅读下去。小结不仅在于总结该章观点，还要引发新的问题，过渡到下一章节。但对很多写作者而言，开场和小结可谓是一种耗费精力的折磨。因此，在写作的前半程，作者不应过多考虑未来读者的感受，而要尽快形成论文的初稿。我的办法是采用填空式写作法。由于前期已经建构出成体系的问题链，接下来就是填补相应的论证、思考和答案。基于每一章的主要问题，展开思路（子问题），针对每一思路至少列举一条文献或图像证据，描述例证并指明它的某些特征可以解释什么问题。如果还有时间，则要反思这些例证的局限性是什么，以及能否提出反例。若有反例，又说明了什么问题。

快速写作的过程中，只需坚持两条原则。一是实现对每个问题都有话可说，并体现作者最本质的思考内容。即使文风并不优美，语言十分粗糙和口语化，但只要论文整体结构和论述初现规模，其余部分可待后续修饰雕琢。二是直面当前的研究缺陷并诉诸文字，总结该章论述现存的不足，注明目前是否有解决的途径。对于略施精力就能解决的问题努力完善，让它们成为论文初稿的一部分。若时间仓促，无法很快解决，可以放在尚未完全成形的小结或论文结论部分提及一二，指出未来的研究方向。总之，从问题出发，挑选现有材料进行论证，并审视问题能否得到充分解决；若答案是否定的，再考量是否花费精力继续完善。这样的论述与写作顺序能够保证作者快速完成论文初稿，其关键就是问题先行，这也是我将列好"三大题"置于首要步骤的原因。

经过快速写作后，与其说作者撰写了一篇博士论文，不如说整理出一本支离破碎的笔记。但这一步骤将会是富有成效的，能使作者在短时间内积累大体量的论述文字与思辨火花。至于每个章节甚至每个段落之间的起承转合，则留在论文写作的最后一个阶段。

四、润色：为读者写作

到了润色部分，需要进行加法和减法两个环节。加法是为笔记式的初稿增添叙事感,尤其是论文开篇、章节间的勾连以及结尾。此时作者不再是"码字机器",而是需要缜密的思考以及准确、通畅的文字表达。胡素馨(Sarah E. Fraser)教授曾向我推荐过一个方法,就是假设自己在和朋友聊天。这位假想中的朋友只需要问两句话:"你最近在做什么?""你为什么要写这个?"为了吸引对方的注意力,我们会尝试给出目前为止最精准、最生动的介绍。具体实践时,我会在散步时演练这一步骤。在户外行走的过程中,作者的视线不再与屏幕上的文字纠缠,得以脱离已有论述的束缚,不断思考如何回答"做什么"和"为什么"这两个问题。虽然开头很艰难,但只要多一点耐心,总会收获来自内心的回应。

与此同时,作者还要狠心做减法,挑选最契合的精华材料与主要观点,从而确保博士论文在长篇大论的同时,依然维持一条能让读者跟上的紧凑线索。为了达到这一目的,就必须适当地精简正文。相信许多作者都面临过这种窘境:有时我们获取了非常宝贵的材料和体验,并由此引发同样可贵的灵感,但它们却让论文偏离了大方向,或者依据现有材料不能做出充分的阐发。这些有趣的素材和观点不适合放在当前的论文中,忽视它们又很可惜,仿佛白费了一番心血。对于这类材料,我偏向于不在论文正文提及它们,而是另作处理。要么设立一个专属议题的收藏夹,将材料暂且搁置一旁,等有机会再进行研究;要么尽可能独立成篇为较完整的小文章,放在博士论文的附录中。

比如我在英国维多利亚与艾尔伯特博物馆(Victoria and Albert Museum)上手过两件清代的三足爵,一件为青铜爵,手感沉重,需两手并用才能稳妥举起;另一件为玉质,轻巧可把玩。怎样理解重量对器物功用和使用者体验的影响?对于不在博物馆工作的我来说,这个问题或许很难在短期之内给出答案。南宋赵希鹄的《洞天清录集》中有一句名言:"摩挲钟鼎,亲见商周。"其实通过抚摸、托举的方式与古铜器直接接触,鉴赏者将获得全方位的感官体验,而不会仅仅局限于视觉感受。但在羡慕赵希鹄的同时,我也必须认识到这不是目前这篇博士论文可以谈论的内容,只能暂且将这个问题放进收藏夹，留待来日继续探索。

论文写作的最后阶段就像园林造景，培植过程中免不了修剪树木花草，每一株观赏植物的生长位置都遵循人为规划的路径。文章也是如此，涉及的每件作品都应传达所在章节的主旨，而每个章节都要不断重新投射、聚焦全文的核心问题。

敏锐的读者应已发现，论文润色阶段已和丛林之旅无关。美术史学者可以在历史中畅游，尽情探索广袤的图像丛林；但最终的成果并非复制茫茫林海，而是采撷其中的部分资源，修建可供读者流连的人工园林。对于热爱这片领域的研究者而言，博士论文不会是旅途的终点，野外繁茂的土地将不断吸引研究者再次踏足其间，一次又一次践行新的路径，开启新的历险。

如何及时完成博士论文？

——一种项目管理的方法

王一楠

2020 年毕业于北京大学哲学系美学专业
现就职于中国艺术研究院

- ◆ 在一篇合格的博士论文背后，是一项突破既有认知边界的精深研究，想要实现它，仅凭金子般宝贵的创新能力还不够，它还要求我们有深厚的基础知识积累、广阔的学术视野、多维的参照坐标。设定自己的论文只研究最细微、最具体的分支，不涉猎任何其他学科或其他领域，对今天想要获得学位的人文学科博士生而言，几乎是不可能的。
- ◆ 我们可以脱离艺术去谈论美学，或者避开美学去谈论艺术，但是对于一项关涉历史语境的研究来说，刻意跨越实存物、艺术或艺术家而进阶到观念的阐发，往往会成为根基不牢的空中楼阁。

一、我应该延毕吗

接到谈博士论文写作的任务，着实惶恐不安了许久，毕竟我仍是学术道路上的新人，尚在摸索研究的方法和路径，不得不审慎地评估"新手谈经验"的必要性。但有一个理由说服了我，并且它是显而易见的：正因为博士毕业没多久，所有的写作体验仍是新鲜的，甚至仍残有一些切肤之痛。噫吁长叹惊坐起，原是论文入梦来——这恐怕不仅是我一个人的经历。不管研究领域的差异有多大，博士生们总能在关于毕业、睡眠和脱发的问题上找到知音。

对我们人文学科的博士生来说，这种痛苦主要来自完成学生时代最大的写作计划而产生的压力。而此等压力归根结底来源于博士论文的高标准。在一篇合格的博士论文背后，是一项突破既有认知边界的精深研究，想要实现它，仅凭金子般宝贵的创新能力还不够，它还要求我们有深厚的基础知识积累、广阔的学术视野、多维的参照坐标。设定自己的论文只研究最细微、最具体的分支，不涉猎任何其他学科或其他领域，对今天想要获得学位的人文学科博士生而言，几乎是不可能的。这个论断似乎有一些危言耸听，那就让我们举个例子吧。比如，我想研究一位雕塑家，甚至我只关心这位雕塑家的某一类作品，那么，我是不是至少要掌握他个人的制作工艺和市面通行的制作工艺（以便比较其特性），了解他的际遇以及与同时代人物的交往（以便了解其风格来源），阅读他的存世文字或其他人的评论（以探索其艺术理念和社会评价），进而才能评估他的这一类作品在雕塑史中的位置？这个简单的设想就涉及手工艺、艺术史、哲学、心理学、文学、社会学等各个领域的知识。所以，人文学科的博士论文，难以避免是一项具有综合性的、涉及各个分支学科研究的大工程。

正因为所涉繁多，博士阶段常见的时间安排是这样的（见表1）。

表1 博士项目的常见时间安排

第一年	完成基础课程
第二年	论文开题、资格考试、申请研修项目
第三年	国外学习、搜集资料、中期报告
第四年	回国、论文写作、预答辩、修改、盲审、修改、答辩、求职……

第一年，我们在学习各门培养计划规定的基础课程，并试图将过去的文章修改、投稿。

第二年，我们在冥思苦想搜罗题目，同时恶补各类资料以准备开题，而越来越多的同学要在这一年申请国家留学基金管理委员会的"国家建设高水平大学公派研究生项目"，因此同时忙着联络学校与提供材料。

第三年，顺利的话，我们在适应国外环境，学习新学校的必要课程，间隙中搜集论文资料来推进研究，可能已经有论文大纲和完成的段落，但似乎还需要推敲。当然，这一切不耽误我们见缝插针地安排异域旅行。

突然间就第四年了。回国后，我们往往会感觉留给自己写论文的时间有点捉襟见肘，提交导师和学术委员会的部分论文收到了许多修改意见，最要命的是，各处的招聘信息已经发布了，周围的同学已有人拿到了"offer"，日子一天天地兵荒马乱了起来……这个时候掂量一番，心一沉，延毕自然而然地成了一个选择。延毕不是错的，相反，它能帮助我们更好地完成博士论文、更从容地走向就业市场。在一些高校特别是国外的大学，只要人文博士生能申请到奖学金资助，一直延毕就能一直享受校内的各种优质资源，从现实层面来讲，收入与待遇甚至比市面上能找到的很多工作都要高。但是，就目前的情况看来，延毕至少会带来三重不得不考虑的压力。第一，经济压力。部分高校会随博士年限增加而减少津贴，而宿舍紧俏的学校可能会要求博士生自己解决住宿问题，这在大城市是一笔不小的开支。第二，年龄压力。读博这件事本就需要很高的时间成本，而市面上很多职位的申请门槛限制在 35 岁以下。第三，延毕将写作、毕业与求职的不确定性推后，从而带来更长期的心理压力，这给我们的意志和身体都将带来新的考验。若将这三方面压力考虑在延毕的选择当中进而再做出理性判断，那么延毕便不会必然地导向一种困境，更不该被附加上任何道德判断。

其实，从上面的时间安排中也能发现，博士阶段可以说是一环接一环、环环相扣，时间并不充裕。如何掌控和平衡这些环节呢？我曾经拿到留学基金委的资助，博士期间在海外学习了一年，当时也认为自己应该会延毕，但最后还是在四年内完成论文并毕业了。回头看，其中是有一些技巧性的且并不人尽皆知的方法，它们涉及项目管理和时间管理的问题。抱着这样的想法，我还是鼓起勇气与大家分享我的经历，并通过这段经历讨论推进博士项目的几个阶段，分析这个过程中一位人文学科博士生大概率会遇到的问题及其解决对策，最后介绍具体的技巧，如写作计划的制订与贯彻、辅助工具的选用。

二、开始博士项目前应注意什么

我的本科在北京大学艺术学院和社会学系（双学位）就读，硕士、博士在哲学系学习。本科阶段，我主要关注电影叙事实践和戏剧理论，硕士阶段，突然被存在主义哲学深深吸引，但到了博士阶段，我又受到导师朱良志教授的影响，为中国古代书画特别是文人画和它们背后的艺术精神而着迷。大家会发现，我的兴趣比较涣散，虽然都属于人文社科的方向，但在不同的学习阶段，学科的跨度还是存在的。

由于这些原因，我的博士论文《同绘与共感："东坡赤壁"图式研究》最终呈现为一项涉及学科交叉的专题研究。论文关注到对苏轼与赤壁的描绘行为从北宋起逐渐成为持续不断的画史现象，而近千年来有大量作品具有很高的艺术价值和丰富的思想内涵。但有三个层面的问题亟须回答,第一,为数众多的赤壁图如何表现同一主题,图像之间的差异是否存在内在关联?第二,在差异性和相似性的交锋中,为什么这些作品被赋予了它们如今所是的外观?第三,历代艺术家绘作"东坡赤壁"主题的原发动机是什么,为什么有如此庞大的群体参与到"东坡赤壁"画题的定制、创作及鉴藏过程中来?这些问题勾勒出赤壁主题从北宋至清初的图式脉络,不过最后一个问题的答案需要到图式背后的文人生命意识和历史哲学中寻找。在我看来,"历史感"开启了这段图绘的历史,激发了图式参与者同人生有限性的斗争、和解以及对变化的超越。它为参与者提供了一个重新建构生活世界的方式,并复现了苏轼"重回人间"的精神冒险。在由"历史"铸造出"非历史"的进程中,"东坡赤壁"图式逐渐形成了一个共同体:一种由艺术表现元素联结而成的意义共同体。表现元素界定着图像与主题的边界,在原初的叙事信息之外带来了强烈的象征性意涵,但新的意义共同体却保持着开放的张力,使得共同理解和个性体验并行不悖,并反过来使作为思想史与艺术史交点的图式具有解除形式束缚的可能。

这一研究方向对我来说其实是崭新的领域,尽管它属于中国美学的范畴,但又是以古代艺术史研究为基础的,势必要处理大量的物质性材料。当然,我们可以脱离艺术去谈论美学,或者避开美学去谈论艺术,但是对于一项关涉历史语境的研究来说,刻意跨越实存物、艺术或艺术家而进阶到观念的阐发,往往会成为根基不牢的空中楼阁。另外,就像潘诺夫斯基说的,"一件艺术作品,一定有它的美学意义:不论它是否具有某种实用的目的,而且不论优劣,它都有从美学角度接受评论的资格"。这样的研究才可能是完整的研究。尽管现在看来这篇博士论文还有很多缺憾,但作为一项涉及艺术史、艺术哲学与文学的综合人文课题,它可能不仅是一次个案式的探索,而且是未来更加多样的综合性人文研究的一个切面。这可能是它后来得到了"优秀"的匿名评审意见与答辩决议,并获得了北京大学优秀博士论文奖的原因。

但是,有一些缺憾是我察觉的时候已经无法弥补,但在我们谈论具体的写作方法之前就应该告诉大家的。

第一方面，要注意研究方向的延续性和连贯性。尽管我个人认为兴趣非常重要，但在选择博士阶段的专攻领域时最好有一定专业知识的积累，能够深化自己过往的兴趣和研究。每个领域都有其知识门槛，如果在每个求学阶段都是从头学起，学术资源积累不足的问题也将会一直存在，同时我们博士项目的时间会变得更加紧张，最终带来心态上的急迫感。毕竟，当其他同学都已经在进行专题研究的时候，我们可能还在恶补基础课程。不过，人文学科在许多方面都是相通的，也无须过分担忧自己会永远处在门外汉的状态中。只要有时间和精力的投入，面对新方向茫然无措的状态一定是暂时的。

第二方面，要重视与总结既往学位论文的写作经验。尽管我的本科毕业论文曾经获得当年的最高分，但由于我是硕博连读，没有写过硕士论文，所以我在很长一段时间里都觉得写博士论文非常困难：不管是学位论文的框架设计，还是章节与段落之间逻辑关系的建设，乃至语词字句的使用、叙述方式和写作规范等问题，都跟平日所写的小论文和早年的本科毕业论文大不相同。在开始博士论文写作的时候，也许你会像我一样，并不清楚一个完整且深入的研究应该如何从无到有、一步步地呈现出来，并且最终应该呈现出什么样的结果。去阅读那些成熟学者的博士论文以及阅读那些获得"优秀"的学位论文的心得，恐怕都不如自己完成硕士论文的感受来得直接。你可能对自己的硕士论文非常满意，也可能认为它只是侥幸过关，不管如何看待自己过去的作品，都应该认真总结硕士论文的写作经验，评估自己当时的不足与长处，从而在之后的博士论文写作中扬长避短。

如果此时你还处在没开始读博，或者还在找研究方向的项目初期阶段，那么应该对这两个问题给予额外的关注。下面，我就按照开展博士阶段研究的几个方面来谈一谈具体的内容。

三、为何要尽早确定论文选题

我们都知道,"找到一个好的选题基本等于论文成功了一半"。但没有人能直接告诉你什么是好的选题,这句话就像这世界上很多的"鸡汤"语录一样,即便听过很多,但依然过不好这一生/写不出好论文。对于这个问题,我有一个很直接的感受,也有一个很简单的建议。那就是:无论如何,一定要尽早确定论文选题。

所谓"可行的选题",就是提出你关心的(而前人没有以你的方式关心过的)并能够给出答案的问题。一种常见的看法认为确立博士论文选题需要渊博深厚的知识储备,而在博士项目初期,自己书读得少,看问题抓不住要点,很难直接提出什么有价值的问题。伴随而来的还有一种常见的想法,即"等等大法":"等我上完了某门课""等我阅读完了这个领域所有的重要书籍""等我对某个问题有了整体的认识"之后,我再来确定选题。然而这样一种想法和表述,同样是拖延症的典型话术。那些"等……之后再怎样"的念头,尽管可能源自完美主义的高要求,但实际上却是在给自己设置完成目标的障碍。

上面这两种想法,在根本上都来自一种非此即彼的思维:"如果我不能掌握所有的研究材料,我便不能确定一个好的研究选题。"但实际上,从开始做一个提问者并提出一些专业学者可能会觉得很容易解答的问题,再到做一个好的提问者并提出有价值的学术问题,是一个循序渐进的过程。换句话说,要提出一个有价值的问题,至少要从开始提问这件事做起。随着你的探索和不断完善的自我解答,你会发现有的问题很容易解答或者早就被回答过了,但有的问题仍有深入思考的空间。这是一个不断纠正和突破认识的过程,也是一个不断学习和深入的过程。

面对一个可能的研究对象,有三种提问方法是常用且屡试不爽的:"1. 是什么(What)? 2. 为什么(Why)? 3. 怎么样(How)?"这三个基础的提问方向分别要求我们去定位论题的语境或界定研究的范畴、讨论问题发生的原因、追索问题发生的过程并分析其影响。如果在研究初期，尚不知如何细化问题使之更精准时，不妨先带着这三个问题进行阅读。

我完全同意确立最终的研究题目应慎之又慎，但它与尽早确立选题并不是非此即彼的矛盾关系。所谓"尽早"，又是多早呢？在我看来，在博士一年级下学期的时候，我们就应该有一个较为细化的方向和一两个容量可供持续探索的问题。也许会有人认为这样做还是太过草率。但尽早确立论文选题有三方面切实的好处，而这三方面对于及时、保质地完成博士项目至关重要。

其一，尽早确立论文选题能使外在的知识体系化。在做学生的漫长时间里（多数文科博士当学生的时间超过20年），我们会修习各式课程，并为此阅读各种书籍。坦白说，其中很多都是为了应付考试、获得学分而读的，虽然当时看过了甚至记住了，但因为这些知识对你来说并没有真正的用处，所以很快就忘了。带着问题去阅读和为了修学分而阅读是完全不同的体验，因为我们有迫切需要解决的问题，知识此时对你产生了意义，而知识谱系只有在这个过程中才会飞速建立。知识谱系相当于我们获得了一个只属于自己的空书架，用来分门别类地归置所学的知识。只有掌握了科学归类的系统，我们才会更轻松地知道眼下的问题属于哪一分区、哪一序列。而当我们学到的知识开始进入并附着在自己的思维框架中的时候，才能利用它去解决问题，这也是我们真正深入所在学科领域的开始。

其二，尽早确立论文选题能使我们进行充分的能力评估。很少有人天生就能不费力气地提出有价值的问题，况且有的时候，即便我们提出了一个好问题，自身的能力并不足以解决它。并且在试图解决问题的过程中，学术界的状态会变化，我们自己还会在这个过程中冒出很多新想法。所以，在探索一开始选定的方向时，其实我们也在反复评估自身的兴趣、能力及学术界的倾向性。所以，尽早选定一个细化的选题也是给自己更多的机会来改进它的思路、方法和策略，而不是说认准了一个世界级难题，无论如何也要撞倒南墙才作罢。保持开放性对及时完成博士项目是非常重要的。

其三，尽早确立论文选题能使我们获得充足的准备时间。这一点是无须多言的。博士论文是一个人科研能力的试金石，我们在这个过程中花了多少精力、下了多大功夫，都会通过最终呈现的文本展示出来。而选题的意义在于方向的指引，使我们可以更快地进入研究者的状态，而不是长期在门外徘徊。更早确定选题，就意味着能更迅速地沉潜入未知的领域里，去修习新知，锤炼自己的核心观念，并有更多时间来检验它、修正它、完善它。如果到了博士项目的后期才发现选择的研究方向并不适配自己的能力，或者这个题目有一些先天的缺陷（如缺少研究材料等），那么极可能为时已晚。

如何寻找合适的博士论文选题呢？尽管这个问题很难有确切的回答，但越早知悉下面这几点，你可能会越容易上手。

第一点，预知自己一定不会一举成功、一劳永逸地提出合适的选题。寻找选题的过程很像在一个过载的停车场里寻找车位，当你好不容易发现了一个空位，正要兴奋地驶去，再仔细一看，才发现那儿早就停着一辆20世纪80年代的小车。这种失落感常常出现。但"空位已被前人占据"这件事，说明这个方向仍可能是对的；此处位置总会有一些未被占据的部分，或者有一些新的发展变化。这些过去的研究逼迫我们做出更多符合当今学科动态的调整。

第二点，我们要选择"可做"的题目，而不是选择"想做"的题目。这是王一川老师在我本科期间给出的建议（大意）。他是提醒我们要平衡自己的兴趣和现实的可行性之间的关系，其实也就是我们前面说的能力匹配。比如说语言，就是一个常见但极有可能拦路的门槛。举例来说，如果要做法国文学家研究，那么我们应该掌握法语，才可能接触一手材料；如果我们要做中国古代思想家研究，那么训诂学的训练是非常基本的。选题要考虑自己已掌握的技能和学习新技能的时间、精力成本,而不能凭借一厢情愿。

第三点,我们还要审视这样一个问题:什么样的博士研究题目算是好的题目?目前学术界所能达到的一个共识是博士论文应该"小题大做",即从具有发散性和深度的小问题入手,通过具体的材料,产生相对集中的讨论,并通过它去透视更宏大的命题。就像我们在开头举出的雕塑家的例子,假设要研究这位雕塑家的某一类作品,我们就要进行评估:它的相关材料和延展度是否有"小题大做"的潜力?还是只能"小题小做"?"巧妇难为无米之炊",如果是后者,那么即便我们硬着头皮将其研究透了,最后形成的论文依然可能因为体量太小而达不到毕业的要求。自然,"大题大做"的博士论文更难写出太多新意,针对上面的例子,"中国雕塑研究"或者"XX雕塑家研究"这样的题目较难给读者(评审专家)留下好印象,因为它们看上去便缺少问题意识。还有一种选题情况是最糟的,然而也不幸是最常见的,即"大题小做"。这样的博士论文注定是失败的,因为它没有提供足够的容量和深度来展开和回应本可以很丰富的话题,这样的选题暴露出个人能力的不适配。

选题应该从大入小、从小入深,这样一种不断自我修正的发问过程应该在博士论文中得到呈现。关于这一点,不妨以我博士论文的开头四段为例作出进一步说明。不过,这并不意味着我的写作就是范本,请诸位读者批判看待:

> 无论是在漫长的中国文化传统里,还是在整个人类文明历程中,"苏轼"都是一个无法被遗忘的名字。这个名字属于一位生活于1037年到1101年间的思想者,他在有生之年即饱受毁与誉的撕扯,因为这个原因,他不幸又幸运地到访过许多繁华胜景和边荒之地,并在这些地方留下吟啸徐行的足迹。即便仅凭那些与"苏轼"相关的地标或美食,这个名字在缺乏记忆的当下社会也能顽强地抵抗忘却的侵蚀。除此之外,它更意味着无边的风流韵度,意味着无数的名篇

佳作，意味着无量的文人趣味，也意味着无尽的追思讨论。通过咀嚼这个过去的名字，后人不断重获千般滋味——"苏轼"两字所包含的巨大精神和物质财富使得"苏学"历千年而常青，犹如活水衔续古今，衍生出诸多的文学、哲学、历史、艺术、传播、心理、养生等学科议题，并且，新的意义与启发仍源源不断地被揭示。

视觉艺术的研究也是同样。对于苏轼现象，艺术史学者石守谦曾指出苏轼的象征地位乃至符号化意义在东亚文化传统中展现得淋漓尽致，苏轼已经在方方面面被意象化，他"借由典范化之程序，便由过去进入永恒；不但超越时间的束缚，而且跨越地理空间的限制，成为无所不在的'典范意象'"。在这样一个不断增殖的文化语境中，还有一个必要却棘手的问题有待解决：苏轼现象包含着广博庞杂的内容，该于何处寻找这一典范意象的视觉代言？在为数众多的与苏轼相关的视觉元素当中，石教授认为"东坡巾"最具代表性。但是，作为一种巾帻风潮的"东坡巾"在何种限度上对苏轼文化具有代表效力，这是值得打上问号的。

在另一方面，中国画史上浮现出一类难以忽视的主题创作，那便是大量存世的"东坡赤壁"图。至少有 101 幅声称创作于北宋至明代间的画作存世至今。它们均与元丰三年（1080）苏轼贬谪黄州后对赤壁的游览与书写有关，形成了"一时谪向黄州去，四海传为赤壁图"的独特艺术景观。有多元的群体参与到该主题的定制、创作及鉴藏的过程中，包括苏轼的友人、皇帝与宗亲、画院官员、文人画家、民间工匠等。赤壁主题是明代苏州片工坊中热衷的题材，并且是清代器物上寻常可见的工艺图案，拥有广泛的受众。其视觉形式在发展中经过移置变形，与水景图、渔父图、舟鹤图、观月图等主题有隐晦的交互关系，图像的纷繁表征中透露出艺术史脉络的有序性。

追索主题的生成嬗变，必然从不同角度涉及风格的交锋、技巧的更新、观念的消长、社会生活的变迁等核心史学问题，但本文以赤壁图作为苏轼文化的视觉入口，不单是因为它的规模在与苏轼相关的所有艺术、文化命题中独树一帜，更因为它具有令人瞩目的延续性和思想性。简言之，在同绘赤壁的历史中，还存在着一个古今共感的精神世界。

第一段将这篇论文置于苏轼研究的学术背景中，并简单谈及苏轼之于当下的意义。（实际上，"苏轼"是我博士一年级时因对文人画感兴趣而选择的一个笼统的方向，很快就发现前人对这个领域的研究已经非常充分了，这种经历或许也是大家会遇到的情况。）第二段谈及视觉艺术中的苏轼研究，是对前一段的细化。（在进行苏轼研究相关的阅读的时候，我发现了还没有解决的问题，即若要为千年来围绕苏轼产生的复杂文化语境寻找最有代表性的视觉表征，很难将东坡巾作为唯一的答案。）第三段介绍了存世的赤壁图（研究材料），以及"东坡赤壁"主题与艺术史的联系，目的是要告诉读者对它进行研究的必要性和重要性。第四段开始引入我个人的看法，即认为它不仅有贯通艺术史的体系，还有思想史的脉络，这些都需要更进一步的阐释。该论题只是对一类画作的研究，并不大，而我掌握的材料，如第三段所说，是100多幅真伪掺杂的作品，但它从苏学及文人意识的大问题中生发出来，具有深入探讨的可能性。这是我所说的选题的循序渐进。

四、如何进行论文的资料准备

（一）资料收集的视野问题

尽早确定博士选题的唯一坏处是可能带来视野局限。在论文的前期阶段，我们应该有意识地开拓自己的学术视野，把精读体系化、泛读习惯化。

这两方面与论文的关系可以简化为图1：

图1

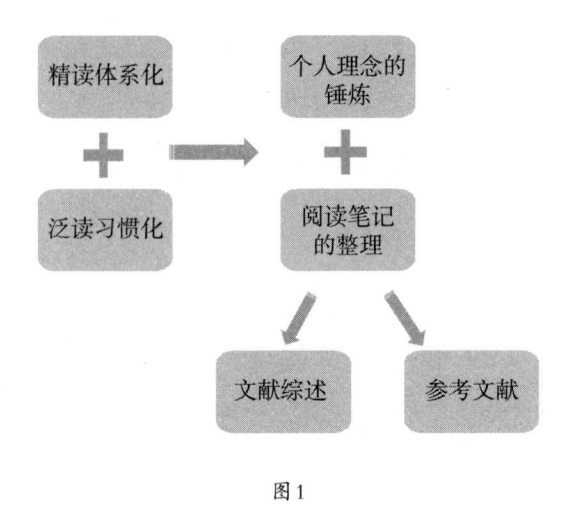

在开展精读时，最初我们可以通过请教导师或其他有经验的学者来获得一份书单，随着研究的开展，我们会自然地补充和调整这张书单。它在论文成品的结构里体现为"参考文献"，所以参考文献展现了这项研究的学术背景，它需要呈现出作者经历的有体系的知识积累过程。还应注意，阅读尽量不给自己设限，如因观念不同或出发点不同而特意绕过某一领域的论述，最后都会被证明是在给自己"挖坑"。以我的博士课题为例，我在开始研究前系统阅读了历史哲学、苏轼研究、咏史文学、宋明画史相关的书籍与资料，并用了一个多月的时间把《宋画全集》和与题目相关的各种图录翻阅完毕。阅读过程带来了一个意外收获：通过熟悉研究材料与了解他人的观点，我更加明确自己的核心观照在人的历史性和跨历史性的存在问题，因而论文想要解决的不单是图式的脉络问题，还要在艺术作品面貌的差异与相似中寻找创作者共通的在世经验。回头看，个人理念的锤炼是博士阶段最有意义的工作。

泛读的好处更是毋庸置疑的，尽管不知道我们在何处、何时才会收获一点灵光，但你知道它一定会通过广泛的阅读出现。不妨在闲暇或烦闷时去期刊阅览室坐一坐，读一点平常不会关注到的学科领域的研究文章，作为一种消遣的泛读是最有收获的乐事。

与精读和泛读同样重要的事情是整理阅读笔记。好记性不如烂笔头，学术积累是长期功夫，过目不忘的天才也需要准确地援引出处。把作者的视角、有启发的材料或者是不认同的观点记录下来并整理为一个文档并对其进行分类，随着阅读量的增加，我们很轻松便能获得一个厚重的文献综述初级版本。阅读笔记是我在写作过程中翻看最多的文档，它总能给我带来灵感的启发。抛砖引玉地分享两个能够随读随写的笔记工具"Goodnotes""Notability"。它们比电脑阅读 PDF 文档方便许多。也要善用 Word 文档中的目录和笔记功能，以方便检索。

这里谈到文献综述，或许有些误解需要澄清。一些硕博论文的研究综述写作将"能通过查重"当作宗旨，只把他人研究的摘要整理一下，在内容的组织和排布上缺少内在的逻辑，或者，仅将文献按照年代或中外区别进行分类。在大多数情况下，这种方法有失简陋，因为我们在后文展开的常常并非古今或中外文化对比研究。之所以出现这种情况，最大的可能是写作者没有意识到文献综述的重要性。

文献综述的意义在于梳理已有的研究，这是博士论文最基础的任务。它不仅仅是为了查漏补缺式地了解他人已完成哪些工作、没完成哪些工作，还要展现已有的学术框架是怎样的（他人在怎样的传统中开展工作）。这也关系到我们如何认知自己的研究，从而寻找其在学术共同体中的位置。文献综述应当分析过去学者掌握的材料、选取的观点、使用的方法、关注的范畴，进而按照我们自己的理解梳理出学术史的线索，只有这样我们的论题才能够合法地提出并成立。《同绘与共感："东坡赤壁"图式研究》的文献综述按照整体图像群的研究和个案研究来进行基本分类，然后按照研究内容的联系性，从学术界对"东坡赤壁"主题的研究兴趣发展史和关注点的变化角度进行介绍。每一段落进行评述，并对接下来的讨论方法、关注重点予以引入。

虽然文献综述是博士论文的第一部分，但它并不能一劳永逸地"写完"，因为我们要始终密切关注研究领域中最新的研究成果，避免重复劳动。我曾经花费很多力气去考辨一件画作的流传史，开始写论文时还没有见到同样的研究，但论文写完后却发现已有学者完成并发表了类似的讨论，我的研究便失去了核心观念的创新意义，只能做一些补缀的工作。这个惨痛的教训请大家引以为戒。

（二）资料收集的田野调查工作

论文的创新性，无非通过新资料、新方法和新观点三个方面得以体现。无论在哪一方面有所突破都是很难的，但就个人感受而言，新方法和新观点的提出需要融会贯通后的"巧功夫"，寻获新资料却需要下"苦功夫"。田野调查工作对当今人文学科的研究依然很重要，只靠翻阅现成的出版物来收集资料在许多情况下是不充分的。田野工作的基本目的是"穷尽有关研究对象的材料"，尽管这个目标经常是理想化的、不现实的，但我们理应在自己的研究领域中成为见过最多研究材料的人。

我的研究是围绕一类理论上可以穷尽的材料——存世的赤壁图展开的。所以，为了收集散落在世的赤壁图信息，我到访过国内大部分藏地和另一个收藏重镇——美国几乎全部有相关藏品的博物馆。这也是我申请去美国访问学习的一个原因。我们应充分利用留学基金委的资助，并关注国内外的其他资助项目来进行资料搜集工作。市面上乐于帮助我们完成研究计划的基金会其实比我们想象得多，只要你有申请项目的正当性和必要性。这些项目的资金足以覆盖我们的旅行预算。但是，尽管资金的事情可以解决，资料搜集的过程还是充满了不确定性。为看一幅传闻中的画作而左托右请是家常便饭，但常常没有回音；即便已踏上旅程，也总是出现突发状况。但这个过程中我们仍会得到许多前辈无私的帮助和指点，从而获得珍贵的一手资料。收集资料的田野调查过程极大地磨炼了我的心性，使我对研究对象的整体状况了然于心。这些资料又会帮助我们校正之前的研究方向。我们往往是沿着最初提出的问题去收集资料，如果这个过程中能获得一些没被注意或未受重视的材料，我们就可能围绕这些材料提出更有价值的问题，从而走得更远。尽管田野工作不是每位人文学科博士生的必修课，但为收集一手资料付出大量时间和精力是值得的。

博士研究一般分为三类：专题研究、文本研究、名家研究。不管是"某雕塑家某类作品"的例子还是我自己的例子，我们进行的是一类围绕实存物展开的专题研究，所以材料对我们来说至关重要。但这三类研究都离不开资料搜寻的田野工作。若是做文本研究，我们应掌握所有的版本情况，关注新出文献，在此基础上才能进行文本细读与解析。如果是做名家研究，就更应知人论世，考察这个学者及其思想形成的社会政治环境、文化环境和生活环境等，还要尽量去掌握其存世的所有出版物和手稿，这样才有可能导向新的发现和论点。这都要求我们不要怕与人打交道的麻烦、不要畏惧旅途。

五、怎样寻求与对待外界意见

攻读人文学科的博士学位是一条相对孤独的道路，大多数时间我们都在孤军奋战。因此，与导师、前辈、同行交流的机会更显宝贵，如何充分利用这些机会实在是一个值得交流的话题。

在博士阶段必不可少的人际交往中，最关键的一环是与导师的学术交往。我曾经不止一次听到不同的老师感慨：现在博士毕业要求很高，导师不好当；学生不愿来找他们讨论论文，忧愁学生的论文进度；从学生开题开始，下一次跟论文相关的见面可能就是提交延毕申请了。站在老师的角度想，这确实是一个普遍的怪相，明明是学生要毕业，却靠导师这样牵肠挂肚地推动，担心他们毕不了业，又怕贸然联系给他们太多压力。但站在学生的角度想，难道只有老师在着急吗？如果学生真不着急，又怎么会失眠和"秃头"呢？明明我们的研究遇到了瓶颈，却不知应当如何推进，也不知如何能从与导师的交流中得到直接的帮助。越想越焦虑，逐渐害怕导师"突然的关心"，最后恶性循环，干脆假装隐身了……

问题出在哪儿呢？我们应该清楚一个事实：如果你真的认真围绕题目阅读了很多相关文献，也收集了一些资料，一般来说，你已经是身边最了解这个题目的人。同样，没有人比你更了解自己目前的处境。也就是说，当你在寻求他人帮助的时候，你最好做出明晰的情况说明，扼要介绍目前的研究进度，在哪里卡住了，可能的原因有哪些，希望获得哪方面的帮助……总之，越具体越好。当你去跟导师讨论问题的时候，不能默认导师未卜先知地了解你的困境。对任何人来说，这都是一种苛求。所以不要仅仅向老师们宣泄你的情绪，吓唬他们说"我写不出来""感觉完蛋了"，否则，导师在"怒其不争"之余，很可能只能向你提供基本的人道主义关怀。请一定在具体、坦诚地研判问题与形势后，再进行咨询和请教。

正如博士项目需要管理，与导师的相处同样需要向上管理的技巧。在4—8年的时间里，探索双方都感到高效、舒适的沟通方式同样是重要的课题。在向上管理的方法论中，最重要的是做一个主动的人。努力在交流学业的时间安排、科研和生活的边界感以及互相帮助的模式（而不仅是单方的付出）上与导师寻求共识。任何一位导师都会希望自己的学生能顺利地完成学业，所以一定要保持良好沟通，千万不要一直神隐，只在论文要提交的最后时刻把一个草就而成的版本发给毫无心理准备的导师，以deadline"逼宫"问他的意见。这听起来好像不可思议，但我身边便发生过好几次这样的情况。它的出现显然是滚雪球般项目管理的失败。

我自己在这方面是非常幸运的。我在博士阶段遇到的两位导师——朱良志教授和石慢（Peter C. Sturman）教授给了我数不胜数的帮助，他们指出了我的很多盲点，因而使我少走了许多弯路。由于他们都是非常杰出且有创造力的学者，面对他们时，我时常有种终生无法望其项背的忧虑与悲哀，但从他们身上，我也看到应该如何以学术为志业安顿自己的人生，并做对社会有意义的事。所以，从我个人的经验来说，在遇到同导师存在意见分歧的情况下，我会充分考虑和信任导师的经验，再来审视自己的立场与观点。

学术会议也会极大地帮助我们的论文写作。在博士阶段，我参与了几次学术会议，其中有两次会议对我有特别的帮助，一次是武汉大学举办的全国美学博士生学术论坛，一次是芝加哥大学与盖蒂基金会共同举办的中国艺术史工作坊。武汉大学的论坛几乎是当时全国美学专业的博士生盛会，通过大会的形式，我了解到同领域的同辈人在做什么，他们又是如何看待我的研究的，这帮助我更好地认知所在的学科。芝加哥大学的项目在全球招募了 10 位博士生，我们在包华石老师的主持下围绕各自的课题进行了 14 天的研讨和游历。这两周的活动完全围绕 10 位同学的课题展开，所以能够产生非常深入的交流。工作坊还会帮助大家采购书目，与跟大家课题相关的藏家和博物馆负责人接洽，并且延请走上工作岗位不久的青年学者分享职业经验。这种相对小型的工作坊往往能对论文写作起到直接的推动作用，值得大家关注。

当我没有意识到参加学术会议的意义时，我也有过不成功的参会经历，即认为把自己的报告流畅讲完就算结束，而不主动与任何人交流。要知道，对高质量的学术活动而言，评议和交流也是它的重要功能。自然，面对听众进行内容分享是一种职业训练，但在这些会议上，更重要的是我们得到的中肯的评议、多元的视角、职业的思维，甚至还有热心同行补充的未知资料，当然，由于跨学科的研究性质，有时候我们也会触碰到无形的学科壁垒，而其中真诚的批评会让我们对研究领域进行深入的反思。所以，不要主动地走向自我封闭，在疫情时代，更应珍惜每一次与他人交流的机会。

六、如何完成"鸿篇巨制"

现在我们终于谈到了最后的写作上。如果你完成了前面这些准备工作,打开被命名为"正文"的 Word 文档,可能忍不住发愁:"看看我的论文,实际的进度一点儿也没有呢!"那么,博士论文从量变到质变的写作,究竟是如何发生的呢?

博士论文的最低字数要求为 8 万字,通常大家会写到十几万字,甚至有同学写了 35 万字。这绝不是说"字数为王",但如果没有日常写作的习惯,突然要写这么大体量的文章,对谁来说都是会发怵的。所以,当你对某个问题有所观察、有所思考的时候,一定要勤动笔,并要求自己按照学术论文甚至是期刊论文的标准来写。这是因为通过文字把头脑中的观点表达出来必须有很强的逻辑性做支撑,一种学术思想在头脑中停留的状态与它被用文字表达出来的状态对于严谨性的要求大为不同,我们头脑中的学术观点往往是发散的、混沌的,必须要通过结构性的文字表达才能完成逻辑的闭环建构。这种训练使我们更容易发现原先的思想编排中存在的漏洞,而填补这些漏洞会帮助我们实现学术观念的再创造。有了成形的文章之后便可以试着投稿,从而形成一种良性循环。

思考 〉 书写 〉 发现漏洞 〉 填补漏洞 〉 思考深化 〉

图 2

上面谈的是日常的写作训练。在博士论文最开始下笔的时候,写作的章节顺序也困扰着很多同学。不妨先试着写选题中你最感兴趣的一个问题。我在最开始选定"东坡赤壁"主题研究的时候,有一个单纯的困惑是:最早的赤壁图是什么时候出现的,它们是什么样子,它们对于后代那么多的赤壁图是否产生了影响?这个问题在当时还没有被系统地回答过,只有一些零散的描述性话语和关于流传的记载。所以我就围绕苏轼的友人李公麟和王诜的赤壁主题创作,讨论了赤壁主题艺术史中不可见的却又至关重要的部分。这是我围绕博士课题所写的第一篇文章，在这个过程中，我对于话题的延展性和个人的掌控能力产生了更多的反思，这种思考对于整个博士项目而言其实是非常必要的。尽管这篇很快在期刊上发表出来的文章如今看来非常生涩，对问题的讨论也不够深入，但对个人的博士生涯而言，当时把它写出来的意义是"时间开始了"——这使我逐渐进入一个有序的研究状态当中。所以，我的观点是博士论文没有必要一定按照大纲顺序来写，完全可以先写那些我们最关心的话题。

接下来，我们再谈一谈技术性的时间安排。当博士项目进展到写作这一步，其实大家都已经意识到时间没有想象中那么充裕。我们现在可以重新审视一下开头列出的博士项目的常见时间安排（见表1），光看文字都觉得，第四年密密麻麻的事项太令人窒息了。考虑到博士阶段的尾声要完成送审及修改、答辩、找工作、实习等事项，最理想的安排是在毕业的六个月前就完成论文的基本内容，而在写完主体内容之后，最好是搁置两三个星期甚至更长时间以便从思维惯性中抽离，然后重新进行阅读与修改。如果要把论文压缩到最后一个学期来写，很容易陷入一种多问题同时触发、多线程同时运转的胶着状态。不妨计算一下自己所需的时间，我个人认为最晚从博士三年级下学期开始就应该进入写作状态中了。

那么，我们又该如何根据时间来制订和推进写作计划呢？制订写作计划的目的是把大任务分解为小任务，把任务转变为具体可行的行动。我的情况是这样的：在博士三年级的时候，我通过小论文的写作和收集的资料，先对论文体量做出了一个估计，然后制订了每天600字、持续300天的写作计划。600字落实在纸面上其实就是一两段话。由于单日的任务量小，所以容易做到心境平和，从而保持连贯性的思维和写作氛围。所以在通常情况下，我能够以良好的精神面貌继续进行600字以外的额外劳动，有时候甚至一天写很多，这个计划就起到了"醉翁之意不在酒"的效果。

你可能依然会问，这样机械的写作计划有科学性吗？答案是肯定的。论文的写作最好集中在一个时间段内，在这一时期，写作者应把绝大部分的时间和精力都放在论文上，而写作中之所以会出现灵感，无非是我们在一段时间内集中思考某个问题时所获得的思维的火花，这与前面所讲的通过文字实现逻辑建构的思维再创造是同一种东西。如果无法聚精会神地持续写作，那么我们头脑中的思想被建构为逻辑闭环的目标就会更难实现。有一种观点认为博士论文的写作是个闭门造车的过程，不需要与外界进行沟通。这种绝对化的表述是不对的，毕竟我们已了解到学术交流的好处，但这句话也可以算是"部分的真理"。写作确实要耐得住寂寞。只有通过封闭性、集中性的加持，才能使写作获得深入性。

大家可能会问，并不是每天都会有写作思路的，有时候即便是600字也完不成，这种情况该怎么办呢？首先，我会用"看完100页专业书籍"这个选项作为弥补的打卡项——在新信息的摄取之外，它非常能抚平我们因为感到虚度今日而焦急的心情。我并非"打卡爱好者"，但是每日标记成就确实更容易使我们获得满足感与坚持的动力。有很多这一类的打卡工具会帮助到我们，比如"须臾""小日常"等App。其次，我还会用硬卡纸手写思维导图。手写与电脑打字不同，它更需要字斟句酌、凝练精微，还能带来涂鸦般的自由与感受，帮助我们理顺难解之处的来龙去脉。这样的思维卡片值得保存与翻看，所以要选用那些便于保存的纸张。再次，我会反复翻看阅读笔记以期了解他人的处理方式。如果这种笔力枯竭的状态持续多日，我还会去寻求外界的意见。其实，在我们向导师具体表述问题的过程中，我们的思路也会得到很大程度的疏通。这几种方法可供一试。

这个写作计划的结果是，我只坚持了三个半月便完成了24万字的主体内容。后来虽然还有一些删改、补充和打磨，但我也为自己争取了比较充分的时间。因为得到了及时的反馈与奖励，这种从量变到质变的方法能够有效避免拖延症，保证论文写作的进度与质量。

七、那些重要的小事

到目前为止，我们对博士论文写作的每个阶段进行了分析，它不能必然地带来一段成功的博士项目经历，但却使我们对各个阶段的基本任务有了更清晰的认识。除此之外，还有一些重要的小事贯穿博士项目的全程，应当引起我们的思考。

第一，请不要一直不眠不休地把自己"钉"在书桌前，譬如从早上八点学习到晚上十二点。如果这一天的效率并不高，那么挫败感就会格外强烈。只要我们完成了计划中的任务，这一天的时间就没有虚度；如果超额完成，我们也应该进行自我奖励。

第二，请谨慎采取激情阅读、激情写作的方式。有一些天才式的学者会从某天半夜十一点开始写作，写到凌晨三点，第二天睡过一整个白天，这种作息似乎也无可厚非。但是这样做可能会隔绝了我们与他人的交往，并给身体带来伤害，而大家要格外爱惜自己的身体，毕竟学术研究的道路是以一生为计量单位的。

第三，一定要及时做好论文备份。我们都听到过很多论文丢失或资料损坏的悲剧故事，虽然重写一遍的论文往往会比第一遍好很多，但最好不要让这种悲剧发生在自己身上。谨慎备份并不会带来过多负担，不小心丢失的后果我们却很难消化。

第四，即便我们的论文写作很艰难并且需要我们全身心的投入，但还要请大家多关心他人、关注外界。这个世界并不以我为中心，更不以我的博士论文写作为中心，不要因此而对其他的一切都丧失了兴趣。我们更应时刻警觉：我的博士论文的当代性体现在哪里？它之于当下社会的意义在何处？潘诺夫斯基曾经论证过，基本上所有的人文学者都是历史学者，克罗奇则说，一切历史都是当代史。尽管我们关注的只是一些在时间之流中浮现出来的符号与讯息，但它一定带有某种当代性的关切。我们所保有的这种自觉不仅使我们能够向不同领域、不同认知水平的他者介绍自己的研究，也能帮助我们勇敢地面对一个永恒的关于意义的诘问："你的研究不错，但是那又怎样？"后一个问题的答案必然通过我们与当下世界和他人的联结才能给出。

当然，任何试图突破既有认知的探索都是非常个体化且非常孤独的，我的经历不一定能对你产生直接的帮助，但这个写作过程引发的思考还是有一定的代表性，毕竟很少有同学能够毫不感到压力地完成博士项目，如果有的话，可能也不会正在阅读这本书。而今天这篇文章的题目是"如何及时完成博士论文"，它讨论的核心只是"完成"，仅希望它能为你的博士项目起到一点托底的作用，并从一个阶段性任务的角度让我们审视博士项目中写作的使命。在这个信息爆炸的时代，如果永远只是浮光掠影地、抱着别人抛下的游泳圈漂浮在知识海洋的表面，而没有潜沉到水下去看一看少有人见的海底风光，对我们无法重来的人生而言不能不算一件憾事。所以更应珍惜读博的机缘和博士阶段比较纯粹的时间，不要轻言放弃。生活中有太多事情是我们无法左右的，但是完成博士论文，却是可以靠自己的创造力、意志力、行动力加以掌控的。祝大家都能找到自己的项目管理方法，顺利完成博士论文的写作！

面向世界　回答自我

——我是如何理解并写作博士论文的

王玉玊

2019年毕业于北京大学中文系中国当代文学专业
现就职于中国艺术研究院

◆ 如果对一条材料的使用只是为了说明一个一般大众看到这一材料时都会想到的普通结论，那就不要使用它；如果对一条材料的使用只是为了证明某一个理论的正确性，那就不要使用它；如果对一条材料的使用只是顺着材料原作者的意图，复述材料本身的内容，那就不要使用它。重要的不是材料说了什么，而是材料意味着什么，对材料的处理考验的是文本细读的基本功。

一、选题：与自己对话，与时代对话

当代文学是一个关于当下的学科，它关注的是正在进行时的文学与文学生活，是我们正身处其中的时代，是我与我的同代人共同面对的世界与人生。这是促使我选择当代文学这一研究方向开启我的博士生涯的根本信念，也是我进行博士论文选题的基础前提。相比于去追溯某一个我不曾亲身经历过的历史时段的文学样貌，我更倾向于关注最晚近、最新鲜的文学现象与文学经验，通过对这些文学现象、文学经验的理论阐释，回应当下时代，也回答我自己最深切的困惑与疑问。最终，我的博士论文选题为《编码新世界：游戏化向度的网络文学》，我在论文序言中做了这样一个题解：

> 概言之，本书最核心的研究对象既不是电子游戏，也不是网络文学，而是人的经验的变迁。相比于那些实际发生的文学事件，或许更加重要的是，人们如何理解自身与世界、如何看待文学与叙事。身为"数码原住民"的"90后"与"00后"们，对于网络社会中的后现代情景有着前代未及的自觉意识。他们对于时间与空间、真实与虚拟、行动与价值的新的感知方式形塑了游戏化向度的网络文学中的新的文学世界。（王玉玊：《编码新世界：游戏化向度的网络文学》，中国文联出版社2021年版，"序言"，第2—3页）

毋庸讳言，这本书中大量涉及的"90后"生命经验有一个至关重要的样本就是我自己，我尝试将自己生命经验中具有普遍性的部分提取出来，以理论化的方式加以表达。有意识地采用这样的方式写作博士论文无疑是有点冒险的，但我依旧认为这样的研究方法具有必要性和紧迫性：

> 网络、网络文学、青年亚文化、电子游戏、虚拟现实、二次元，

这本书中反复提到的每一个概念都已经被填充了太多的恐惧与理想。我们曾经相信网络与生俱来就是民主的和开放的，曾经以为网络文学是具有先锋实验性的超现实文学……我们斥责电子游戏等同于电子鸦片，会毁掉祖国的花朵，恐惧虚拟现实会将人类导向技术宰制的幽暗未来……

我想把这些恐惧与理想都抛开，站在离这一切最近的地方，把我看到的讲给你听，这就是我写下这本书的初衷。这或许不是一个最客观的立场，但是关于我们的生活，如果我们不去诉说，又该由谁来诉说？（王玉玊：《编码新世界：游戏化向度的网络文学》，中国文联出版社2021年版，第337—338页）

关于网络文学的研究，已经有了太多想当然的老生常谈，以现实主义文学传统为中心建立起来的一整套高度成熟的文学解释方法足以淹没一切：将网络文学等同于通俗文学的网络版，对标成长型人物批判网络文学中角色的扁平与标签化，立足于批判现实主义的文学功能论将所有幻想类的网络文学指摘为胡思乱想与怪力乱神……似乎只要祭起"太阳底下没有新鲜事"的九字真言，就能为网络文学盖棺定论。但事实真的如此吗？如果网络文学真的如此陈旧老套，它的生命力来自何方？任何理论框架都必然是一个过滤装置，因而具有暴力的特性，在其解释力无限扩张的过程中，必然将那些难以驯服之物定义为"杂质"并排除出去。因而理论框架越成熟、解释力越强，就越是趋于封闭。所谓"太阳底下没有新鲜事"有时只不过是一种无意识的视而不见：

对于深谙叙述传统的人而言，从游戏化的网络文学作品中辨识出所有习见的叙事要素是一件非常正常的事情，甚至所有被指认出来的习见要素被组合在一起之后也足以完整地解释整部作品的叙事。但真正重要的不是这些作品中存在哪些已经被命名了的东西，而是这些被命名了的东西到底是不是还活着,是不是还在按照本来的方式发挥作用,以及除了这些被命名了的东西之外,文本是否真的空无一物。(王玉玊:《编码新世界:游戏化向度的网络文学》,中国文联出版社 2021 年版,第 87 页)

我相信鲜活真切的文学经验最具有突破封闭理论框架的能量,它们向新的理论可能敞开自我,直观而又热烈。

值得庆幸的是,我的前辈老师们纵容了我的"任性妄为",给予我支持与帮助,也有年龄相仿的研究者告诉我他们在我的博士论文里看到了他们自己,感到了经验上的共鸣。我想这至少证明我并没有在自说自话吧。

李强师兄在为我的博士论文写的书评中使用"动心经验"这个原创概念概括我的这种研究方法,在"经验的历史化与'动心'的创造性"一节中,他提道:

> 对学院派来说,如果无法摆脱传统文学观念的影响,就无法认识网络文学的复杂内涵。十年前,崔宰溶认为,中国的网络文学具有独特性,但"中国的网络文学研究还触摸不到其研究对象的实际情况,理论空谈较多。"因此,他建议研究者深入现场,向网络文学实践者"学习"。但对于王玉玊这些"圈内人"来说,他们本身就在现场之中,不需要"代言人",也不需要向周围人"学习"。他们要做的,是把个人与社群的经验给历史化。[李强:《游戏,一种"动心经验"的方法论——读王玉玊〈编码新世界〉》(待发表)]

当然,"圈内"与"圈外"总是相对而言的,毕竟世界广阔、圈层复杂,每个人都必然是某一些圈子的"圈内人"。而作为亲历者的"圈内经验"从某种角度来讲,恰恰是每一位研究者都拥有的得天独厚与独一无二的优势。而在圈层内爆、共识稀缺的当代社会,或许差异化的经验叙述有着更重大的意义，因为这是人类重新达成互相理解、重新寻找共存之道的最初起点。

初次尝试进行基于个体圈层经验的文化研究的研究者常常会遇到的问题是沉迷于对圈内术语、圈内文化的炫学式呈现，而缺乏对经验的理论化，缺乏对有价值的真问题的真正关注，导致论文形似圈子科普或行业报告。老话说，一个时代有一个时代之学术，这是因为每一个时代都有每一个时代所要面临的问题，任何学科的学术研究，归根结底都朝向这个总问题。对于这一时代命题的基本判断和把握，决定了一个研究者根本的研究立场和方法。天下圈子千千万，对于论文读者而言，了解作者所熟悉的某一个圈子的种种细节并没有什么意义，读者想要了解的，是这个圈子的局部结构如何折射出社会的宏观结构，这个圈子的局部问题如何关联于时代的总体问题，与此无关的一切细节都是冗余。从更实操的角度来讲，就是要明确论文面对的核心问题，一切论述围绕核心问题展开，一切案例服务于对问题的分析。

这类研究常常存在的另一个问题是过分"圈内化"、自说自话，缺乏与读者沟通的切口。博士论文也好，任何其他的学术写作也好，其存在的根本意义在于进行可在学术共同体内流通的知识生产，也就是说，论文不仅要生产新的知识，而且其形式应该是可理解、可交流的。因而论文写作者必然需要具备一定程度的读者服务意识。对于大多数文学研究者而言，流行文化、青年亚文化、网络文学、电子游戏等都是非常陌生的领域，并且这些研究对象的研究价值也不是不证自明的，一定会有不少研究者对于这类研究存在隔膜和抵触，对相关研究是否具有学术价值抱有怀疑。特别是当前的各种网络亚文化往往倾向于创造大量的"圈内黑话"以实现圈层区隔和自我保护，这就使得这些领域显得更加内在和自我，拒绝外界的关注。学术论文的写作不是为了将其他研究者从这一领域排除出去，而是为了增进沟通和理解，因而我们势必要抱着读者友好的态度进行论文写作，尽量减少拒斥与隔膜，至少让从事严肃文学研究与文艺理论研究的专业读者能够读得懂、感兴趣。具体的实用技巧主要包括两个方面。

其一，找到一个令传统研究者感到熟悉的切入点或参照系，比如有意识地与传统的文学理论、文学思潮、严肃文学重要作品或既有的文学研究问题域对话。我的博士论文中比较常被读者提到的几个关键概念是"二次元存在主义""宏大叙事稀缺症与宏大叙事尴尬症""模组化叙事""或然性真实"。仅从字面来看就能发现，"二次元存在主义"对接的是存在主义的哲学传统，"宏大叙事稀缺症与宏大叙事尴尬症""模组化叙事"对接的是后现代情境下的现实主义叙事困境，"或然性真实"对接的是技术变革中的真实感问题，它们无一例外都既是新的文学和亚文化现象中的新问题，同时也是传统人文研究问题域中本就存在的重要议题，所以会有相对较强的"跨圈"能力。这当然不仅仅是一种"破圈"策略，还首先是我个人的研究兴趣所在。

其二，尽量避免使用不必要的"圈内黑话"，善用注释对专门词汇进行解释。当然，要在连接与断裂、深入与浅出之间找到平衡并不是一件容易的事情。为了方便读者理解，必要的科普是不可或缺的，但过多的科普又会挤占深入阐释的空间，对于这两个方面的协调把握需要反复尝试与练习。我博士论文的第一章"从桌上游戏到电子游戏"在开题报告及预答辩稿中名为"电子游戏与网络文学"，原本只梳理电子游戏对网络文学的直接影响，并对全书内容做一个概括说明。但在预答辩之后，我根据导师的意见对这一章做了较大的改动，增加了电子游戏简史，并较为详细地介绍了对于网络文学影响较大的几种游戏类型和相关的游戏术语。对于完全不了解电子游戏的读者而言，这样的开篇或许可以提供一个更好的起点，帮助他们进入我所讨论的对象。但是相对的，对于具有电子游戏经验的读者而言，这一章就显得过于基础和琐碎，缺乏足够的信息量，不够好看。当然，即使是这个介绍性的章节，我也并没有止于科普，而是尽可能地带着问题讲故事，以我的论文框架重新组织、阐释诸游戏术语，以及它们在网络文学中的变形，使之系统化，并初步理论化。在博士论文成书出版的过程中，我再一次对这一章进行了较大改动，删除了大多数电子游戏史的相关内容。这是因为我们实际上很难类比于文学的演进方式去描述电子游戏的历史，目前已有的写作电子游戏史的尝试，实际上往往是电子游戏设备史、电子游戏公司史，或某一专门电子游戏类型的历史，而与我论题最相关的电子游戏叙事问题，则似乎难以进行线性的历史归纳。也就是说，我在初版博士论文中写的电子游戏设备史实际上与我的论文主题毫无关系，属于冗余科普，它只是迁就于文学学科的研究惯例而被强行牵扯进来的。在正式出版的图书中，我还按照编辑的建议增加了一个英文缩略词表作为全书附录，在这个附表中对"ACG"（"Animetion""Comic""Game"的首字母缩写，是日本动画、漫画、游戏产业链在中国的简称）、"RPG"（"Roll-playing game"，角色扮演游戏）等书中出现的英文缩略词进行解释，以方便读者查阅。

我的博士论文最终采取的处理方式或许也并非最理想的，在此举例也不过是为了提供一个可资检讨的案例，以提示问题的客观存在和解决问题的各种优劣不一的可能方案。

二、写作：技艺与劳作

2019年2月18日，我完成了博士论文《编码新世界：游戏化向度的网络文学》的写作，全文约25万字，随后进行了两次校对，至3月30日定稿，此时距离6月5日论文答辩还有两个多月。这意味着我可以在这两个月中专注于毕业手续与求职，并且策划一次从容而快乐的毕业旅行。考虑到毕业季必须要保持一个比较好的心情去应对各种各样繁复的填表任务，求职过程中也有可能出现各种各样的突发状况，因而尽早写完博士论文应该是百利而无一害的。

作为五年制的直博生，我在2017年3月10日，也就是博士二年级的春季学期完成了开题，但直到次年3月左右才正式开始规律地写作博士论文。到 2018 年 12 月 21 日预答辩，我一共写了 16 万字，完成了论文主体部分的三分之二，并在随后的将近两个月中完成了剩下的 8 万字。为了保持写博士论文的"仪式感"，我只在全天都没有任何其他事情的日子写博士论文，所谓的"事情"包括但不限于上课、社交、旅游、看电影、求职、写其他单篇论文或评论、办理各类手续。在这些充满"仪式感"的只用来写论文的日子里，我每天能够写作 2000—6000 字，整个写作过程是比较从容的。

连载网络文学作品的商业文学网站往往会有"全勤奖"这一作者奖励机制，以创世中文网为例，签约作者每天更新 6000 字以上，持续更新一个月不断更，就可以获得数百元的全勤奖，此外，作品能否获得推荐位也与全勤与否挂钩，因而"日更 6000 字"实际上成为创世中文网对一般签约作者的最低要求（不同网站对全勤的要求有所区别）。据说网络文学知名作家唐家三少 10 余年间坚持日更 8000 字不断更，按照唐家三少自己的说法，他两个半小时可以写一万多字。要是用唐家三少的速度写博士论文，那只需要一个月就足可完成。

当然，论文不是小说，更何况唐家三少的写作速度即使放在网络文学作家圈子里，也是顶尖的。但网络文学日更连载的机制，以及这一机制下作者的写作状态却能给我们启示：无论是论文写作还是小说创作，都不仅仅是智识活动，不仅仅是创造力的挥洒，它同时还必然是持之以恒的劳作，必然包含着需要反复锻炼、熟能生巧的技艺或者说技术——毕竟，不管是现代论文还是长篇小说，都是资产阶级"工作文化"的造物。

为了尽量顺利、高效地完成博士论文写作，或许这样一些技术性手段是值得尝试的。

首先是常常会在博士论文写作方法分享中提到的一些简单有效且易于实施的方法，比如尽早动笔，制订有弹性、有余量的写作计划，以及养成规律的写作作息，以大致相同的节奏每日写作。由于没有写过硕士学位论文，我着手开始写博士论文的时候是有一些畏难情绪的，总觉得还有很多材料没有看、很多理论没有读，迟迟不愿动手，这也是我开题之后的一年里几乎没有动笔的原因之一。但"万事开头难"至少对于写博士论文而言是一个颠扑不破的真理，材料和理论是读不完的，越是迟迟不着手，越是难以下笔。总之要下定决心先写起来，再配合写作进度，一边写一边进行阅读和研究，如此进行一段时间，就不会再觉得写作博士论文是一个浩大艰巨而难以完成的工程了，写作会变得顺畅而快乐。

其次是尽早决定选题方向。博士研究生入学后要先经过中期考试，成为博士候选人，然后才能参加博士论文开题，但这不意味着必须要等到中期考试之后再开始思考自己的博士论文选题。最高效的方式是尽早决定选题方向，以期让整个博士学习阶段都有针对性地服务于博士论文的撰写。我从大四下学期开始接触网络文学研究，在确定博士生导师之后就基本明确了要做这个方向的博士论文。在网络文学研究的各个面向中，我首先排除了文学史与生产机制研究，这确实是我缺乏兴趣也不太擅长的领域。从兴趣的角度讲，我之所以选择当代文学这一方向，就是为了做当代文学的前沿研究，去触及、把握最具有当下性的文学动向与社会情境；从能力的角度讲，我的长处在于文本分析与理论阐释，而非社会调研或史料考据，将兴趣与能力结合起来，我当时找到的两个备选研究路径是从女性主义角度切入女性向网络文学研究，以及从后现代主义角度切入21世纪第二个10年网络文学的最新动向。2015年下半年到2016年年初，我参与评选并撰写了《2015中国年度网络文学》，其中《从前有座灵剑山》的评论为我主笔：

> 2010年左右起，一批深受"二次元"文化影响的网文作者开始有意识地创作包含"二次元"要素、模仿轻小说风格的网络文学作品，吐槽——这一"二次元"化的叙事手段也由此而为网络文学所吸收……《灵剑山》就在吐槽之中变成了一个由各种极端戏剧化却又极端缺乏意义的槽点拼合而成的庞大杂乱的世界。这是对故事世界

与现实世界的双重消解——既在故事层面完成了一种后现代式的碎片化叙事，又成了当前这个多层媒体折射之下，信息爆棚、多元碎裂的现实世界的一种镜像。［邵燕君、庄庸主编：《2015中国年度网络文学（男频卷）》，漓江出版社2016年版，第87—88页］

另外还有一部入选作品是《异常生物见闻录》，评论由王恺文执笔：

《异常生物见闻录》可以被定义为一部"二次元硬科幻"作品。它将中国传统科幻的"宏大叙事"传统安放在令网络读者舒适的安全距离上，让在"后启蒙"时期长大的网络一代于卖萌与吐槽中观赏文明的悲欢兴亡。［邵燕君、庄庸主编：《2015中国年度网络文学（男频卷）》，漓江出版社2016年版，第114页］

以这两部作品为代表，在这一年的年选中，"二次元"与"宏大叙事"成了评论高频词，这一趋势在接下来的几年间越发明显，《2016中国年度网络文学》的导言名为《"古典时代"迈向"巅峰"，"二次元"展开"新纪元"——2016年度中国网络文学新趋向》[参见邵燕君、吉云飞、肖映萱《导言："古典时代"迈向"巅峰"，"二次元"展开"新纪元"——2016中国网络文学新趋向》，载邵燕君主编《2016中国年度网络文学（女频卷）》，漓江出版社2017年版，第1页]，在标题中直接出现了"二次元"一词用以描述网络文学的新趋向，在这一年的年榜中还出现了《惊悚乐园》与《末日乐园》两部典型的无限流作品，标志着这一类型真正流行起来。这样一些与此前的网络文学作品有明显区别的、明显吸收了日本"ACGN"（"Animation""Comic""Game""Norel"的首字终缩写）文化特质、对于电子游戏叙事程式的借鉴从升级制转向副本制、人设明显"萌要素"化、高度幻想的世界设定异常丰富、往往融合"吐槽""玩梗"等语言风格的网络文学作品引起了我的兴趣，它们与传统的"现实主义"小说有着根本的差异，因而具有很大的理论阐释空间，又与我的审美偏好高度契合。尽管在当时，我们对于这种创作趋向究竟应该被称为"二次元转向""数据库化"还是"游戏化"存在不同意见〔最终我在博士论文里使用的概念是"基于（数码）人工环境的网络文学的自觉化与自我实现"，也即不将这一潮流视为网络文学的"转向"，而视为网络文学受其媒介属性与文化基因影响而先天具有的"基于（数码人工环境）的创作趋向"在21世纪第二个10年由隐至显的自觉化过程，而这一结论是在论文基本完成时才最终做出的〕，但我已经基本确定这样一批作品将是我的博士论文讨论的核心文本。显然，这批核心文本更接近于我初期选题设想中的"后现代主义"面向。放弃"女性主义"这一选题还有一个更加现实的原因是，当时也已经基本确定要进行网络文学研究的几位师姐都更倾向于"女性主义"的议题。网络文学研究是一个比较新的研究领域，尚有很多空白有待填补，与其大家扎堆做"女性主义"，不如换一个当时同样几乎尚无成熟研究专著出版的路径，打开自己的研究天地。

心理学上有一种现象叫作"孕妇效应"，就像是怀孕的人更容易发现孕妇一样，人们往往因为自己具有某种偶然因素，而对这一因素格外关注，以至于将这一因素错认为是普遍现象。一旦对博士论文选题有了大致的想法，类似的现象就会出现，无论是上课听讲、读理论还是读小说，甚至平时生活中浏览社交媒体，都会下意识地关注其中与选题可能相关的内容，不断积累材料、增进思考，逐步形成论文的核心观点和主体框架。

最后一条技巧是对我的博士论文写作有很大帮助的邵燕君老师教给我的：在正式动笔开始写博士论文之前，可以先写几篇与博士论文主题相关的一两万字的单篇论文。这样的写作训练可以帮助自己厘清博士论文的核心问题点，以及基本的论证逻辑，单篇论文理得顺、讲得通，博士论文的写作就不至于遇到需要推倒重来的严重问题，而且这些单篇论文也可以在修改后转化为博士论文中若干章节的主体部分。

我的博士论文除绪论与结语外，共分为三个部分，分别为第一部分

"把虚拟现实游戏写进小说",第二部分"副本、支线与再造世界:以游戏经验结构叙事",第三部分"平行世界狂想曲"。第一部分是偏于实证的电子游戏对网络文学的影响研究,在着手写这一部分之前,我完成了一篇名为《虚拟现实:真实感与想象力》的论文[后于2020年发表于《广州大学学报(社会科学版)》],在文章中梳理了虚拟现实游戏题材的代表性文艺作品,以及这些作品之中核心主题与价值判断的变迁。论文的核心论点是,相比于实际存在的虚拟现实技术而言,人们对于虚拟现实技术的畅想所带来的对于"再造世界"的新的想象力更早也更有力地动摇着当代人的真实感,动摇着"真"与"假"的边界,以及这种关于"真实"的想象力变迁深刻影响了游戏化向度的网络文学创作。这一核心论点也成了我的博士论文第一部分的最终落脚点。

第二部分和第三部分是我的博士论文的主体部分。第二部分以"模组化"和"数据库"这两个核心概念解释游戏化向度的网络文学区别于传统"现实主义"的叙事程式,主要借用了东浩纪"游戏性写实主义"的理论思路;第三部分则从游戏化向度的网络文学的题材想象力,以及其对时间、空间的新的想象方式和组织方式出发,揭示其中体现出来的"90后""00后"深具游戏经验的一代人新的生命经验、人生困境与生存哲学。与这两部分相对应,我在着手写作前分别完成了《以游戏经验重审现实:游戏化的网络文学——以颜凉雨〈鬼服兵团〉为例》(《文艺理论与批评》2017年第5期)和《"选择服从"与"选择相信"——"二次元存在主义"的内涵与实践》(《文艺理论与批评》2018年第4期)两篇文章,这两篇文章后来分别构成了我的博士论文第二部分第六章"数值化与数据库"和第三部分第十二章"游戏、文学与二次元存在主义"的主体部分。

这几篇论文都得到了周围师长、朋友们的正面反馈,由此,我就对自己有了信心,相信我的博士论文的整体方向是正确的、可做的,也相信我自己一定可以完成它。

三、知识生产：材料与理论都是工具

按时完成一篇字数达标、符合学术规范的博士论文只是最低要求，更高的要求在于创新，博士论文要有学术推进，依托于搜集到的理论与材料，提供具有合理性与启发性的新观点。既然要写论文，总该有点语不惊人死不休之论是志向。

当代文学专业的核心研究对象是文学作品而非文学理论，因而无论是多么著名的理论，对于研究者而言都不过是工具，可以帮助研究者分析材料、启发思考，但绝不能代替研究结论。如果某项研究只是在为某个理论的有效性提供证明，那这绝不是好的研究，要与理论平等地对话，要反驳它、改造它、发展它。

正如理论不过是工具一样，材料——无论是文学作品还是广义的文本——也无非是工具。作为研究的主导者，论文写作者既不能被理论带着走，也不能扎进材料里出不来。如何充分而且高效地利用材料？归根结底的原则依旧是牢牢把握论文的核心问题这一抓手，一切材料的运用都要服务于论文核心问题的解决。

做流行文化／文艺、亚文化研究最快乐的一点是，可以以学术研究之名光明正大地"摸鱼"。不管是看网络小说、玩游戏还是刷微博，都可以成为我的研究的组成部分。但这必然带来的一个问题是，可供使用的材料五花八门、浩如烟海，且还在不断产生。躺在床上刷微博时忽然刷到一条堪称完美的语料，大概是所有做文化研究的学者都曾经历过的惊喜时刻，只要在日常生活中时时带着一个研究者的视角，那么可用的材料其实俯拾皆是。按照我的经验来讲，对于材料的择选其实无须过于纠结，因为既然论文提出的问题是真问题，那么触手可及的材料就应该全都或多或少与之相关。真正关键的是对材料的阐释。

如果对一条材料的使用只是为了说明一个一般大众看到这一材料时都会想到的普通结论，那就不要使用它；如果对一条材料的使用只是为了证明某一个理论的正确性，那就不要使用它；如果对一条材料的使用只是顺着材料原作者的意图，复述材料本身的内容，那就不要使用它。重要的不是材料说了什么，而是材料意味着什么，对材料的处理，考验的是文本细读的基本功。

我在博士论文第十一章"羁绊：重建想象的共同体"中运用大量流行文艺作品阐述一种在当前流行文化中普遍存在，又区别于传统的亲情、爱情、友情的情感叙事类别——羁绊。论述开始于这样一个作品细节：日本漫画《无间双龙》中的两位主人公间有着对彼此绝对信任、足以托付生死的强烈情感，在故事中，他们反复将对方称为自己的"家人"，以指称这种情感。但两位主人公均在孤儿院中长大，其中一个还曾遭受亲生父母的暴力虐待，他们都没有真正的亲人，而且所谓血浓于水、源于天性的亲情恰恰在他们自身的童年经历中被证明不过是虚假神话。类似的情节与人物关系同样出现在不少其他文艺作品之中，因而这大概并非作者有意为之的设计，而是某种新的、正在崛起的情感叙事类型引发的下意识书写。正是因为这一情感叙事类型尚缺乏一个稳定的命名，它才不得不假借亲情之名以自称，但恰恰是故事中对于亲情神话的事先解构，显影了这种新的情感叙事类型的存在。从这样一个逻辑起点出发检视当前流行文艺中的情感叙事，就会发现如此冒领亲情、爱情、友情之名，实际上不依赖于任何具体、现实的社会关系，如同宿命般具有强制性、高强度的高度设定化的情感关系是如此普遍，按照新海诚的动画电影《你的名字。》中的命名，我将之统称为"羁绊"。接下来我将要回答的问题是，这种情感叙事类型为何能在今天唤起如此强烈的情感共鸣，它所具有的现实基础又是什么。论文的具体内容我不再赘述，举这个例子只是想要说明，当我使用《无间双龙》这个作品作为论文材料时，既不需要对剧情进行完整的复述，也不需要评析作品的优劣好坏，对于我的论证而言，这部作品中只有一个桥段是有意义的，而且其意义也无关于作者的主观创作意愿或它如何服务故事本身。那么我的论述就只需要截取这一桥段，按照我使用它的方式有针对性地进行叙述即可,如此一来,我的叙述实际上已经内含了观点,因而更加高效。

传统上,我们常常将文学的生成、接受过程,描述为作者、作品、读者的三项互动关系。对于网络文学而言,作者、作品、读者的三项划分当然仍旧可以发挥作用,但却不免遮蔽掉网络文学本身的重要特征——网络文学总是基于一个具有相当文化共识的亚文化圈进行创作和共享,这就意味着网络文学的作者与读者共同生存于一个亚文化圈之中,共同享有网络文学的生产、消费和传播的整个过程,甚至网络文学文本的生产也只是整个亚文化圈交流运行中的一个环节。在这样的条件之下,单独强调作者的个人创作或读者的单向接受是没有意义的,对于网络文学文本的研究必须同时连接对于产生这一文本的整个亚文化圈的生态研究。以"设定"这一网络文学中的常用概念为例,在网络文学文本内部,"设定"是整个文本世界的先在规则,是必须无条件接受之物,所有的故事在这一规则的基础上产生;而在文本外部,"设定"则意味着作者与读者的共识,即我们皆知这一设定为假(准确地说是在现实世界中不存在或行不通),但我们决定在文本内部将其体验为真。这就意味着,如果不去体察文本所处亚文化圈的生态与共识,就无法理解所谓"设定"究竟是怎么一回事。

基于这样的看法,我在博士论文中尝试进行文本内外的参照研究,具体而言,论文的第二部分和第三部分都按照由文本内部研究逐步扩展至文本外部的亚文化社群研究的思路进行组织,在第二部分的最后一章,也即全文第九章"生成故事的系统与生成系统的系统:作为游戏的网络文学创作",以专章对《剑侠情缘网络版叁》游戏同人社群进行观察分析,在第三部分的最后两章,也即全文第十一章"羁绊:重建想象的共同体"和第十二章"游戏、文学与二次元存在主义"中使用了大量与游戏、动漫、真人偶像"粉丝"社群相关的弹幕和微博发言。

在第十二章中,我引用了被真人偶像"粉丝"圈反复使用的箴言——"饭圈"有三忌:真情实感、倾家荡产、啥事都管,恰到好处的排比和押韵。我喜欢使用这样的微博小段子，是因为它们在被反复使用、提炼的过程中变得高度凝练有概括力，越是具有生命力的话语往往越与某一个亚文化圈最核心的结构和运行机制密切相关。直观来看，这"三忌"是真人偶像"粉丝"圈对于圈内存在的一些非理性现象的反思，但这显然是一个大多数人看到这条语料后都能直接得出的结论，因而不是一篇论文应该讨论的话题。这条语料的有趣之处在于，"倾家荡产"与"啥事都管"都是与程度有关的劝诫。忌"倾家荡产"意味着花钱可以，但不能花太多，"啥事都管"意味着该管的要管，不该管的别管。但"真情实感"却与程度无关，而与真假相关。问题在于，追星的人总归要在偶像明星身上寄托某些真实的情感，否则就不会成为"粉丝"，也不可能在追星这件事上感受到快乐。追星必然"真情实感"，但追星又忌"真情实感"，这是否矛盾？答案或许就在我前文提到的"设定"这一概念之中，偶像明星的"设定"就是"人设"。正如读者能够在高度设定化的文学作品中体验高强度的情感羁绊，而同时保持自身的理智冷静，无时无刻不意识到这一切不过是"设定"而已，一些"粉丝"也可以一边在"人设"的意义上"真情实感"，一边心知肚明那不过是个"人设"而已。真人偶像"粉丝"圈常常把"真情实感"写作拼音首字母缩写的"zqsg"，或者把"是真的"缩写为"szd"，汉字写法与首字母缩写之间存在微妙的语义差异，分别对应于现实的与"设定"的这两个不同层面上的"真"。在这样的分析中，我并没有停留于对"'饭圈'三忌"的表层含义的解释，而是希望透过语词符号，揭示其中暗含的真人偶像"粉丝"圈的底层逻辑。当然，整个分析不可能只建基于这样一条语料，或者说这条语料不过是我论述的一个切入口而已。在"真情实感"这个词上，我追究的不是它的表层含义，而是显影于其上的偏移与裂隙，这其实也不过是对新批评的文本细读方法的一次简单实操，但却能够有效地带来材料阐释的新空间。

　　博士论文的写作对于任何人而言都是一个挑战，需要付出长期的努力才能完成。但同时，写博士论文也是一个快乐而充满成就感的过程，毕竟人生中能够完全心无旁骛地沉浸于逻辑推演与观点表达、沉浸于思考与创造的时间也并不太多。无须将博士论文想得太过沉重，它归根结底是属于你自己的，选一个自己真正感兴趣、真正感到有价值的题目，开心、尽兴地挥洒与表达吧，为自己的博士生涯画上一个让自己没有遗憾的句号。

博论的三个浪头

汪尧翀

2016 年毕业于北京师范大学文学院文艺学专业
现就职于中国社会科学院

◆ 就一位思想家发问，我们真正听见的不过是自己抛掷向这面思想之墙而折返的回音。同时，一个问题是否能够代表一个人的思想，一个人的思想是否能够代表他所嵌入的那个时代，又必须回到其思想的同时代语境中去加以确认。

我很喜欢苏格拉底在《理想国》第五卷中所作的"三个浪头"比喻，因问题的疑难程度似"一浪高过一浪"。若将之挪至我写作博士论文的体验上，大体贴切，但也不妨稍做修正。若以三个浪头对应三个阶段，则分别是前（思考及选题）、中（文献及写作）、后（后续研究至今的阶段）三期。前两个浪头硬着头皮也要想方设法跃过，最后这个浪头眼下则跃无可跃，只能"随波逐流"。

一

每篇博士论文都不免有段漫长的"前期"。从大方向上早已迈出去那一步，尽管不知道这一步最终会踏在何处。从硕士阶段起，我便一直对德国古典哲学及其后的思想发展感兴趣，囫囵吞枣念了些书，最吸引人的当然是（几乎念不懂的）海德格尔。"读罢"海德格尔，总算也知道西方现代思想致力于反思现代性危机，寻求现代性的出路。海德格尔诱发的"政治哲学"方案曾强烈吸引了我，虽然对之浅尝辄止，但也意识到战后德国乃至欧美思想界确有认真回应（清算）海德格尔的思想事件，尽管各有各的讲法。我一鼓作气——多半是年少激情作祟——写完硕士论文，讨论黑格尔之后经尼采到海德格尔越发激进的德国历史主义问题，想看看这场大戏究竟是何结局。因为很难越过专业的界限，讨论仅限于"艺术"与"真理"之关系。我当时认为即便"诗与哲学之争"不是最终答案，也是最有力的答案之一。答辩时，担任答辩主席的四川大学文学与新闻学院的吴兴明教授对我倍加鼓励与关爱，但也抛给我一个尖锐的问题：就我们的现实与思想语境而言，现代性叙事的危机与出路真的就只有这么一种可能性吗？那是2011年的夏天，我自然无从解答这个问题，但自此一直受惠于提问者犀利敏锐的思想和慷慨博大的性情。

几乎"怀揣着"这个问题，我考入北京师范大学，跟随曹卫东教授读博。彼时北师大的博士学制仍只有三年，通常第二年博士论文开题。博士一年级的时候，曹老师为研究生开了一门专业课——"情感现象学"，花了整学期，专门透视"情感"概念在现代思想史中扮演的重要角色，囊括阿伦特、舍勒、卢曼、吉登斯、伊鲁兹等风格迥异的思想家。这门课示范了如何以一个关键概念串联起思想史不同阶段的发展。正是在这门课上，我最初体验到了德国战后思想史的复杂性，萌生了讨论"主体性"问题的兴趣。与此同时，在曹老师的严格指导下，《德国学术》杂志也紧锣密鼓地筹划和出版，我和诸位同门一道，尝试厘清20世纪德国保守主义思想史的基本脉络。当时门内每周召开一次读书会，一学期指定一个文本，大家轮流汇报，唇枪舌剑，相互砥砺。最紧要的事还是"半路出家"，开始艰难的、每日打卡式的德语学习，既迫于进一步从事研究的需要，也为后一年申请公派去德国做准备。上述这些极重要的"前期"工作，也是基本的学术训练，构成了我论文选题时的重要参考，也让我受惠至今。我当时虽然对自己有能力切中哪一个具体问题茫然不知，但逐步养成了一种文献感觉：至少在一个或数个相关的特定论域内，所有问题皆彼此关联，如同密集并列的星丛一样显现。如果存在着一个可称之为"思想史研究"的领域，一定是座迷宫或布满了交叉小径的花园。虽然，模模糊糊的直觉距离条分缕析的表述还差老远。但毕竟，开启任何一项系统性专项研究，在很大程度上需要凭靠直觉找到切入点，好比找到某个大花园曲径通幽的入口。

然而，大方向上的"踌躇满志"也阻止不了我在选题上的颠覆。我原本打算考察"主体间性"这一关键概念从胡塞尔晚期作品到哈贝马斯的演化历程，旨在批评以"主体性"为基础的现代性方案难以避免"审美主义"的危机。依赖自我反思的理性借助审美经验这一"他者"进行自我批判，破除主客关系所导致的工具理性危机之际，也必然付出审美主义的代价：审美经验作为批判认知及实践领域中起支配作用的日常理性的尺度，从根本上说又是主体彻底脱离日常生活语境的一种"失范"，无法据以设想个体乃至社会的常态。"主体间性"概念恰恰试图矫正和克服主体哲学，后者正是审美主义的哲学支撑。如果沿着此思路继续，"破"后当"立"，那么，审美主义的替代性选择之于审美领域究竟又会呈现出何种形态呢？宏阔的论题往往令人兴奋又疲惫，兴奋是画下了大饼，疲惫是不知如何充饥。这座思想史的庞大迷宫，根本还没有入口。我把选题计划告诉导师，他没有否定我的兴趣，但严肃地提了两个要求：一是论域不宜铺得太开，须集中于哈贝马斯；二是字数不宜太多，限制在10万字左右。这两个要求令问题彻底集中为了一个：面对哈贝马斯，我要提出一个怎样与我自身相关切的问题？

如今回想选题阶段，实际上是一个做减法兼及做加法的过程。首先，做减法看似不过是老生常谈，但切口确实越小越好。面对一整段思想史，我们真正所能详细言说的，归根结底只是若干概念。就一位思想家发问，我们真正听见的不过是自己抛掷向这面思想之墙而折返的回音。同时，一个问题是否能够代表一个人的思想，一个人的思想是否能够代表他所嵌入的那个时代，又必须回到其思想的同时代语境中去加以确认。因此，问题提得越精准，上述工作才会越具有可操作性。其次，做减法不是抛弃"多余的"问题，实际上是另一种形式的做加法，即使之成为选中问题的背景。问题的切口要求果断简洁，但其背景实际上是无限冗长且极尽繁复的。我甚至认为，恰恰是背景的冗长和繁复，决定了问题本身的价值和深度。这有点儿像冰山理论，毕竟学术史或知识史客观上是尚未被探索过的广大领域，在文献历程中哪怕只是匆匆一瞥的信息痕迹，也完好无损地保留在这片有待唤醒的领域深处。学术研究的乐趣之一，就是不断地探索这片领域，因为它乃真正的无用之域，却又是用以支撑我们必然有限之视域的真实躯体。

我继续琢磨选题，同时申请到了国家留学基金管理委员会的公派资格，去德国海德堡大学哲学系进行为期一年的联合培养。但凡读过德国著名文化批评家桑巴特的《海德堡岁月》和学者金耀基的《海德堡语丝》这两本小书的人，难免不对这座小城生出向往。自从冯至先生将

"Heidelberg"译为闻名遐迩的"海岱山",这个地名甚至在中文语境也别有了一番文化风味。当然,我选择海德堡大学哲学系也与对博士论文的设想不无关系。

为了弄清哈贝马斯思想的基本脉络,我当时从《后形而上学思想》这本书入手。这本书篇幅虽小,但实在厚重:一来哈贝马斯涉猎太广,不仅包括德国古典哲学传统及其当代发展,而且也囊括了西方其他主要思潮,尤其是英美语言分析哲学传统;二来哈贝马斯善于综合不同思潮的核心观点为己所用,论辩风格鲜明。这种"对话"风格常常迫使读者必须从对话双方的视角去考虑问题,卷入辩论。我最感兴趣的是《后形而上学思想》的开篇和附录,这两个文本都是哈贝马斯与另一位德国学者迪特·亨利希的论辩,双方各执"后形而上学思想"立场与沿袭德国古典哲学传统的"形而上学"立场。国内恰好出版了一本亨利希在哈佛大学讲演文集的中译本《在康德与黑格尔之间》,读罢方知他是德国现代思想史研究的大家,对德国观念论史提出了新的解释。亨利希执教于海德堡大学之际,哈贝马斯正因与霍克海默的矛盾暂别法兰克福,经伽达默尔引入海德堡大学哲学系。20世纪六七十年代的海德堡大学,不仅是德国观念论研究的大本营,而且是德国最早引入英美分析哲学的前沿阵地。海德堡大学彼时群星璀璨,会聚了一大批德国战后最顶尖的思想家和学者。哈贝马斯的思想在此期间也获得极重要的发展,写出了《作为意识形态的科学与技术》、《认知与关切》(*Erkenntris und Interesse*)、《论社会科学的逻辑》等著述,尤见出他对德国当代哲学思潮的批判性吸收。心里存着这么一段思想史故事,我兴致勃勃地去了海德堡大学。

二

海德堡是令人流连忘返的风景名胜。内卡河静静流经老桥,站在桥上即可眺望半山腰的城堡。日落时分,空气清透,霞光熠熠,城堡前的露台更是美不胜收。城堡普法战争时虽被焚毁部分，但仍大体完好，俯视着老城鳞次栉比的红屋顶，哲学系小楼的一方天地便坐落于这片建筑群之中，紧邻着大学广场。系楼前也有一大片空地，正对着著名的海德堡大学图书馆。图书馆已是普吕克街尽头，出门右转，走不了几步便是雅斯贝尔斯曾经的寓所，若沿街前行，经过黑格尔暂居过的故址，走到尽头便是俾斯麦广场——公交车和轻轨主要的换乘站。伽达默尔曾记述自己抵达海德堡履新那天，已是深夜，便在俾斯麦广场长椅上睡至天明，被警察叫醒之后，才穿过普吕克街去哲学系报到。普吕克街和主街平行，构成了老城的两条主要街道。主街是老城最重要的商业步行街，两旁皆是橱窗连锁商店、餐馆以及冰激凌店，灯火通明，周末及节日更是热闹非凡。从俾斯麦广场换乘或步行十几分钟，便可到我一直租住的公寓。

　　这条路线是我日常的脚程，但后来很快受困于腰肌劳损，徒步的时间也越来越长。我所住紧挨老城的西城区指环街（Ringstraße），门外隔个街区便是山。海德堡本是山城，老城譬如尖矛头，自西向东直插入内卡河谷、三山腹地。这三座山，南岸的帆索山（Geiberg）与王座山（Königstuhl）毗邻，北岸的圣山（Heilgenberg）则隔内卡河与前两者相望。名气大得使"海岱山"易名的城堡，便伏在王座山的半山腰。"哲学家小径"则蜿蜒圣山半山腰，每日游人满山。帆索山相较无名，但从它一路往东，可徒步到城堡，沿途还设有一个露天观景台，正对着海大图书馆，位置极佳，上驻寂静山林，下有繁华市集，后来也成为我偏爱的路线。如果一路往西，走上两三个小时，则可抵达罗巴赫（Rohrbach）区，沿途会绕过韦伯沉睡的老墓园，适合周日去练脚力。日常每逢腰肌酸疼，便不再伏案，径上帆索山，走城堡之路，盘山而下。四季之间，若逢黄昏便在城堡露台上看极美的落日熔金，若逢雨雪便转到海德堡大学图书馆旁边的咖啡店，喝热咖啡，吃芝士蛋糕，然后去对面的旧书店淘书。

　　游赏风光固然轻松愉快，但体验文化生活却不那么简单。我第一次走进外导办公室，颇为紧张。外导安东·科赫教授高高瘦瘦，有着一双非常大的明亮眼睛，一双颇像《指环王》中精灵的尖尖耳朵，十分和蔼。我拿出准备好的笔记，陈述此番想做的工作，每逢停顿之处，他总微笑着用眼神鼓励我。但谈及"主体间性"范式应替代"主体性"范式这一论点时，他严肃起来，仔细询问其中的理据，转而起身从书架上抽出两本戴维森的书，推介给我。此前从未接触过分析哲学的我，完全摸不着头脑，于是除了定期硬着头皮参加教授研讨班（seminar）之外，开始艰难地啃起哈贝马斯与亨利希的论战文献。最初阅读德文文献真是时时要放弃，所幸周遭并无任何可看的中文书籍，只能反复和这些文献"耳鬓厮磨，纠缠不休"，直到大半年之后，我才渐渐有了些许亲近的感觉。

我又混迹于哲学系另一位助理教授的心灵哲学读书班。读书班虽非正式，但也坚持每周一次，读物是金在权（Jaegwon Kim）的《心灵哲学导论》(*Philosophy of Mind*)，且念完之后，必去主街上几成固定聚会地点的咖啡馆喝啤酒吃蛋糕。不难想见，我至今仍是这些学问理所当然的门外汉，但却帮助我接触了更多的当代西方哲学的基本氛围和问题。后来我才恍然大悟，我所体验的正好比哈贝马斯当年"语言学转向"氛围：以融合为导向，语言分析哲学激发了对基于观念论框架的主体哲学的克服。哈贝马斯与亨利希对垒的关键，在于后者试图于分析哲学所支配的当代哲学语境之中重新恢复德国观念论遗产的思想效力，从后康德观念论史中系统性地重构出一种能够摆脱工具理性困境的主体理论，因此，亨利希的关注点除了康德和黑格尔，也聚焦于费希特及早期浪漫派；相反，哈贝马斯则力主彻底放弃主体理论框架，这样，依据内省的内部视角便被可以依据符号互动进行分析的外部视角取代。包括亨利希、哈贝马斯在内的许多同时代著名学者，不仅受惠于而且极大贡献于这股从碰撞到融合的时代思想潮流，试图跨越欧陆哲学与英美分析哲学之间的鸿沟。

一旦触及美学问题，上述理路就会变得越发复杂和模糊。如果按照传统做法，首先得在哈贝马斯全部作品中索引出"美学"或"艺术"相关材料，仿佛它们是久已存在的化石，能通过地层勘探逐步显露全貌。然而，若想从材料中推论出哈贝马斯的美学观念，还必须追溯两个明确的理论背景，一是法兰克福学派美学理论传统的基本面貌，二是西方现代艺术史的大致演化。前者主要以阿多诺的美学理论为代表，构成哈贝马斯理性批判的一个重要对象，但在此阶段，只能暂时通过二手文献讨论的方式进入论文。后者则主要涉及现代主义的演化，尤其凝缩为"现代主义"与"先锋派"这一对颇具争议的艺术史描述。我当时也正涉足德国表现主义运动的研究，还算是兼顾了德国现代艺术的起点。不过，我对上述传统做法始终存有疑惑，但暂且没有办法很好地处理理论范式转型和艺术史具体经验之间的关系。即便哈贝马斯已在那篇举世闻名的《现代性———一项未完成的方案》论文中旗帜鲜明地反对"先锋派艺术"，但是否意味着他秉持一种支持非—先锋派艺术的立场呢？想要解决这些令人困惑的问题，并非百日之功，姑且抛开不谈，毕竟一个此时此刻身处欧洲的人，又正煞有介事地研究一点涉及艺术史的问题，最好的选择便是去博物馆。

我仿佛获得了无比正当的理由，开始了一通漫游。既然要得到关于德国表现主义运动的亲知，怎么能不去慕尼黑、柏林以及德累斯顿等德国表现主义者当年活跃的重镇；既然要了解奥地利"分离派"的故事，怎么能错过维也纳，何况艺术史博物馆陈列着贡布里希《艺术的故事》中提及的大量作品；既然要认识作为西方艺术史转折的印象派，巴黎就是不得不去的城市，奥赛、橘园博物馆，还有卢浮宫和乔治·蓬皮杜国家艺术和文化中心，哪怕不过走马观花；既然如此，又怎么能撇开文艺复兴，错过去意大利的旅行呢？我受热情驱使，最后囊中羞涩地回到了海德堡。数趟旅行下来，我加倍地意识到寻找问题切口的重要性，那座无用的冰山实在过于庞大，姑且继续让它藏身于热情的海洋之下好了。这个时候，离我到海德堡已经大半年，夏天已经来临，秋末我便要启程回国。我也不再远游，除了念文献，几乎每日爬山，再偶尔坐着轻轨电车去寻访内卡河沿岸的小镇。内卡河沿途风光绮丽，低伏绵延的山脉上多建有古堡，历史上以艾辛多夫等为代表的海德堡浪漫派便曾于此活动，透纳等大画家也曾来此写生。这种日子，恰好把欧游所体验到的某种壮丽与个体心灵的焦虑融合在了一起。

说来惭愧，真正的问题意识来临时，更接近于某种"顿悟"，灵光一闪。终于有一日我突然想到，既然哈贝马斯从未以"美学家"面目示人——譬如，那本著名的《现代性的哲学话语》的序言径直宣称，虽然"现代性的哲学话语在许多地方都涉及现代性的美学话语"，但"本书对艺术和文学中的现代主义不予讨论"（［德］哈贝马斯：《现代性的哲学话语》，曹卫东等译，译林出版社2004年版，"作者前言"）——那我何不反戈一击，对他的思想体系之中为何任由一门"美学"缺席这个事实本身进行一番追问呢？这一提问方式至少使我能够真正从理论对象的内部去描述这个问题，而不是采取通常的做法，将一个研究对象或理论形态加以外部的"文艺学化"或"美学化"。至少，不必再尴尬地考虑如下问题，即如何研究一个没有美学理论的理论家如何看待美学。

这一提问方式引出了一个比较的框架，不仅能够让美学的功能凸显于法兰克福学派不同代际的理论框架之中，而且能顺理成章地从哈贝马斯与亨利希等人的争辩，即"主体间性"与"主体性"范式的对峙出发，去探寻美学缺席的知识论依据。审美之思从根本上来说依赖于个体内在性的深度，依赖于对艺术作品之感性—自在的深刻观照，若彻底放弃了主体理论，很难设想有关美学的先验知识如何可能，美学毕竟不是关于艺术作品的经验研究。亨利希正由此才责难哈贝马斯未完成其所宣称的"范式转型"，因为"主体间性"范式显然没能贯彻于审美领域的规范论证之中。这只是问题的一方面。另一方面，哈贝马斯真正放弃的只是主体理论的内省框架，并未抛弃"主体"概念而追随后现代思想的脚步，后者加倍地依赖审美经验，依赖传统意义上称之为"诗"的领域。不过，哈贝马斯借助米德的社会心理学和符号互动论重构道德—自我分析，以便在"主体间性"视野之中重新解释主体的形成（即个体化与社会化的交织）时，又实际地从中剥离了审美经验的作用。这样，哈贝马斯试图超越此前法兰福学派主要援引审美经验(即理性的他者)来构想的工具理性批判。结果是,哈贝马斯最终的美学立场显得比较暧昧,一言以蔽之,他既承认审美领域的规范性,但实际上又未能给出关于这种规范的系统论证。换言之,如果从否定的角度去理解哈贝马斯关于美学的规定,继而从处理一般文化对象的角度(即"批评")去理解哈贝马斯关于文化领域的处理,倒比较容易理解这一问题。在哈贝马斯看来,审美领域的知识不可能像认知或道德领域的知识那样,可以被系统准确地论证(即以命题知识组织起知识系统),甚至构不成真正的论证。同时,以"批评"处理作品,归根结底是经验性操作,也构不成真正的美学。我当时设想的解决方式是,能否借鉴主体理论的成果,效仿哈贝马斯对道德领域的处理,建构起一种规避审美主义风险的审美—自我分析呢?难点在于,哈贝马斯的康德主义立场不允许声称人类心灵具有一种连审美判断也无法匹配的自由。

无论如何,虽存有重重疑惑,但这一提问方式结合前期的文献阅读,最终帮助我迅速完成了博士论文初稿。从外部说,它深深地烙上了我这一年的文化观感,使我至少在形式上勉强跃过了第二个浪头。但从内部说,限于当时的眼界,我仍然未能真正把核心问题展示出来,从而使之掩盖在了一种仅仅从表面上得到规定的美学话语之中。这个问题即"语言",构成了迎面而来的第三个浪头,至今仍冲击着我。

三

博士论文的"完成"往往像一个有着开放式结尾的故事,要么标志着一个阶段终止,要么则是一个有待继续开拓的据点。仔细想想,于我而言,博士论文带来的更多是苦乐参半之感。每当我重新拿起它时,会为其表面上的那种流畅欣慰,它至少说出了一些自己不得不说的东西。然而,每当我试图重新接续其思考的时候,又倍感痛苦,似乎每一个论断都值得重写,当然并不敢保证自己如今的理解是否真的加深了,或许仅仅是有所不同。我由此将之搁置了好几年，并未再直接继续其中的话题。我开始尝试践行"冰山理论"，也算合情合理地转向了阿多诺的研究，尤其转向了更吸引我的本雅明研究，希望自己比当时能更准确地理解哈贝马斯所论，并且能够对法兰克福学派美学理论的线脉有一个比较整体性的把握。只不过，当我的注意力完全集中于语言哲学时，才又真正遭遇了第三个迎面打来的浪头。

毫无疑问，要真正理解哈贝马斯思想的出发点，还得回到语言哲学。哈贝马斯倡导的"语言学转向"，实际上并非通常所言的"语用学转向"，后者往往以索绪尔的《普通语言学教程》为发端。我起初并未意识到哈贝马斯语言哲学的内在源头，更多关注他借英美语言分析哲学走出德国观念论传统的理论效力。不幸的是，批判理论的"语言学转向"这个说法本身也会形成遮蔽。这种说法使人误以为法兰克福学派的语言哲学始于这次转向。然而，作为一种哲学基础理论，"普遍语用学"替代了经典批判理论的主体哲学不假，但后者的系统表达如阿多诺的"否定辩证法"，根本上仍是一种自有其渊源的语言哲学。从"主体性"到"主体间性"的"范式转型"，事实上涉及两种语言哲学之争，即一种具有特殊取向的语言哲学取代了另一种。换言之，杀死美学的，仅仅是语言哲学的这种特殊取向，但并不意味着美学无法建基于语言哲学。新美学的生机，必然蕴含在看似已盖棺定论的历史之中。即便仅以1900年为历史时间的起点，以法兰克福学派为历史分析的场域，也可以见出任何一种美学的建构几乎都深切地依赖于一种语言哲学。这不仅是一个思想史的事实，也是一个学术史的事实。

意识到这一点之后，我便不自主地被这个浪头带向了更远的地方。如今，法兰克福学派的理论脉络呈现为两条新的线索：一方面，是阿佩尔—哈贝马斯—维尔默以语用学为取向的语言哲学路线，这条路线上，维特根斯坦、皮尔士等人的影响居功至伟。另一方面，则是本雅明、阿多诺的语言哲学路线，其源头通常被认为颇多杂糅，譬如有赫尔德—哈曼—洪堡等德国古典语言哲学的影响，也有犹太教思想的渊源。两股力量多少有点此消彼长的意味：第一条路线毫无疑问占据绝对优势，但随着近年来德语学界重新提出"语言范式"，第二条路线的思想效力也在日益凸显，本雅明、阿多诺的语言哲学研究正急遽地复兴。

　　进一步说，这个浪头更深广的源流孕育于20世纪上半叶的德语思想史，也许首先存在于下述学术史事实之中，即达米特所指分析哲学的德语源头，尤其以弗雷格和胡塞尔的逻辑研究为代表。这个名单不妨也包括新康德主义，后者实际上构成了同时代思想的工作基础。随着维特根斯坦的横空出世，石里克、卡尔纳普等维也纳小组成员的活跃，语言问题的重要性越发凸显，同时也获得了其系统性的时代表达。法兰克福学派的工作概莫能外，其实早已深深嵌入了这幅图景，霍克海默、阿多诺，也包括本雅明，已在实证主义批判的语境中与维特根斯坦及卡尔纳普的思想建立了联系。但后来的事情大家都知道了，1933年的浩劫彻底中断了这幅波澜壮阔的思想图景。然而，德国战后思想的图景，与这幅原初的思想图景之间，毕竟具有纷繁复杂的诸多关联，至少在"语言"问题这个视角之下，许多关联问题可以在一个历史化语境之中得到有效澄清。

　　回望过去，如今已是我博士毕业的第五个年头，我远离了那段奋笔疾书的岁月，但却未曾远离至今仍支配着我的问题意识。面临令人无比好奇的学术海洋，作为个体，终归是有限的，如果稍留情面，不说是渺小的，因为智识上好奇而无法彻底获得满足，难免会——即便偶尔——自我生厌。但这至少提醒自己，世界上存在着比这种自我满足更真实的东西。最重要的是诚实地面对自身的限度。

博士毕业求生指南：
一个"幸存者"的自述

吴 忌

2021年毕业于中国人民大学哲学院美学专业
现就职于首都师范大学

◆ 我曾以为，博士论文写作是私人事务，向别人求救不过是徒劳。但我逐渐明白，学会和他人分享自己的情绪，适当地依赖他人，也是毕业带来的宝贵人生经验。

接到这个"博士学位论文写作经验谈"任务的时候，我的第一反应是"我没有成功的经验，失败的经验倒是一大堆，说这个可以吗"。获得许可后，我的脑海里立马浮现出"求生指南"这几个字，因为我自认是毕业战役的"幸存者"。我不是成功者，从预答辩到外审再到答辩，每次都是踩着截止日期提交材料，研究成果刚好达到毕业要求而已，博士论文也只被评价为勉强及格；但我也不算失败者，毕竟最后还是顺利穿上学位服，虽然抵达终点的姿势不太好看。想来想去，倒是"幸存者"比较适合形容我，其间经历的一切迷惘、失望、怀疑、苦楚，都被包含在这个身份里：我终于从那无数个难熬的日夜之中幸存下来，并且有幸在此向你们讲述我的故事。我相信，其他优秀毕业生将在这本书里无私地传授他们的学习经验和写作技巧，你们会从中获益良多。不过，如果你们正在或担心可能会遭遇负面情绪，那么，我衷心希望这份幸存者自述能为你们提供一点帮助。

毕业之路上永远的敌人就是时间。由于延毕，我在中国人民大学读了五年博士。前两年除了完成课程任务，我基本没有主动做过个人研究的规划，没有动笔写过小论文，更别提构思博士论文。到了第二年的下半学期，我突然意识到要开始准备出国交流的申请材料。匆忙依照开题报告写了一份英文的研究计划后，我按照各国大学的世界排名，从前到后逐个点进大学主页，寻找和自己研究相关的老师，逐个给他们发邮件，邮件内容除了统一的自我介绍，还有根据老师的个人研究兴趣发表的一些观点，以示我对他们的了解程度。邮件前后发了二三十封，一半石沉大海，一半被拒。好不容易有位英国高校的老师对我表示接收意愿，却在办理材料时突然失联。眼看着国家留学基金管理委员会的公派基金申报日期越来越近，我的焦虑逐渐攀升到顶峰。抱着最后一丝希望，我给一位著名的美国高校教授发了邮件，居然真的收到友善的回信。后来的手续办理得都很顺利，我也成功申请到留基委的公派名额。

在美国交流的这一年对我产生了极其深远的影响，不仅定型了我的研究方向和方法，更改变了我对自我乃至世界的认知。在外导的鼓励下，我尽力申请每一门对我而言有用的课程，即使很多时候跟不上课程进度，我也从未错过一节课；即使经常听不懂别人的发言，别人也时常听不懂我蹩脚的口语，我也从不畏惧开口提问和回答。这是一个和我所熟悉的地方完全不同的世界，每样东西都需要我从头学习和适应，每天都有新的问题蜂拥而至。我发现，原来世上有千千万万个和我截然不同的人，而西海岸和东海岸的日落有不一样的颜色，我学会包容且期待差异。国外大学的课程设置、内容、书目和国内十分不同，我曾经以为，正确的研究方式只有一种，此时才意识到真正重要的是始终对自己感兴趣的问题保持热情，勇于发出自己的声音，即使这声音听起来还不够自信。我找到自己的学术信念：不盲目听从任何人的意见，在提出自己的观点时也应当经过深思熟虑。此外，研究的出发点始终是对象，足够细致地观察对象的特点，直到能用自己的方式对其加以描述后，再选择与之相符的研究方法。这些都是我在异国获得的独一无二的经验，尤其是舍弃原本狭隘的视角，代之以永远开放的心态。如果你们也有出国学习的计划，请一定要珍惜，抓住每一次进步的机会。此外，建议你们尽量挑选和自己的研究方向相关的外导，而不是单纯选择排名高的学校，这样外导才能对你们的研究计划提供有效的指导。

　　我的外导的研究兴趣是19世纪欧洲艺术史，特别是法国印象派。受她影响，我对德加有了格外的兴趣。相较于马奈和莫奈等人，德加在国内比较少被关注，对他的作品尚未形成系统研究，我认为这是个好机会。在熟悉德加的过程中，他的《浴女》系列格外引起我的注意，包括作品本身的奇异形式和它们引发的长久争议。我不满足于将德加《浴女》的意义局限于性别层面，转而试图从艺术史的角度追溯这一图像类型的起源和发展历程。回国后，我正式决定将浴女图的视觉机制作为博士论文的主题。然而，荒废两年时间带来的恶果开始显露。我的研究材料完全不够，新的研究计划也不够明确，我不可能在第四年毕业，延期已是必然。正是从这个时候开始，压力不断积累，我逐渐失去对自己生活的控制。

第四年的上半学期，在和导师详谈了几次后，我决定延期一年，以便留出足够的时间重新构思博士论文的选题。新的选题和我开题报告时暂定的选题完全不同，这意味着我在开题时搜集的材料基本派不上用场。更困难的是，图像研究对我而言是全新的领域，我必须从头学习如何运用相关的研究方法。更不必说浴女图是一种鲜少有人提及的图式，通常只是作为某个大议题下的一个小点，比如研究某位画家时提到他曾画过一幅或几幅以"沐浴的女人"为主题的作品。至于此类图式是否有其相对成熟的发展历程，在此过程中是否形成了足够明确和固定的视觉机制，将其作为研究对象又是否真的可行，都是尚无人关注的问题。不仅如此，作为哲学院美学专业的一员，我尝试着跳出艺术史的思考框架，通过当代哲学的阐释视角重构图像的意义。我逐渐意识到，这是一项艰巨的工程，其原因不仅在于研究对象本身的不确定性，更在于我试图将两个十分不同的研究领域结合在一起。等待我的注定是失败的结局，前两年没有打好基础，仅凭在国外的一年积攒下来的经验，是无法真正理解研究对象和贯彻研究计划的。我越往下写，就越清楚地意识到这点：即使花费十年时间，我也很难针对这个论题得出有效的结论，更何况此时的我只有两年不到的时间。

箭在弦上，不得不发，我已经没有犹豫的时间了，再换选题只会浪费更多时间。在国外的最后两个月，我几乎每天都在图书馆搜集资料，建造我的小型数据库，其中很多研究成果日后确实是我的博士论文的主要参考文献。对资料做了大致的归类和整理后，我初步拟定了论文的几个分论题，再依据这些分论题继续在谷歌图书上查找更多相关资料，最后在中国国家图书馆检索是否有这些藏书。重复这个过程，论文资料就会越来越充实，论文的框架和内容也会逐步成形。虽然准备工作已经做得差不多，我依然无法真正动笔，其中一个很重要的原因是，除了国内的各门课程论文和国外的写作课任务，我几乎没有从自己的研究兴趣出发写过论文。换句话说，我的写作训练严重不足，以至于我在面对博士论文时甚至不知道从何处下手。

苦恼了一段时间之后，我决定先写一篇小论文出来，以满足预答辩时应有一篇已发表的核心期刊论文的要求，也能将其作为毕业论文的练手之作。基于我在国外时已对德加做了足够多的功课，我选择德加的《女帽商》系列作为论文主题，因为相对于他的《浴女》系列，《女帽商》系列的争议较少，有比较统一的研究路径，这有利于我以此为出发点展开论述。敲定思路后，这篇小论文写得很快。经导师过目后，我投出了自己的第一篇小论文。这在大部分人听来或许很不可思议：都到了临近毕业的时候，你居然才开始投稿？确实，我从未意识到一个关键问题，毕业从来不是在最后一年就能仓促完成的小事，它需要你提前很久就开始计划，什么时候写小论文，写完后怎么投稿，投给哪家期刊；小论文要写几篇才能满足毕业和求职要求；小论文的主题和博士论文在多大程度上是相关的，能直接作为博士论文的一章吗，还是要或多或少做一些调整和补充？这些都会耗费大量的时间，所以必须尽早开始，甚至是在博士入学之初就做准备。对此时的我而言，后悔已经于事无补，逝去的时间无可挽回，唯一能做的就是尽力在一年多的时间之内勉强达到毕业的合格线。

把第一篇小论文投出去后，我一边忐忑地等待对方的回信，一边乘胜追击，以博士论文的其中一个分论题"拔示巴沐浴图"为基础写第二篇小论文。我最先注意到的是伦勃朗的《收到大卫来信的沐浴的拔示巴》，随后发现这个图式可写的东西很多，一方面是宗教文本及其图像化的过程，另一方面是宗教图像的世俗化。这篇小论文也写得比较快，同样早早投了出去。有了两篇小论文的写作经验后，我开始有了一些信心，试着把第二篇小论文的内容扩展成博士论文的一部分。在我原本的计划中，这个部分是第二章的第二节，但是没想到越写越多，首先要梳理相关作品，介绍作品的背景和内容，再分析各个作品不同的视觉机制，还要对这些机制做出更进一步的分析。意识到这点后，我决定调整博士论文的框架，缩减分论题的数量，把这个部分作为第二章。由于这一章是从小论文扩写而来，写作的速度非常快，基本能保持每天写作 3000 字。这大大增强了我的自信，以为其他几章也能如此顺利，但事实恰恰相反，我很快陷入严重的写作瓶颈。这是我博士生涯的第四年将要结束之时。

在接着往下说之前，请让我把时间回溯到第四年的开头。回国安顿好之后，我久久无法进入学习状态。毕业重任沉甸甸地压在我的心头，但要做的事越多，我就越想逃避，仿佛只要我不打开电脑，就不用解决迫在眉睫的诸多问题。这时救我于水火之中的，是比我高一级的冰清师姐。冰清因为博士三年级时去法国交流，也延毕了一年，此时是她的第五年。和我完全相反，冰清是个极其自律的人，在完成目标之前，决不浪费任何时间，而且从不畏惧一遍遍对论文进行返工。她借住在一位出国的同学的寝室中，这个寝室恰好在我隔壁，于是我们顺理成章地熟络起来。很快，和我同年入学的同门书涵也从英国回来，我们三个一拍即合，决定每天相约去图书馆，互相监督论文写作进度，交流学习和生活中遇到的开心事和烦心事，放松的时候就去寻找学校附近的美食。我至今都记得，下完雪的冬日夜晚，我们吃完晚饭后，踩着校园小路上的积雪散步回图书馆。

很多时候，有些事情之所以让人觉得难以处理，是因为我们习惯于独自面对，深感自己孤立无援，精神压力越积越多，甚至造成明显的心理失衡。然而，如果我们能找到志同道合的伙伴，在这条艰辛的道路上相互鼓励，哪怕只是一起聊聊近况，都会感到极大的安慰。冰清和书涵对我而言就是这样重要的伙伴。我曾以为，博士论文写作是私人事务，向别人求救不过是徒劳。但我逐渐明白，学会和他人分享自己的情绪，适当地依赖他人，也是毕业带来的宝贵人生经验。对意志坚定的人而言，博士毕业只是整体计划的一环，按部就班地完成就好；对我这样做事拖沓，又爱为自己的失败找借口的人而言，这很容易造成深度的自我怀疑，虽然表面上看还很正常，但内心已经是极度不安的状态，一旦崩溃就会很难重新振作。承认自己的脆弱，直面自己的缺点，听起来简单，却鲜少有人做到，因为我们一直被教育"你是成年人了，不要动不动就哭诉"，尤其当我们已经是博士生时，听到的总是"你读书这么多，还需要别人告诉你该怎么做吗"。事实上，正因为我们走上这条令人不安的孤寂道路，所以我们会经历更多无形的压力，对自我的肯定总被归于外界，仿佛不能拿到某个高校的"offer"、收到某个期刊的用稿通知、在规定学制内毕业的话，我们就一无是处，失去存在的意义。如果你有类似的经历，请一定不要羞于分享自己的感受，向信任的家人、朋友、老师求助一点也不懦弱，恰恰相反，这是很勇敢的行为。

我原以为，剩下的时间我都能这样平稳地度过，直到年末疫情暴发。12月的时候，虽然还没有正式通知，但到处都弥漫着浓厚的恐慌情绪。书涵提早回家，我和冰清还留在学校，想尽可能在图书馆多写一点。但事态发展之快出乎意料，我们不得不匆忙离校，满心以为寒假过后还能正常开学。接下来发生的事情无须赘述。时间一点点过去，返校遥遥无期。我和书涵还有一年，勉强有些余裕，冰清这一届的毕业生们只能摸着石头过河。线上答辩在当时听着还难以置信，现在从招生、上课、预答辩、外审到答辩，所有事务都可以在线上完成，而我们也完全接受了这一现状。首都师范大学文学院前几天举办博士生线上笔试，我作为其中一个分考场的监考官，和考生们一起调试设备时，突然回想起给冰清做线上答辩的秘书时，我们一遍遍地排练答辩流程。无论线上考试还是答辩，难免会有突发情况，尽量设想最坏的可能，做好万全准备。实在有自己不能解决的问题，尽早联系相关负责人，以免错过唯一的机会。还好冰清的线上答辩很顺利，只是遗憾她到最后也没能回校参加毕业典礼。

冰清毕业后，我猛然意识到，留给我的时间也不多了。这时已经是我读博的第五年，距离预答辩只有半年，我却连一篇小论文都没有发出来，博士论文的进度依然停留在之前写的那一章。由于隔离在家无法回京，和外界缺乏必要的交流，我感到更加焦虑。大概从这个时候开始，我有了严重的失眠症状，入睡和醒来都让我痛苦烦闷。我在桌前坐一会儿都会焦躁不安，更不必说静下心来写论文。事情的转机发生在6月，第一篇小论文收到回信。花了将近一个月时间和导师在线上开会反复讨论怎么修改后，我在7月底返回修改稿，并且很幸运地在8月就收到可用稿的回复。这个消息对当时备受煎熬的我而言可谓天降甘霖，极大地缓解了我深重的自我怀疑，让我及时找回写作状态。不仅如此，8月底我有幸获得一个实习机会，我立刻答应，并在9月初回到北京。

由于疫情依然严峻，学校没有为我这样的延期毕业生提供宿舍，我只能借住在好心的亲戚家，一边继续写博士论文，一边熟悉实习工作。对有些人而言，最好所有时间都能用来写论文，不希望有其他事情分心，但我恰好相反，这种有严格要求的工作能帮助懒散的我形成比较规律的习惯，不至于荒废时间。如果你有和我类似的烦恼，那么，也可以考虑找一些能强行把你的积极性调动起来的外部因素，再把由此形成的规律习惯用到论文写作上。博士论文的一大难处在于，它是一项时间跨度很大的工程，你必须长久保持平稳的心态，每天不是在写，就是在思考怎么写。一旦中途有所懈怠，写作的顺畅手感就会消失，你又要从头开始。所以，规律的习惯，包括生活和学习上的，能很好地辅助你形成良好的写作状态。

请注意，我说的"规律习惯"不是专指早上6点起床，晚上11点睡觉，中间除了吃饭都在伏案写论文——当然，如果你能做到，这是很了不起的——而是泛指基本每天都能保证一部分学习时间。比如：我昨天晚上没睡好，起得比较晚，就把主要的写作任务放在下午和晚上；下午我想出去散散心，就适当减少当天的写作时间；这几天思绪不畅，实在写不出来，就放一天假，清空大脑，做一些自己喜欢的事，第二天再重拾头绪。这样比较灵活的时间安排既可以让思维始终保持活络，又不会把自己逼得太紧，这种松弛有度的学习方式有利于长期的博士论文写作。以我自己为例，虽然焦虑在很大程度上得到缓解，但我的抗压性还是很差，一点小事就会让我失眠，需要在半下午的时候补个觉，再趁着晚上思路比较清晰时写到凌晨两点，这反过来也加重了我的失眠。这当然不是健康的作息，我那段时间也确实身体素质极差，免疫力低下，几乎每个月都会发烧一次。

但长远来看，我的博士论文写作在一点点推进，虽然写得很慢，平均每天只能写一两千字，偶尔状态好的时候最多能到一天五六千字，但相比之前完全写不出来的状态，已经好太多了。简言之，重要的不是看上去"正确"，而是摸索出什么方式能让你在完成任务的同时，尽可能适应你的个人情况。

维持着这样的速度，到了预答辩之前，我大概写完了前三章和第四章第一节。本来我预计写五章，但时间和精力都已经消耗殆尽，我必须去掉第五章。说来也是无奈，作为选题灵感来源的德加，原本计划放在第五章，现在完全不出现在博士论文里了。第四章虽然只写了第一节，但剩余的内容都已经构思好，写起来会很快。真正的威胁在于，我还没有写最重要的导论，这也是预答辩时老师们统一提出的意见。一份博士论文成功与否，靠的不是论题涵盖的范围，更不是篇幅，而是问题意识是否足够强烈，具体论述是否紧贴问题展开，而导论处理的就是最关键的"问题"部分。正因如此，所有老师都会第一时间仔细翻看导论，导论写得好，基本就成功了一大半。预答辩通过后，紧接着下一道关卡就是外审，截止日期是2月底，在此之前还要通过学校的查重，这意味着我只有两个月不到的时间写完剩余的所有部分。

我毕业的那一年是学校第一次参加教育部组织的线上盲审，没有人清楚具体流程和评审标准，我们只能尽量保证论文的整体质量。由于盲审的匿名性，摘要和导论变得更加重要，评审专家首先读到的就是这些部分，其第一印象甚至能直接影响最终评分。需要强调的是，我没有暗示正文的章节结构、逻辑推理、材料分析是次要的，相反，如果你抱着侥幸心理，试图在具体论述中蒙混过关，即使因一时的运气通过了外审，也有很大概率会在答辩时被抓住痛脚。每个人的研究方向千差万别，尤其一些比较偏门的领域，可能放眼全国也找不到几位精通此类的老师，所以平台在为送审论文匹配评审专家时，会按照申请人填写的研究方向和学科寻找相对比较懂行的老师。也就是说，评审专家并不一定完全了解申请人的研究方向，也就不难理解导论的重要性。通过阅读导论，评审专家能够在最短时间内把握这篇博士论文提出的核心问题，并判断这个问题是否在后文得到足够充分的论述，以及是否表现出有足够价值的学术潜力。

在写导论的时候，我终于意识到从一开始就已注定的失败结局：我过于关注具体作品，试图将不同时期的作品纳入我的思考框架，却没有想过这个框架是否成立，如果框架本身就有致命缺陷，我对作品的分析将失去可信性。事到如今，已经不可能再去改动章节，我不得不在导论中仓促地为正文内容增补问题指向，这让导论读起来支离破碎，缺乏系统性，更像是一种无力的辩解，完全没有统领全文的气势。究竟如何才能将问题作为论文的先导，而非反过来，这在将来很长一段时间内都会是我亟待解决的难题。到了博士论文最后的冲刺阶段，我已经没有余力思考太多，只是以完成为目标夜以继日地写，甚至可以一天写 8000 字，终于赶在截止日期的前一天提交了成稿。

故事说到这里，已经差不多临近尾声。还需要提及的是第二篇小论文，很久之后我收到回信，表示需要对某些地方做删减和补充。多亏这时我已经写完第二章，可以把其他相关内容填补进去，再做一些必要的调整。修改第二篇论文时，正是我忙于写导论的时期，可以说是焦头烂额，一方面担心不能及时返回小论文，无法在毕业之前见刊，另一方面怀疑这样东拼西凑的博士论文能不能通过外审。唯一庆幸的是，我已经忙到没有时间焦虑，只是铆足了劲儿赶快写。很明显，我的一大压力来源是两篇小论文和博士论文被夹杂在了一起，缺了任何一个我都无法毕业。如果能早点安排好小论文的写作和投稿，我无疑能留出更多的时间和精力给博士论文，精神状态也会更好。说到底，根本问题依然是时间问题，万万不可临到最后关头才做计划。

一个多月后，我和书涵都顺利通过了外审，心里最后一块大石也落了地。在经历了长久的起起伏伏后，答辩反而变得没那么可怕，从申请到举办的过程非常快。答辩老师们都很亲切，既指出我们论文中存在的问题

（果然被抓住了痛脚！）也对我们示以最大的鼓励。我们很幸运地赶上疫情比较平稳的时期，学校为我们这届毕业生办了毕业典礼。奇妙的是，我能细数这两年经历过的所有艰难时刻，却有些忘却戴着博士帽接受拨穗、和全校博士挤在一起大合照、和老师同学们合影留念时的心情，它缥缈得好似从未发生过。我不会说"只要结果是好的，中间吃过多少苦都行"这种话，因为在不知不觉中，我们的某些部分就在这期间永远被改变了。对有些人而言，这会留下难以愈合的伤口，使他们习惯性地怀疑自己，不愿面对过多的压力；对另一些人而言，这是宝贵的成长经验，他们变得更加强大和自信，勇于接受更多挑战。对于尚未通关的你们，我最想说的其实不是博士论文写作的技巧——毕竟我只有作为幸存者的求生指南——而是应当为毕业提前做好的心理准备。你们很难预测自己将成为哪一类人，又或者你们会聪明地找到属于自己的那条路。前路通往何方，前方是苦是甜，只有抵达的人才知道。对好结果与坏结果都做好准备，然后勇敢地迈出第一步吧，就像奥德修斯历经漂泊，终返故乡。

　　在博士论文的后记里，我在最后一段写道："如果让我重来一遍，我还是会走这条路，还是会选择和你们一起度过这一小段人生。落子无悔，问心无愧。仅此而已。"这份心意到现在依然如此。无论经历多少、结局如何，只要最后是一句"不后悔"，那么恭喜你，你收获了不能被世俗标准衡量的真正的财富。毕业已将近一年，我的一个故事宣告结束，新的故事尚未写完，每天都有新的希望和烦恼，比如五月春光如此美丽短暂，我却因为疫情管控被困在小小的卧室里。我想，既然如此，那就打开文档，为你们写下我的故事吧，一个微不足道的博士毕业幸存者的求生指南。

博士论文写作经验分享

叶 青

2020年毕业于北京大学中文系中国当代文学专业
现就职于中国艺术研究院

◆ 我在慌乱中一直不断寻求的知识框架,正是不断将我与我的研究对象隔离开的东西,它让我失去对历史的复杂质地的具体感知,而专注于外在的、理性的技术操作。

当得知要分享博士论文写作经验的时候，我感到十分惶恐。毕业近两年来，我一直不太敢去重新审视自己写作博士论文的那段经历。坦白说，我的博士论文写作开始得十分草率、慌乱，写作过程充满了迷惑与折腾，关键时期又遭逢疫情的大暴发，几近前功尽弃，最终非常艰难地挽救回来，算是有惊无险地"上岸"。从这段兵荒马乱的经历中，我实在没办法总结出步骤分明的指导说明书，即使让我重来一次，我也没有信心能够做得更好。但是，在否定的意义上，或许我可以从一种整体的研究与写作状态中，就我碰到的困难以及解决困难的过程，分享一点个人的感受和认识，希望能够对处于迷茫和困境中的博士们，给予一点帮助或一丝安慰。

要想说清楚我的经验与认识，还是有必要叙述一下我的整个博士学习及论文写作过程。我一开始没有很强烈的要走上学术道路的愿望。我的一个坏习惯是，我会很容易陷入一种生活的惯性中。它可以被看作一种有规律的生活状态，但为什么我后来会认识到这是一种坏习惯，是因为它会形成一种惰性，让我轻松地但消极地顺应我为自己营造的学习与生活节奏。用一个流行词来说，就是"舒适圈"。我的大学生活过得十分快乐与顺利，靠着一些小聪明，我可以妥善处理学习、社团、生活等各方面的事情，北京大学的学术氛围、教授们的个人魅力，也使得学术工作对我来说具有一定的吸引力。在大三的尾声，每个学生都需要考虑未来的去向，在那个阶段，我好像除了当一个好学生之外什么都不会，同时，我的学术研究能力（抑或只是写论文的能力）得到了几位老师的认可，如果未来能够留在大学里工作，也不失为一个好的选择。于是，我选择了保研，并顺利获得直接攻读博士学位的机会。其实，很难说清楚我当时是想要更进一步地深入学术研究领域，还是恐惧于本科生活状态的中断，想要延长快乐的时间。

我当时不知道把学术当作职业意味着什么，很天真地走上了这条路。没有经过硕士阶段的学术训练与评估，就直接读博士，可以说是无知者无畏了。当时的好友们也很惊讶，觉得我不是一个很典型的要做学术的人，但也表示祝福，希望再见到我时我的头发还在。不秃顶，是我读博士之前对博士生活的唯一期许。

我把自己的这种状态称作不完全的优等生心态。简要地描述优等生心态，就是总是寻求外在标准下恰当的、正确的答案，也很在意外在的评价。而之所以是未完成的，是因为我没有办法"内卷"，没有野心做最好的那一个，如果需要付出的努力超出了我的承受限度，我就会选择放弃。这种矛盾的扭结状态，或许是十多年漫长而疲惫的学习与考试生活带给我的影响。近几年，我也在许多人身上看到过相似的生活状态。如何处理这种不完全的优等生心态，而不是提高研究能力与写作技术，是我攻读博士与写作博士论文需要克服的最大困难，耗费了我巨大的时间与情绪成本。

北大的直博生需要读五年，比正常的博士多一年，课程量也多一倍。博士前两年时间基本上都在上课，与本科生活节奏几乎无异。我的导师比较特殊，他是北大的兼职教授，正式职位在美国的高校，因此他在中美两国同时带博士，也经常来回跑。他在美国接受的博士教育，又首先在美国带博士，更熟悉美国的博士培养模式，对学生读博士的年限没有要求，觉得读六七年是再正常不过的事情，不觉得博士期间发表论文很重要，也没有很紧密的师门氛围，唯独对理论阅读的基本功有很严格的要求，也希望北大的博士至少花一年的时间到美国进行学习。他希望博士生不要考虑得太功利，要先打好研究的基础，形成自己的问题意识，在前几年的交流中，也基本不主动谈博士论文的问题。他对我的知识学习比较宽容，尊重个人的理论兴趣，在商量选课时，我选择了哲学系、社会学系等其他院系的课程，他也表示认可，同意给我转学分。前两年，我依旧游刃有余地上课，没有意识到导师看似宽松的培养背后，对个人主体性的更为严格的内在要求。实际上，在没有外在要求的情况下，我自己不会主动去考虑我的博士论文的进程，我甚至没有去思考博士论文具体是什么，它对我博士生涯乃至未来职业发展的意义，只觉得它是毕业时的一项任务，到时按照要求自然就能完成。

其中也有中美高校博士教育模式的差异造成的影响。美国的博士教育在职业训练方面更完善，而在中国，博士生"学生"的身份色彩更浓郁一些，且大多当惯了学生，需要自己转换身份认知，学会以职业的态度来对待学术研究。如果不加指点，很多博士生会在实际遭遇众多困难之后，才能慢慢学会。我的导师一开始可能没有认识到需要通过调整学生培养策略来处理这种差异。我也是事后才认识到这一点，在读博士的前两年，我还是心安理得地当着学生，同时准备博士资格考以及博三去美国联合培养的各种手续。在这期间，我当然也有研究兴趣方面的集中，但不是很明确。我自己本身兴趣比较广泛，而我就读的中国现当代文学专业，研究对象也比较丰富。所以，我没有将自己框定于某一特定的方向，而是循着兴趣多听多看多学。我在两三年的时间中，只是看书、看作品、思考，现在回想起来是一件很奢侈的事情，也是学生所能享有的"特权"。

我对时间的焦虑是慢慢开始的。我的师门比较特别，到我入学为止，全是直博生。在我刚进入师门的时候，最高一级的师兄还没毕业，也还没开题。无论是导师，还是师兄师姐，大家都没有直博生在时间规划方面的经验。到我博二、博三的时候，师兄、师姐纷纷延期毕业了，同时，我得知中文系每年有三分之二的博士生会延期毕业。切身的延毕可能性对我造成了不小的冲击。博三在美国交换期间，我也感受到了学习与思考方面的强度差异。美国的博士生学习任务繁重，博士入学以后，每个星期要看七八百页有难度的阅读材料，且几乎每周都要和老师谈话，上课必须要讨论发言，要对各种问题提出自己的意见，要同老师有直接的思想对话。到了期中，班上的同学们一个个脸上都挂着黑眼圈，衣着打扮也明显粗糙了很多。我一开始完全没办法适应这种高强度的学习节奏，实在来不及，就只能看二手材料大概了解一下内容，提前想好几个课上可以发言的问题。但我确实深刻体会到自己与其他同学的差距。自己度过的两年优哉游哉的"贵族式"读书生活显得十分苍白无力，我突然意识到自己的处境十分危险。

一方面，在时间上，由于我的放纵自流，我已明显地落后于人，到了博三，我不仅没有明确的研究方向，甚至在基本功训练方面也可能有所欠缺。我应该什么时候开题？后面两年时间该如何重做安排？开了题又是否能够顺利写完？两年的时间够不够？如果不延期，再算上找工作的时间，写论文的时间又要被进一步压缩。另一方面，我似乎缺少提出自己意见的能力，在美国的课堂上，大家都五花八门地提出自己的观点，是否合理暂且不说，但大多视角独特，而我因为长久的学习习惯，对文献会非常自然地去寻求一种恰当的理解，即被学界广泛承认的观点，但这种理解不是我的理解，使得我经常陷在文献的观点之中，没办法将之问题化，更不用说以此为视角去观照现实。如果我没有办法形成自己的独创观点，而只能做观点的整合、汇编与提炼的话，又何必花这么多年的时间去做这件事呢？

我在当时做了一个错误的选择，就是没有跟别人交流我的焦虑。如果我早些跟师长、朋友表达我的问题，我或许会更快地走出消极的状态。事实上，我到了博士论文几乎难以进行下去的时候，才真正正视自己的问题，帮助自己走出困境。但在当时，我进入了一种自我怀疑又拒绝自我怀疑、时间焦虑、匆忙自救的混乱状态，加之一个人身在美国，身体又出了一些问题，整个人完全处于比较低落的情绪中，一度开始怀疑我的选择本身：我是不是不应该读这个博士？如果早点抽身是不是更好一些？但我的理性与自尊心不容许我在这个时候退却，我几乎是非常强硬地打压了这些混乱的想法。我当时坚信，我能再度运用我完成十几年来所有学习任务时的技巧，完成我整个学生生涯的最后一项任务。

在美国的最后一段时间，我整理了我已有的研究内容，梳理出了三个可能进一步深入的方向，分别试探性地跟导师交流。在我的整个成长经历中，我时常感到自己与当下时代的疏离感，为了理解这种日常的异样感，我选择跳出我熟悉的成长环境——上海，来到北方求学。在北大学习期间，我从叔本华、尼采、海德格尔，到古希腊古典哲学、伦理学，到笛卡尔、康德、黑格尔，再到精神分析与马克思主义理论；从虚无主义，到形而上学，再到批判理论，基本都了解了一些，尝试从中找到理解自己与社会的思想资源。虽然只是粗浅的认识，但我逐渐能够感知到当下历史的混杂性，或"多重时间"。要剖析这一"多重时间"，则必须回到关键的历史时期之中，那就是中国革命，而对当下的具体问题，我的关注点则逐渐聚焦到革命曾经的主体与对象上，即底层、弱势群体与社会的结构性矛盾。中国革命的研究范围非常广，作为文学系的学生，最直接的就是延安文艺及"十七年"文学研究，而对当下问题，我选择的对象是新工人文化。第三个方向则是上海文化，因为在几次课堂的发言报告中，有关上海的作品老师们都会直接交给我去做，认为有具体生活经验的人可能更能阐释出上海经验的具体性与独特性，我由此积累了一些研究成果。

在我同导师的交流中，虽然他没有直接推翻我的想法，但我明显地感觉到他很震惊于我的选题，且不满意。让我比较印象深刻的一句话是："你对这个问题真的感兴趣吗？"我自知我的选题十分空洞，因为它们都没有经过长久的资料积累与深思熟虑，而是我为求自救临时拼凑的。但此时已经是博三结束的8月，中文系中国现当代文学专业的开题时间固定在12月，仅剩下4个月时间。如果我赶不上，要么我需要请老师重新组织，而我的导师不一定在国内，要么就需要再等待一年，那就肯定会延期毕业。幸运的是，在我同导师交流对金宇澄《繁花》的看法时，他觉得我的观点还不错。我于是提出继续发展上海研究的方向，他也表示认可。

我以准备考试的方式，重新开始搜集和阅读材料，尝试确立更明确的研究对象。我发现近年来上海研究的范式基本上局限在"上海摩登"的思路中，而20世纪90年代急速市场化进程中的上海在一种"现代性"的外观中被直接嫁接到了民国时期的上海，在这种时空跳跃中，许多现代性的文学表达乃至学术分析，都忽视了上海在城市形态上的混杂性。至少，上海作为一种符号系统的代表性与排他性，乃至在当下日常话语中的暧昧意味，一定程度来自新中国成立后严格执行的户籍制度。为了有效说明这种时空转换，我选择被忽略的上海社会主义建设时期的历史作为研究对象。历史的转换不是陡然的，所以我将研究的历史时期从1949年选取到20世纪80年代中期。但我又不想仅仅做一种现实与文学互相印证的描述性研究，尤其想要尝试同90年代后的这种"上海摩登"的观念进行对话，所以我面对的最大的困难，就是选取何种视角与理论框架去贯穿并结构我的论文。

由于时间的紧迫和主观的慌乱，在这个时候，我犯的一个重要的错误是我太想把我的开题报告写得"像"博士论文了。为了迅速形成一篇鸿篇巨制的结构，我首先形成了一个主题词，再通过这个主题词，去挖掘将近40年间不同作品的内涵。既然"上海摩登"关注的是都市的现代生活，那我就从生活的重塑入手，去进入上海的社会主义改造进程，去分析政治、经济的因素如何对生活造成了影响，又如何在文艺中被曲折地反映出来。我以为，当我将这个"生活"问题化的时候，我就能够直接获得一种更全面的历史与文本分析的视角，也能轻易地贯穿长时段的历史，如果能够获取更多的历史材料，补充丰富的生活细节，那么就能确保论文的说服力。但实际上，我只是把我在理论中所认识到的理想的形式强加给了具体的历史对象，并抹平了历史的诸多褶皱，制订了一个看似结构分明的写作计划。

在这4个月中，我无数次想要放弃，比如推迟两个月，如果导师不在国内就请他在线参与（我没有想到的是，我最终的答辩是在线上完成的），或者干脆转硕士毕业走人。每一天醒来，我面对的都是很强的不确定性：我没有那么多时间看完所有的研究资料，我不一定能从有限的阅读中得到想要的思路。有很多天毫无进展的时候，我都焦虑到失眠。其间，为了解决在美国最后一段时间的身体问题，我也时常要跑医院，感到十分沮丧。比较幸运的是，我有几位正在写作博士论文的好友，她们正忙着准备预答辩，因为整个专业的开题与预答辩的时间都赶在了一起，我们像面对同一刑期的狱友，每天肆无忌惮地互相倾倒不好的情绪，又互相做心理疏导，每一周或两周出去聚餐，在饭桌上倾听每个人的阐述并帮助对方梳理思路。她们作为过来人，给了我许多信心与具体的建议。而我的导师，可能感到我的压力很大，加上师兄师姐在读博进程上的普遍延迟，也适时安慰我，让我把开题当作一项手续，过了这个坎儿再继续推进我的研究。

12月底，在朋友的帮助与导师的支持下，我匆忙上马的开题顺利结束，得到了老师们的许多意见，离按时毕业也只剩一年半的时间。次年1月学期结束回到上海之后，我马不停蹄到上海市档案馆办了卡，开始查阅档案资料，但时间比较短，开学我就需要回到学校上导师的课程，没有查阅到太多资料，3月底课程结束我再度回到上海，持续两个多月的时间驻扎在档案馆中进行资料搜集。这段时间对我来说非常辛苦，我家离档案馆有近2小时的地铁路程，而档案馆作为事业单位，上班时间有限，每天在经过早高峰的折腾到达档案馆时，我已经十分疲惫，而档案资料大部分都是手写，对着电脑辨认一天字迹，常常是头昏脑涨。档案馆周围没有什么餐馆，就只好在便利店随便解决午餐。这两个多月的时间，我又再度经历了不确定性的焦虑：我常常看了一天档案却没有得到一点有用的信息，而由于我选取时代的政治敏感性，许多档案还未解密，有些档案我查到了题名，在我申请查阅后，经过漫长的等待，申请被直接拒绝。另外，由于档案经过专门的写作，叙述常常被简略，尤其是一些会议的会谈记录，有许多略过的地方，不一定能够全面地反映历史事实。

这两个月的资料搜集是十分挫败的，虽然最终获取了一些有用的资料，但远远不够支撑我的想法。我原先理想化的写作设想，如今在材料方面面临着很大的困难。如果在生活形态这一"中介"领域没有办法建立可信的历史表述，那么我的很多论述都将是空中楼阁。由于我是直博生，我的同级博士同学如果顺利就都在这一年毕业，所以6月我回到了学校，和同学、好友告别，也顺势留在学校专心开始写作博士论文，因为此时已经只剩下一年不到的时间了。

这是我第一次感受到完整的北京的夏天，阳光十分强烈炽热，为了不被打扰,我每天独自前往导师在未名湖边的一处小院中的办公室,在那里写作。但我又做了一件追悔莫及的事情。我想着既然要在学校里待上一段时间,每天也只是读书写作,没有其他事情,不如把我的智齿拔了,这样不太影响生活。没想到的是,我的智齿长得不太好,不仅医生拔得很费劲,后遗症也很严重。仅仅拔了两颗,我就几乎持续疼痛了一个月的时间,可能锤子与电钻伤到了下巴咬合的地方,疼痛从牙床末端一直蔓延到喉咙。

于是,我每天不得不靠着止痛药来维持工作,疼痛加剧了心灵的痛苦,让我十分崩溃。我不应该人为增加自己的痛苦。而我草率的开题及失败的资料搜集,使我论文的写作举步维艰。断断续续写了几万字以后,前期的所有矛盾全部爆发。我长久压抑的问题摆到了我的面前,我缝缝补补的技巧拼凑不出一个拿得出手的完整东西。在这么长篇幅的论文面前,任何小聪明都是无济于事的,都会在整体结构中暴露出它的空洞。而就在这一年,我的一个同是直博生的好朋友,转成硕士毕业了。想到这件事,我又重新陷入对读博选择本身的怀疑与焦虑中,把博士论文的问题归因于我人生选择的失误。

在这个夏天的尾声,我感到极度的茫然无措,就像考试即将要交卷的时候,我都还没做出几道题,一身冷汗但又无从下手。我真的已经将转硕士毕业放在了未来选项里,在夏天结束之后回到了上海,每天偶尔看看招聘信息,同时抱着一种放弃的心态读点作品。周末,为了散心,我约着有空的高中同学在上海市区逛逛,路过一些老旧街区的时候,虽然其中很大一部分已被商业化改造,但依旧生活于其中的人们,还是显露出一些动人的生活情态。我就跟同学开始聊小时候的一些经历,电视上的广告、城市里的传闻、政治八卦,等等。我突然发现,我从一开始就将"上海"自然化了,好像已经存在着这样一个对象,等待我通过不同作品的拼凑,来复原出一个所谓的被忽略的"上海"。这完全是一种颠倒。事实上,"上海"一直处于政治、经济、话语乃至想象的变动结构之中,而这样的变动，在人们的日常生活中，借助生活情态以不同的速率展开，又经由话语与想象的多重塑造，呈现出混杂的表象形式。而其中的关键就在于如何理解这样一种变动中的"上海"。

于是，我回到"上海"同时作为一个符号和现实的空间在想象中的前提，这个基本的问题。因为当我们尝试去接受、理解一个对象的时候，必然需要使用先在的范畴去描述和把握它。

从现在来看，我在这个时候解决的问题，不单纯是如何把论文完成，而是我该如何认识我的研究对象，并与我的研究对象建立一种感性的内在联系。我在慌乱中一直不断寻求的知识框架，正是不断将我与我的研究对象隔离开的东西，它让我失去对历史的复杂质地的具体感知，而专注于外在的、理性的技术操作。我一直不肯正视的是，社会主义建设时期的历史与作品对我来说就是有隔膜的，我对那个时代的整体精神与生活氛围也缺乏感性的体认，如果没有一种具体的情感联系，我的许多理性分析都可能是武断的，甚至虚伪的。我必须首先将我对"上海"的认知问题化，才有可能帮助自己将"上海"从一个"地方"转变为一个总问题，而这个总问题同时纠缠了历史与当下、中国与世界、地方与中心、现代及其克服，以及政治、经济、文化的多重维度。

我在预答辩的前夕，才真正成功地建立了我的研究问题与视角，并抓紧时间写了一章。事实上，当你真正想通的时候，写作本身的过程是很迅速的。发给导师过目后，他才向我坦白，我的开题报告他并不满意，而如今这一版的论文好了许多。我终于松了一口气，细心准备并通过了预答辩。因为时间有限，我在预答辩时提交的论文，篇幅只有 7 万字，离最终成文还有大半的差距，答辩会上也有老师表达了担忧，但最终都对我给予了信任。重新调整过后，我在研究对象中加入了更丰富的文艺形式，包括话剧、淮剧、京剧等，准备回家后去上海的相关机构获取第一手的资料。未曾想到，没过几天，疫情就暴发并蔓延到全国，2020 年的前半年，我基本上只能待在家里，所有的机构都不接受外部访客，没办法获取第一手资料；我也不能返校，许多纸本的旧书、旧刊馆藏，没有办法查阅。我唯一的资源只剩下一些在线的数据库，以及在旧书网站上能买到的材料。

不过，我这一次的焦虑没有那么强烈。一方面，我已经不会再拿要不要继续读博，或是要不要延毕，这些想法来折磨我自己。我知道自己已经走到了这个关口，我只要跨过去就行了。另一方面，我也认识到，博士论文虽然是我校园生活的终点，却不是我研究生涯的结束，所以我没必要写出一部"最终"的作品。所幸，学校也采取了灵活的措施，将提交论文的时间延后，使我有了更多的时间寻找弥补与解决问题的办法。在答辩时，老师们也宽容地理解了我后半部论文的难处，给出了许多未来进一步修改的建设性意见。

我的经历或许是有些冗长而无趣了，也没有太多正面的参考价值。我没有办法给出系统性的、有条理的意见，因为我的论文是在不断补救中惊险地完成的。而从我险些失败的经验中，我所得到的最重要的认识就是，博士论文在具体任务的意义上是一定写得完的，但是博士论文写作的困难往往不是来自论文本身。

尽管我还是一个初学者，但我已经感到，人文学术研究的特殊性在于，仅仅依靠一套分析装置，是没有办法运行出让自己满意的结果的。人文研究包含了大量的情感劳动，必须要有情感的投入，与研究对象建立具体的感性联系，研究对象才会真正回应你的精神诉求，才会向你打开它的意义。如果没有这种情感投入与回应，日复一日的案头工作将是难以忍受的。

所以，我的第一个建议是，学会认识自己、正视自己，这样才能获得持续研究与写作的动力。我在博士论文写作不断遭遇困难的时候，帮助我走出困难的，就是尝试更进一步地认识并理解自己。我逐渐认识到，我长久的"游刃有余"是虚幻的，我其实一直都处于迷茫与不适应之中。我迷茫于自己同这个社会之间的联系，迷茫于这个社会正在发生的事情，其实我自己根本不知道这个系统的终点在哪里，自己在这条道路上向前进的目标是什么。所以我虽然能够在这个评价系统中维持一个合适的位置，但我也没有任何欲望想要做得更好。如果我前十几年的学习将我带往的是一张博士的资格证，那么我要从中获得什么呢？其实，从认识自己出发，抚慰自己的焦虑和痛苦，才能更真诚地投入研究对象中，将自己的问题化作思考的动力，持久地与研究对象建立有效联系，才能经由这种联系的中介理解自己同社会、历史之间的真实关系，形成一种正反馈。人文研究的魅力也正在于日常的研究工作正是思考自己关心的问题。理解自己的选择、接受自己的工作方式之后，也就不太会受外在因素和他人的影响，能够更专注于自己的研究。可以说，博士论文本身就像一部成长小说，字里行间藏着写作者的心迹。

贺桂梅老师曾在她著作的后记中借用《一代宗师》的话说，问学之人或许也有三种境界，"见自己，见天地，见众生"。我感到十分贴切，虽然我没有办法见到天地与众生，也不敢说真正地见到了自己，但我确实通过认知自我与体会研究对象的互动，感到精神在思考中的充盈，也逐渐同许多自己焦虑的问题和解。

实际上，解决了这个问题，也同时能够解决职业选择与时间焦虑的问题。学术研究工作是一项辛苦又没有很高收入的工作。如果没有现实考量之外的额外收益，又何必强迫自己一定要走这条路呢？人生的道路其实很宽广，一两年时间的浪费也决定不了什么，及时止损是更好的选择。而在时间方面，如果决定了要从事学术研究工作，博士论文将只是自己漫长研究生涯的一小段路而已，如果自己一直在研究道路上前进，时间本身不是问题。而如果已经决定将博士论文当作结束了，博士论文是一定有方法可以按时完成的。最纠结的状态就是，既没有想清楚自己的诉求，又对博士论文感到焦虑。我认为针对这种状态任何外在的建议都不可能解决问题，毕竟，博士论文之后还有更多的论文，到时怎么办呢？最终还是要回到自身，去认识并理解自己的想法。

我的第二个建议，也是贺桂梅老师曾开导我的：对学术研究来说，远路就是近路。在预答辩结束之后，我还想得到更多的意见，由于贺老师没有参加预答辩，我就去向贺老师咨询，其间谈到写作过程的艰难，贺老师就举了例子告诉我这个道理。学术界对于一位研究者的学术评价，是在一定成果的积累之后自然而然形成的，而且往往发生在40岁之后。在这个年龄阶段，你学术成果价值的高低，会得到圈内人的公允评价。所以不要太急于求成，也不要患得患失，一篇博士论文的一鸣惊人或一败涂地决定不了什么，反而可能会让自己陷入自我评价的错位中。学术研究就是一步一个脚印向前走，要把眼光放长远一点，不要局限于当下的成功与失败。我没有这么多人生阅历，但从两年后的今天回看，感到自己在博士论文写作中碰到的很多问题都不成问题，只是当时没有办法跳脱出来思考自己的处境，很多问题被拖延到最终爆发才得到解决。另外，我的体会是，只要保持阅读与思考，任何的积累都不会白费的。在我推翻原有的开题成果、重新形成问题意识并思考论文结构的时候，我认为之所以能够快速地补救回来，是因为我从本科开始，就一直在阅读理论，我的导师也不断要求我多读基础理论。我的理论资源比较驳杂，但只要有一个问题意识收束，就能够很快地被整合、运用。同时，我兴趣比较广泛，除文学、影视之外，对美术、话剧、戏曲也有所涉猎，这在最终版本的研究中也得到了体现，帮助我在资源获取困难的时期弥补了漏洞。从这个角度看，我前几年奢侈地"浪费"时间，也不是没有用处。我想，远路就是近路，对人文学术研究来说，是一种朴素的辩证法思想。

具体的写作技术方面的培养，包括文献辨别、文本分析、修辞表达等，需要有针对性地训练，并且依赖写作后持续的、细心的调整与修改，我目前也还在持续地学习，我想其他人的建议会更有参考价值。

用积极的心态，拥抱真理的太阳

杨　子

2017 年毕业于中国艺术研究院研究生院中国音乐史专业
现就职于北京市东城区教育科学研究院

◆ 作为一名博士研究生，我们不能忘记初心，要坚持探索新领域、获真知、求真理的抱负和追求，不贪恋眼前的功利，有甘于寂寞、潜心问道的精神和决心。练就独立思考的能力，不迷信权威，不怕困难，敢于入冷门、辟蹊径。具备高度的责任感、旺盛的求知欲、强烈的好奇心、敏锐的洞察力、坚忍不拔的心理素质，在学术研究的道路上发挥我们的才能和贡献。

我是中国艺术研究院 2014 级中国音乐史专业的博士研究生，能够在最美好的时光邂逅中国艺术研究领域最高殿堂，接受国内顶级学者的学术滋养，结识众多良师益友，是我人生中最大的幸事。回顾博士论文的撰写，是一场智力、体力、精神的拉锯战、持久战，苦辣酸甜尝尽。依稀记得我为查阅文献跑遍了北京各大图书馆，也曾深陷某个逻辑问题彻夜难眠，还曾与师友因为学术交流促膝长谈，更曾为毕业答辩的顺利通过喜极而泣。毕业五年后，当我收到李修建老师的邀请函时，非常惊喜也倍感荣幸，感谢母校、感谢恩师对我的栽培和信任，仅以个人微不足道的写作经验供学弟学妹参考，希望对您的论文写作有所助力。

一、论文选题之我见

"好的开题是论文成功的一半"，明确选题是开始独立研究的第一步，也是博士论文写作至关重要的一步。面对浩如烟海的学科领域，如何大海捞针选取最合适的博士论文题目，我的经验是兴趣＋思考＋创新。

（一）兴趣是最好的老师

中国艺术研究院秦序研究员和河南大学赵为民教授及其团队，在我国唐宋音乐研究方面取得了巨大成就和突破，他们治学思想的光芒深深影响着我。硕士阶段就读于河南大学的我，已经开始着手宋代音乐史的学习和研究，看着《东京梦华录》里记载着热闹的汴梁城，无不让我为宋史所着迷。浓厚的学术研究氛围和个人兴趣使然，我一方面大量阅读《宋史》《梦粱录》《西湖老人繁盛录》等基础史料，另一方面学习赵为民老师、张国强老师等河南大学师生组建的宋代音乐史研究团队的研究成果和硕博论文，并撰写硕士学位论文《姜白石词调歌曲研究综论》，为我积淀了相对扎实的文献基础。博士阶段，有幸加入秦门，秦老师及其研究团队不仅对唐代音乐研究颇有建树，拜读秦老师主编的《中华艺术通史·隋唐卷·上编》更是让我对大史学观产生了新的认识，在秦师指导下，多位青年学者尝试从艺术（音乐）经济学角度对中国古代音乐开展音乐学、经济学的多学科交叉研究，其视角新颖、观念超前，积极探索大史学观的魅力，打开了我"开眼看世界"的新格局。正是由于前期学术研究的积淀和个人兴趣，以及硕博导师的引路，让我对唐宋音乐文化产生浓厚的兴趣，并有强烈地想要探寻其规律的好奇心。

（二）具有"问题意识"的深入思考

年鉴学大师费弗尔认为提出问题是所有史学研究的开端和终结，没有问题便没有史学。（参见［法］吕西安·费弗尔《为历史而战》，高煜译，译林出版社2022年版）唐宋音乐转型问题长期以来受到中外史学家的关注，正是有了前期对宋代音乐研究的积累，在博士阶段的学习我逐渐开始关注与宋代音乐有着密切联系却又有独特艺术风格的唐代音乐。作为中国历史上两个相邻的鼎盛王朝，唐宋两代的音乐艺术从音乐场域、音乐形态、音乐类型等各方面来看都有显著差异，造成这些差异的原因究竟是什么？音乐史学家黄翔鹏先生曾经提出著名的"音乐断层说"。而这一说法的提出是黄先生根据经济、政治对音乐文化的影响，从音乐传承关系和音乐形态学的分析出发，以音乐的形态特征来确定的历史分期。经济基础决定上层建筑，艺术是建立在一定经济基础之上的，是为经济基础所决定的上层建筑，那么，经济、政治对唐宋音乐文化产生了哪些影响？是如何产生影响的？是否是引起唐宋音乐变化的直接原因、唯一原因？带着这些疑问，我开启了博士论文写作的"序章"。

（三）学术研究需要"大胆假设，小心求证"

纵观科学发展的历史，科学发展的规律是通过观察和实验，运用逻辑思维和创造性思维提出假说，通过对假说的验证与修正形成科学理论，如此循环往复不断深入。所谓"大胆假设"就是倡导学友打破既有观念的束缚，挣脱旧有思想的牢笼，大胆创新，对未解决的问题提出新假设。所谓"小心求证"，是基于假设要寻找事实，进行证明，这是一种务实严谨的学术态度，不能有半点马虎。生活中充满了经济学的智慧，我的博士论文从艺术经济学的视角出发，将隋唐至两宋音乐艺术重要转型期的有关经济模式作为研究对象，结合音乐学、经济学的研究方法，对唐宋音乐的有关经济模式进行比较研究，佐证唐宋音乐艺术发生重要转型是我的研究初衷，也是具有学术创新性的亮点。著名经济学家约翰·梅纳德·凯恩斯曾说过，经济学理论并不是一些现成的可以用于政策分析的结论。它不是教条，而是一种方法，一种智力工具，一种思维技巧，有助于拥有它的人得出正确的结论。（参见张维迎《经济学原理》，西北大学出版社 2015 年版）艺术经济学属于新兴学科，面临着巨大的挑战，如何将经济学中的理论应用到音乐史研究中，需要极大的学术勇气和严谨的治学态度，一方面需要不断加强自身对经济学相关知识的学习，另一方面还要活学活用，在研究的过程中运用好经济学理论。

二、论文写作之我见

如果个人兴趣、研究能力以及文章的可行性等诸多条件都具备，那么你就可以着手论文写作的前期阶段。

（一）基础材料的精读和泛读

"书读百遍，其义自见"，对于音乐史论类博士研究生来说，海量的文献阅读是掌握学科研究现状、获取论文写作论据、收集新资料、产生新观点、形成新思路的重要渠道，这些新发现直接影响着博士论文的写作质量。三年的学习时间，博士论文写作需要花费大量时间进行文献挖掘、整理、观点提炼、学术创新等工作，除此之外博士阶段还有各类课程、作业、活动，真正留给我们专注做论文的时间十分宝贵。面对如此浩瀚的文献史料，提高效率才是王道！我一般采用"泛读＋精读"相结合的方法，对于学界相关的重要文献、文章一定要做到精读、反复读，在此基础上提炼它的主要内容和观点，于我的选题而言，黄翔鹏先生的《唐宋社会生活与唐宋遗音》、赵为民先生的《宋代市井音乐活动概观》《简论宋代音乐的主要特征及其历史地位》等都是必读文章，杨荫浏先生撰写的《中国音乐史稿》、秦序先生主编的《中华艺术通史·隋唐卷·上编》、张维迎撰写的《经济学原理》等都是必读书目，曹丽娜的《唐代民间营利性乐舞的生产与流通》、倪高峰的《艺术经济研究：唐代宫廷乐舞生产、消费的经济基础》、钱慧的《艺术经济学视野下的宋代演艺市场研究》等都是必读硕博论文。而对于与选题关系并不密切的文献泛读即可，一定要做好"断舍离"，舍弃那些与主旨关系不大的观点、数据和参考文献，或者说把部分文献中围绕自己研究的问题提炼分类，即将别人视角下的观点"变为己有"，为日后运用它们做好准备。

（二）撰写"资料汇编"和读书笔记

"好记性不如烂笔头"，随着研究不断深入，你会发现所涉猎的资料越来越多，如果没有及时记录下来，后续再花费时间和精力找回是一件出力不讨好的事情。因此，在写作的一开始就要养成记录文字资料的好习惯，根据初步拟定的论文大纲或研究重点编写"资料汇编"，我是按照三级目录的方式编写的，即时代（唐、宋）—类型（音乐、经济）—若干问题（宫廷、民间、宏观经济学、微观经济学等），你也可以根据自己的研究需要进一步细化。这里我要说的是，一定要记录好史料原文及出处、作者、日期等信息，并对它们做好分类，记录下它对于接下来的论文写作有何参考，切记不要把宝贵的时间用在返工上。另外，要学会做读书笔记，要记录下自己对于这篇文章或这个观点的个人见解和心得体会，以及它们对博士论文写作的贡献，尤其是重要的数据、文献、图片等信息一定要做好注释，随着研究的深入，再重读原文献的笔记时可能还会产生新的认识，这些都要记录下来。可以说，做好读书笔记、及时做好平时阶段性研究的总结是为后续真正进入论文写作阶段打基础，这项工作需要慢工出细活，前期工作做得越精细，后续写作就会越顺利。

（三）理论总结与升华

万事开头难，但是博士论文的写作并不需要等到你的理论或资料都准备完美了才开始动笔，其实史料文献的整理与记录只是第一步，有了一定文献阅读分析的量的积累，就可以开始对史料进行研判和分析，这是最枯燥、最烧脑的过程，也是学术能力得到质的飞跃的阶段。要充分利用各种文献检索方法，广泛收集与课题相关的支撑资料，包括古、今、中、外、正、反等各方面文献资料，并对其进行分类、概括、比较、反思、批判，全面梳理、纵横比较，聚焦研究中的空白点、矛盾点查缺补漏，抽丝剥茧、排沙见金，从而获得论文研究成果的新突破。你的研究不仅仅是对前人研究成果的梳理，更重要的是构建起自己的研究架构，形成一家之说，而且还要经得起众人的推敲，做到"人无我有，人有我优，人弃我取，拾遗补漏"。

三、论文创新之我见

博士论文重在理论观点有新意、有深度。人文社会科学领域，但凡人们观察到的现象、思考过的问题，前人多少都会有所涉猎，甚至形成诸多理论观点。但不是所有观点都是正确的或者完善的，随着时空的延续与转换，这些理论观点赖以生存的基础可能发生重大变化，人文社会学科博士论文研究的创新和价值主要体现在理论观点的突破上。仅以我的博士论文《隋唐至两宋：音乐艺术重要转型期相关经济模式的传承与演变》为例，我没有去搭建空中楼阁，而是在黄翔鹏、秦序等前人已有研究成果的基础上添砖加瓦，借鉴艺术经济学领域新的研究视角与方法，对已有观点进行进一步研究和拓展，尝试在多学科知识的融合中实现前进性创新。如何在理论观点上取得一定突破，可以尝试从以下方面努力。

（一）转变思维，灵活运用

思维定式有利于解决熟悉的问题，但不利于提出解决问题的新思路。因此，对于博士论文写作这类再造性学习而言，要学会突破思维定式，运用发散性思维，变单一思维为多向思维、正向思维为反向思维，使思考问题的方式具有灵活性、多向性与批判性，从而更加全方位、多角度地看待和求证已有结论，这样一定会产生新的收获。就如同唐宋音乐转型问题，不能简单地用朝代的更迭给音乐的变化下定论，而是要在结合历史背景的前提下，遵循艺术发展的自身规律。就音乐形式而论，我国宋元音乐文化出现巨大转折，即由歌舞转向戏曲。宋代社会从宫廷到民间的演出体制、欣赏主题的审美需求等诸多变化对延续下来的隋唐音乐艺术提出新的挑战，唐代规模庞大的歌舞大曲至宋代已不再表演全曲，仅以"摘遍"表演，但这并不意味着宋元音乐的衰微。相反，为适应市民阶层文化生活、审美娱乐的需求，新的音乐艺术应运而生，民间艺术生产者们巧妙地运用歌唱、演奏、语言、肢体动作、表情以及布景、服饰等艺术传达的物化手段，迎合新观众的审美取向，瓦舍勾栏中的艺人、社团之间相互竞争、彼此切磋、不断创新，创作杂剧、说书、傀儡戏、影戏、说唱、诸宫调等新产品从而获得更多的利益。这也正反映出歌舞艺术汇入戏曲艺术的史实，说明宋元音乐文化已向普及面更广、综合性更强的艺术形式发展。

（二）拓宽视野，融会贯通

伯顿·克拉克曾说，没有一种研究方法能揭示一切，宽阔的论述必须是多学科的。（参见［美］伯顿·克拉克主编《高等教育新论——多学科的研究》，王承绪、徐辉、郑继伟、张民选、张维平译，浙江教育出版社2001年版）任何事物的发展都具有复杂、多维的属性。如果只从已有视角去观察，往往只能看到大家都已经看到的一个侧面，假如可以转换观察视角，就会有新的发现。博士学习阶段，在恩师秦序先生的指导下，我开始不断拓宽自己的学科视野，颇具创新性地借鉴其他学科的研究方法，探索在音乐学、历史学、经济学等不同学科之间建构起互补整合与建设性的对话关系，把唐宋音乐转型带来的独特学术立场与政治、经济、文化等多角度审视结合，从多学科的角度审视研究对象，探究本质规律。例如唐代多部乐，在初唐，规模宏大、歌颂千秋的歌舞大曲的确起到良好的震慑和维护统治作用，还为雅乐带来了欣欣向荣的气象。随着时间的推移，这些内容相似、结构庞大、具有一定程式性的仪式乐舞，几乎每天都会在宫廷上演数次，规模庞大的多部乐乐伎生活、乐器维护等都需要经费支持，这笔巨款无不给朝廷带来繁重的开销。结合经济学中边际效应递减的规律，我们发现这些内容脱离生活、形式单一，耗费人力物力财力的歌舞大曲逐渐黯然失色。传统乐舞运行机制受到商品经济和国家政策等因素的影响有所松动，官方音乐机构和乐人的数量大规模递减，为了生存需要，这些遣散出宫的乐工流入民间通常以"卖艺"的方式赚取生活费。在追求更高利益的欲望下，即使一些在籍的宫廷乐工也开始自发地突破原来轮值轮训的规定，在民间演出以获取高额收入。

（三）重在积累，善于发现

功夫在平时，知识在积累。掌握充分的第一手资料是论文创新的重要基础。在日常的学习、阅读、思考中，要善于留心发现、及时记载各种资料与感受，在平凡中捕捉细微的思想火花。在充分认识真理的相对性和价值的多元性的基础上，对各种学派、学科、理论与方法保持宽容。艺术商品的价值是艺术劳动创造的，但这种商品如果不投放到市场上，它的价值只是潜在的、可能的、未然的，而不是现实的。宋代民间的瓦舍勾栏具有显著的商业性娱乐市场特征，据《东京梦华录》记载，北宋时瓦舍已有8座，其中最大的"象棚"可容纳上千人。据《西湖老人繁盛录》统计，南宋中期城内的瓦舍有 5 座，城外有 20 座，大大超过了汴京的数量。《梦粱录》《武林旧事》等史料中记载众多专长不同的实名职业艺人，且他们的队伍相当成熟，可见偏安一隅的南宋都城临安，其音乐市场远大于北宋都城汴京的需求。包括《庄家不识勾栏》中记载的向观众实行收费的入场制度，《鸡肋篇》记载体现了竞争策略的"较艺"促销手段，产生了说书、傀儡戏、叫卖等众多艺术商品等信息。而搜集这些史料，需要我们在平时的阅读中善于思考，运用敏锐的学术眼光来发现和积累，以精准、有力的史料给予论点支撑。

四、论文开题、中期、答辩之我见

想要顺利获得博士学位，必须经历博士论文的开题、中期、外审、答辩等层层关卡，有的学友因此产生了巨大的心理压力，其实大可不必。这些程序有助于自己理清博士论文写作的目标，总结阶段性研究成果，也能帮助自己养成良好的学术规范，更是对语言表达和临场发挥能力的锻炼。

（一）论文开题

论文开题的实质是通过开题报告向专家汇报自己博士论文的前期准备情况和论文研究的可行性分析，需要你前期已经完成检索、阅读大量有关文献的工作，撰写好文献综述是我们进行科研的基本功，这里要注意的是，文献综述不仅是为了陈述信息，还是为了说明你的研究是否有意义与有价值，是否在尝试探索前人的研究盲点，以及你所发现的种种空白和缺失，是开启博士论文研究的起点、基础，也正是需要你大展身手的地方。同时，开题报告也会进一步明确论文写作的指导思想、写作目标、研究对象、概念界定、研究方法，制定写作步骤等内容，在此基础上搭建起初步的论文框架，这个框架也可以根据研究的推进不断完善。论文开题为你接下来的论文写作列出来详细的计划，你的开题报告越完善越详细越充实，对后续工作的开展就越有利。

（二）论文中期

中期是对自己论文写作现阶段的总结和回顾，以及下一阶段工作的规划和部署。到目前为止，开题时的设想是否有所推进？已经完成了哪些任务？有何成果？又遇到什么新问题？是否有解决方案？等等。这些问题都是通过中期检查来帮助你做进一步梳理，同时，通过导师与现场专家的指导，帮助你理清思路，找出接下来的研究路径和方法。

从开题报告到中期报告是博士论文写作过程中较为顺畅的一个阶段。经过开题时的系统构思和反复斟酌，大部分学友都可以顺利起步。从思维活动走向来看，这段研究是从聚焦走向发散的过程，经过一段时间的发散思维，会不断有新的"收获""创意"产生，随之深层次的矛盾也逐渐显露。新的问题有可能是产生的"新想法"太多而无从舍取，也有可能是找不到原有问题的突破口，因此，这一时期即将进入研究的瓶颈期，有些学友甚至产生了更换选题的想法。那么，中期检查专家和导师的主要任务就是帮助你进一步理清主线，校正研究方向，使博士生的发散思维重新聚焦、定向，分析矛盾和问题的症结，提出建设性的解决方案。只有剥离掉那些难成"正果"的奇思异想，才能使那些有学术价值的创意明晰化。同时，关键问题的破解也可能使论文进入一个全新的境界，为创新点的生成打开思维的空间，其中导师和评议专家高屋建瓴的点拨，往往会起到事半功倍的效果。

（三）论文答辩

最牵动人心的时刻，莫过于毕业答辩。一场成功的毕业答辩，除了论文要写得扎实、规范，现场发言和 PPT 展示同样要精彩。陈述阶段是你前期论文研究成果的展示和汇报，而提问环节则是对你全面掌握论文研究成果的考察，以及临场发挥能力的体现。答辩前你需要十分熟悉自己的论文，总结自己的研究创新点和成果，熟悉本领域近年来的重点研究发现，总摘要和分章摘要的撰写要抓住文章的精髓，条理清晰、层次分明、客观全面，并将它们以精练的语言表达出来。最好能尝试从答辩老师的角度去阅读自己的文章，并针对性地提出设问、自问自答，有时间的话，可以先进行几次预答辩。在回答专家问题时，要保持严谨的逻辑性，围绕研究对象、研究成果、研究亮点紧扣研究假设中开展的主要验证工作进行解答。如果现场有老师提出论文中存在的明显错误，可以大方承认，不用过度反驳辩解。如果有老师提出质疑，也抱着虚心请教的态度，老师的提问也许是在考察你的答辩能力或对你自己观点的坚定程度，只要你言之有理、持之有据，能自圆其说，也可以语气委婉地表达自己的观点或者探索性地保留回答。如果前期做好了充足的准备，那么答辩大可不必紧张，充满自信、沉着冷静，才会在答辩时有良好的发挥和表现。

五、收获与感悟

这一阶段的同龄人大多已结婚生子，有稳定的职业和收入，找到了人生明确的发展方向。而作为选择继续读博的学友，时常会感到焦虑，这份焦虑来自对未来的不确定性。我想说的是，预测未来最好的方式，就是去创造它！十年寒窗苦读，我们终于来到象牙塔的塔尖，我相信每一个选择攻读博士学位的人都是怀揣着梦想的，绝不只是为了获得一纸文凭，谋一份职业。培养和造就大批创新型人才是时代赋予高等教育的重要任务，博士生教育处于高等教育的龙头地位。作为一名博士研究生，我们不能忘记初心，要坚持探索新领域、获真知、求真理的抱负和追求，不贪恋眼前的功利，有甘于寂寞、潜心问道的精神和决心。练就独立思考的能力，不迷信权威，不怕困难，敢于入冷门、辟蹊径。具备高度的责任感、旺盛的求知欲、强烈的好奇心、敏锐的洞察力、坚忍不拔的心理素质，在学术研究的道路上发挥我们的才能和贡献。

在学历教育之前，我们的学习大多数是为了应对考试，对于知识深度的把握和探索创新十分欠缺。本科阶段注重的是通专结合的知识教育与创新意识的培养，硕士阶段强调的是通才基础上的专业教育和创新能力的提高，而博士学习阶段，不仅要求具有科学严谨的态度和求真务实的精神，更为突出的是创新素质的全面提高，敢于探索未知的新领域。博士论文的形成必须是经过认真准备、理性思考，并且与导师及相关学者充分交流、论证后提出的理论上或实践中的真问题，与你的个人研究兴趣、学术背景、研究条件等相符合，且具有可行性，确保可以完成，同时要具备强烈的问题意识、创新意识。根据对1999—2001年评选的300篇全国优秀博士论文的分析来看，其共同特点之一就是"论文的选题为本学科前沿，具有较大的理论意义和现实意义，涉及本学科研究热点和难点问题，也是国际上比较活跃的研究课题"（董泽芳：《博士学位论文创新的十个切入点》，《学位与研究生教育》2008年第7期）。在"创新"的过程中，我们会为了解决一个问题而搜肠刮肚、绞尽脑汁，这都是在不断深化曾经学过的知识，并对其进一步科学加工和提炼，乃至推进该领域的发展。这个过程并不轻松，需要改变我们对于知识以往的认知，改变原有知识的排列顺序，至少是在某一个研究领域的小点上有所突破。

"如果我看得比别人更远些，那是因为我站在巨人的肩膀上"，导师多年的经验会给你强有力的指导，凭借导师多年的科研经验，能够较为精准地告诉你方向、内容，最好在与导师讨论前，自己能够有基本的思路和框架，这样的讨论才更有针对性。在中国艺术研究院读博的优势之一，就是你可以随时与艺术学、电影学、美术学等众多艺术门类的博士学友进行学术交流讨论，他们的选题可能与你不一样，但是思路是可以借鉴的，通过与大家的讨论，也会激发你从其他角度分析问题，有些时候这些问题正是你没有考虑到的。

"书山有路勤为径，学海无涯苦作舟"，如果说写博士论文有捷径，那就是坚持、勤奋和刻苦！耐得住寂寞，守得住清贫，沉得下心性，假若真的进入瓶颈期时，要鼓励自己再坚持一下，如果实在写不下去，不如按下暂停键，出去痛快地玩，找到适合自己的放松方式。博士论文的撰写就像是一场马拉松，你要掌握好节奏，不要因噎废食，身体是革命的本钱，劳逸结合、循序渐进才能走到最后。总之，经历博士阶段的学习和博士论文的写作，相信这个"痛并快乐着"的过程，一定会让你化茧成蝶，用积极的心态，拥抱真理的太阳！

从"半折心始"到"垂帷制胜"

——我的博士论文写作经验谈

杨 宁

2017年毕业于首都师范大学文学院文艺学专业
现就职于中央民族大学

◆ 在这一过程中,我意识到,博士论文的选题背后一定要有野心,题目或许可以很小,但背后的野心一定不能小。而所谓的野心,就是要把选题放置在一个更大的理论视野中去考察,一方面可以让选题具有学术价值,另一方面也可以让本来似乎陈旧的选题具有新的问题生长点。

前些日子，正当我忙着期末出卷子、看学生的学位论文的时候，一位比我小很多届的同门师弟找我聊天。在聊天的过程中，他问了我一个问题：博士生应该怎样才能写出一篇好的博士论文？说实话，我似乎一直没有思考过这个问题。毕竟在读书的过程中，导师对学生的指导往往更多地侧重形而上的知识层面，形而下层面的写作方法教授甚少。后来自己独立从事教学科研工作之后，虽然大部分时间都在备课和写论文，但很少以审视的态度反思撰写论文的方法和技巧。幸好得这一机会，可以回顾那段与论文博弈的日子，谈谈自己写作博士论文的经验。

在我看来，博士论文的写作与其说是对自己学术成果的一次呈现，不如说是对自己的一次磨炼，在这一过程中所收获的不仅是对某一问题认知边界的突破，更是对治学态度、研究方法、学术视野的提升。毕竟在这个世界上，不是每个人都能有写作博士论文的机会的，所以当自己有幸经历这一切的时候，回想起来远不止"珍贵"二字这么简单。

当然任何经验都有其有限性。不同专业、不同领域、不同选题的方式方法往往有很大区别。我所谈的内容都仅仅代表个人的心得体会，并不具有普遍性，供大家参考。

一、"好"的博士论文应该是什么样？

相信大家在撰写博士论文时，有个问题始终会萦绕在头脑中，而且每一次动笔都是对这个问题的一次回应，那就是：到底什么样的论文才算是一篇"好"论文？

我曾经设想过这样一个场景：自己成了高校教师后，给学生讲授古代文论这门课，在讲到钟嵘《诗品》的时候，课后学生问了我一个问题：老师，我阅读哪本著作能帮助自己全面、专业、深入地了解《诗品》呢？这时候，我很可能会毫不犹豫地回答：曹旭教授的《诗品研究》，而且还会对学生说：了解钟嵘的《诗品》，看这本，就够了。

对，就是这句"看这本，就够了"，或许恰恰体现了一篇博士论文的理想状态。它至少意味着优秀博士论文四个特点：全面、深入、准确、创新。首先，全面指的是论文内容充实，覆盖论题背后的所有内容。全面不等于面面俱到，而是将论题所涉及的所有相关问题都进行充分的论述。这需要研究者对选题有足够充分的准备，能够全面地查阅所有相关资料，没有任何遗漏。其次，深入指的是文章的论述并不仅仅停留在现象层面，还要分析背后的成因，还要体现出一定的理论性，能够在已有文献的基础上提出新的问题并予以分析。再次，准确指的是论文对于文献的把握要准确，对于问题的分析要严谨，所有判断都要有根据，不能随意发挥，否则很容易闹出笑话。比如我曾经就看到有文章在讨论陶渊明在魏晋时期地位问题时引用了《文心雕龙·隐秀》中"境玄思淡"这句话。然而问题是，这句话并未出现在《文心雕龙》的早期版本中，而是出现在明代以后的"补文"中。关于这段补文的真伪问题，学术界目前争议很大而且基本倾向认为是伪作。拿一个有争议甚至很有可能是伪作的材料来作为论据，显然是站不住脚的。所以一篇能够做到"准确"二字的博士论文，对写作者功底的要求是很高的。最后，创新就是指论文不是简单地重复已有观点，而是在已有观点的基础上提出新的见解，而且这些见解经过了充分的论争和分析，能够禁得住历史的推敲。

不同人对好论文的理解并不相同，而且做到这四点显然并不容易，在我看来，如果要想撰写一篇好的博士论文，关键要在两个方面下功夫：一个是选题，一个是论证。接下来我重点从这两方面来谈。

二、选题的背后是野心和格局

我博士论文的选题是从博士刚入学开始进行的。当时刚刚拿到录取通知书还没正式入学，导师就把我和几位师兄师姐叫到一起商量我博士论文的选题问题。我当时虽然知道博士论文选题要趁早，但没想到要这么早。于是当导师问我论文选题的想法的时候，我完全是懵的状态，好在导师给我了一个大致的方向：从宋代到清代选一个思想家从美学角度进行研究。之前的师兄师姐分别选了朱熹和王阳明，接下来让我也选一个。或许是因为恰好那几天在翻阅清代哲学的书，于是我随口就喊出"戴震"两个字，说出的那一刻是随机的，但为了圆这个题目，我费了四年的苦心。

我的论文选题过程可谓充满了偶然和巧合。这个过程背后涉及的可能是所有人在选题阶段都会遇到的困惑：选题要不要等？是要先大量阅读材料，发现问题之后确定选题，还是先确定好选题，之后再进行材料的挖掘和内容的拓展？前期的准备毫无疑问是必要的，但前期准备要到什么程度才可以确立选题？这些问题都是在选题阶段必然遇到的问题和困惑。在我看来，选题之所以是选题，就在于它是一个将所有材料整理过滤之后的一个聚焦过程。阅读的材料越多，思绪就越纷乱，也就越难聚焦到一个点上。但如果阅读的材料太少，聚焦的结果可能会略显狭窄，导致论文缺乏广阔的学术视野。对此我的想法是，先聚焦到某一个问题上，然后随着自己参阅材料和阅读范围的扩大，不断调整自己的聚焦方向。换句话说，不要等到自己把所有问题都想清楚再确立选题，那是基本不可能的，根本不存在一个又新又有价值又好写的题目，很多观点其实是在研究的过程中不断清晰的，而前提是要先有个目标。

在大致确定了将戴震作为研究对象之后，接下来我陷入了巨大的困惑之中。这个困惑主要源于选题的可行性：戴震是清代著名的文字学、训诂学专家，也是著名的哲学家，但从来没有任何一本美学著作说戴震是美学家。那么从美学角度研究戴震思想真的可行吗？这个问题一直困扰了我一年，读博的第一年，我头脑中一直萦绕着这个问题，而且随着时间的推移越发焦虑起来，毕竟如果选题无法成立的话要趁早换题目，否则投入的沉默成本越多，最后的损失越大。随着相关资料的阅读，我总是能够隐约感觉到戴震思想中的某种现代性，并且能清楚地意识到戴震思想与现代美学家们的关联，但却很难梳理出一条理论发展的脉络。

直到我开始反思一个问题：为什么导师让我们选择从宋代到清代的思想家进行美学角度的研究？这一选题背后的目的是什么？后来我逐渐发现，如果翻开任何一部中国美学史著作，会清楚地发现魏晋之前中国美学史的叙述对象基本与哲学史相同，而魏晋之后的中国美学则变为了诗、书、画、乐评论的发展史，哲学成了美学发展的思想背景。于是一个问题在我的脑海里诞生了：魏晋以后的中国哲学难道不蕴含着美学问题吗？对这一问题的思考，直接解决了我长期以来关于戴震思想与中国美学关联的困惑，也让我的博士论文写作顺利很多。

在这一过程中，我意识到，博士论文的选题背后一定要有野心，题目或许可以很小，但背后的野心一定不能小。而所谓的野心，就是要把选题放置在一个更大的理论视野中去考察，一方面可以让选题具有学术价值，另一方面也可以让本来似乎陈旧的选题具有新的问题生长点。

三、问题意识的本质是探索欲望

我的这个选题和思考经历，同时也凸显了博士论文选题"问题意识"的重要性。几乎所有做学术研究的人都知道"问题意识"这个词，但或许很多人并没有深刻地理解到底什么是"问题意识"。很多人都将"问题意识"理解为论文的写作是要围绕特定的问题进行展开，而整个论文就是对某一问题的回答和解决。这种想法有道理，但这仅仅只理解对了一半。还有很多问题需要解决：提出一个什么样的问题？从哪里去寻找问题？而且提出一个问题的背后往往预设着某种结论，这种预设结论的选题往往很难保证研究结果的客观性和严谨性。

事实上，问题意识至少包含两个层面：实然层面和应然层面。实然层面强调的是问题首先是一个客观事实，应然层面才是预设的某种结论。换句话说，预设结论是必要的，但这种必要性必须源自问题的客观性。问题意识的关键，不在于研究者是从哪个角度进行研究或预设了什么样的结论，而在于研究思路和结论是否建立在材料事实的基础上。这就好比一个产品想要卖出去，关键不在于这个产品能解决什么问题，而在于它所面对的客户是否有解决问题的需要。

当问题意识的实然层面和应然层面都具备后，问题意识的核心也就具备了，那就是：问题的必要性。简言之就是，为什么解决这个问题是必要的？为什么非要解决这个问题？不解决它为什么不行？这也是需要在选题时反复思考的问题。很多时候即便研究者自己头脑中有了想法，但这种想法的最终指向是什么却不清楚。难道写论文仅仅是为了满足一下自己的好奇心吗？显然不是，因为自己认为有价值的选题在别人看来不一定也是如此。如何让其他人（学界同人）也意识到自己选题的必要性也是在选题时必须思考并论述的内容。我在思考戴震与中国美学问题时就从一个关键问题出发：戴震思想何以具有了美学意蕴？我将这一问题与中国现代美学发生的本土话语问题相联系，因为戴震思想之所以与美学绝缘，在于现代美学的理论体系往往被认为是建立在西方美学理论框架之上的，所以解决戴震思想的美学问题，就要重新审视现代美学发生的理论框架的合理性。于是在明确了相关历史材料之后，我将问题放置在了中国美学现代发生的内在线索问题中进行考量。这样一来，问题的必要性得以凸显，同时还能够做到由点及面。

所以，"问题意识"的关键不在于提出一个什么样的问题，而在于这个问题被研究的必要性在哪里。而这种"问题意识"从哪里来？当然，一般而言导师会给出很大的帮助，但更重要的是要从自己平时阅读中的真切体会中得来。在平时阅读文献时，随着阅读量的增大，一定会产生一种"这个问题怎么可以这样"或者"总觉得哪里不太对劲儿"的困惑，而这种困惑就形成了论文写作的一种探索欲望。一般而言，自己能够看出"不对劲儿"的问题往往也是其他学者能够感同身受的问题，而只有当这个问题被学界同人公认为是个问题的时候，问题的研究才有价值和意义。如果还没有产生这种困惑就开始选题并进行写作，其结果往往是生拉硬拽，论文越写越写不下去，越写越觉得不自信。

四、选题的目的是建构"问题域"

确定了选题的大致方向，仅仅是博士论文写作的起点，博士论文是一个大项目，这就意味着它表面上是要解决一个问题，但在这个问题的背后一定隐藏着很多个小问题。而博士论文的整体框架就是要将这一个个小问题逐个击破，进而凸显全文的基本逻辑线索。

如果说"问题意识"是选题的起点，那么建立由多个问题组成的"问题域"则是选题的最终目的，它直接决定了论文框架的建构。所谓"问题域"是指围绕一个核心问题引发出来的多个子问题，然后每个子问题又会引发很多子问题，这样衍生开去，形成一个网状的问题线索。在这个复杂的"问题域"中，问题之间的层级关系和逻辑关系就基本构成了论文的章节框架和骨架设计。这也是撰写论文和编写教材的根本区别所在，教材编写要面面俱到，要对学科内涉及的所有知识点都进行梳理，但撰写论文要有问题意识，不同章节之间要有明显的逻辑关系。所以写博士论文不是写教材，不是简单地对相关的材料进行梳理堆砌就完成了，而是要在每一章节的设计中体现出与中心选题之间的逻辑关联。这样的文章才具有针对性，也更具有学术性。

必须指出的是，"问题域"的形成，与选题的大小有着密切关系。一般而言，博士论文的选题可以适当"大"一些，毕竟博士论文至少要有十万字以上的体量。但如前所述，这并不等于论文的题目可以无限大，因为"大"往往意味着"散"，而"散"往往意味难以聚焦、缺乏问题意识。反过来，博士论文选题也不能太小，如果问题太小，就很难形成由一连串问题组成的"问题域"。那么接下来的问题是，多大的选题算"大"，多大的选题又算是"合适"？这其中的"度"到底应该如何拿捏？我个人的经验是，选题一定要做到以点带面，也就是说可以从小处着眼，但要联系背后的大问题。我的选题就是从确立戴震思想为研究对象开始的，如果仅仅以戴震思想为研究对象，前人成果太多而且很难有新的突破点，于是我将戴震思想与中国美学的现代发生这个大问题相联系，试图以戴震这个思想家为一个点带动起对中国美学史观的反思。这种以点带面的选题方式就会自然生发出很多新的问题，比如：美学与哲学是什么关系？中国美学与西方美学是什么关系？古代美学与现代美学又是什么关系？这一系列的问题及其所引申出来的问题就构成了一个大的"问题域"。"问题域"一旦形成，接下来只需要寻找到问题之间的逻辑关系并搭建框架，然后将问题逐个击破就可以了。可见在博士论文选题和思考的过程中，"问题域"的形成至关重要。

一般而言，在博士论文选题的初始阶段，题目往往容易选得很大，这恰恰是研究不够深入的表现。因为看的材料不多，头脑中的观点不多，拟的选题只能从大处着眼。但论文的思考过程和写作过程恰恰就是一个从大问题逐渐聚焦的过程，随着问题越来越具体，论文所聚焦的对象也越来越具体，问题的"靶心"也越来越清晰，论文的整体性和逻辑严密性也越来越强。而这个过程就是一个"问题域"的形成过程，当"问题域"基本成形的时候，论文的基本框架和结构也就成形了，此时论题的大小也有了一个比较合适的程度。

五、文献综述：关键是"论"而非"述"

在开始正式论文写作之前，文献综述是必不可少的一环，它像盖楼的地基一样，直接决定了论文的根基是否稳固。很多老师在评阅文献综述的时候，都会用一个词——"扎实"。那到底什么叫"扎实"的文献综述呢？

首先，文献综述不是简单地罗列材料，而是要通过罗列材料的方式进行评论。也就是说，文献综述一定是研究者先看过了很多相关问题的研究文献，然后对某一问题进行归纳总结的结果。我见过很多研究者喜欢按照文献的时代进行罗列分析，诸如"新中国成立以前的研究""新时期以来的研究""21世纪以来的研究"等，分析每一时代的研究状况和特点。或者是按照中西进行分类，罗列中西方不同历史时期对某一问题的认识。但我个人认为这些文献的罗列方式稍显简单，它没有凸显出论文应有的问题意识。所以我的建议是，首先列出论文所涉及的几方面问题，其次搜寻所有跟每个问题相关的文献，最后以评论的方式引出文献。这样能够确保文献综述与论题之间的逻辑联系，也为后文展开分析奠定了基础。

其次，阅读文献不是去看自己的题目有没有被别人写过，事实上如果是有价值的选题，大概率会在之前就已经有人论述过了。但这并不意味着论文选题就没有研究的价值，而且这给课题的研究提出了更高的要求。在阅读文献时要带着问题去读，并且要能读出论文的核心观点和文章的论证架构，在撰写文献综述时，不仅要关注文献的观点是什么，更要关注到作者是如何论证这一观点的。因为很多时候，结论一致的论文并不意味着论证方法也相同，结论一致的文献也并不意味着就能简单地归入同一文献类型中。所以论证方法、论述所针对的对象，也是阅读文献的关键。

再次，在梳理文献的时候经常会遇到与自己选题观点相反的文献，这时候研究者就会陷入一种两难：面对这些和自己观点不一致的材料，可以忽略并假装不存在吗？答案显然是不可以。因为写论文的最终目的，不是要得出一个自己在写之前早已预设了的结论（虽然预设结论是必要的），而是要通过广泛的阅读，比较正反两方面的材料之后，得出一个更加准确、客观、辩证的结论。尤其是当自己觉得别人的观点说得还很有道理的时候，要反思到底为什么人家能说服自己？进而通过这种反思补全自己文章的漏洞。所以文献资料的查阅过程乃至论文的整个写作过程，都是一个不断调整自己论文靶心的过程，在这一过程中，通过多方面的阅读和分析，让自己论文的观点越来越清晰、越来越明确。

而且必须要指出的是，查阅资料的范围不能仅局限于论题研究的范围内，很多表面上看上去与论题无关的材料或许能从另一个侧面提供一些启发。当然每个人的精力都是有限的，这就需要依靠长期的积累。

六、论文写作：有想法就要写出来

在博士论文写作过程中，很多人还会遇到这样的问题：对每个问题的论述，是不是都要从"1+1=2"写起？我在写博士论文的时候就遇到过类似的问题，当自己对论文的思考形成了一个大的"问题域"之后，对每个子问题的论述从何处开始成了难题。我研究戴震思想与美学现代转型问题，势必涉及整个清代美学和思想的状况，同时，既然要探讨转型问题，就势必要论述转型前后的变化问题。那么我有没有必要把整个中国美学史（从上古到清代）都梳理一遍呢？如果不梳理，论述似乎就缺了一环，而如果梳理，文章的体量将会过于庞大甚至会跑题。这个难题始终伴随着论文的写作过程，比如是不是论文中提到的每个概念都要定义？定义概念时要不要梳理概念的历史？如果要梳理历史的话，要从什么时候开始梳理？等等。这实质上反映出博士论文对内容全面性的要求和问题针对性的要求之间的矛盾，也就是说，博士论文一方面要体现出知识的广度和深度，要对用到的概念、术语、材料进行严格的考证分析，同时还要全面；另一方面要具有问题意识，围绕某一具体问题展开讨论，要具有严密的逻辑。于是在写作过程中，势必要对这两方面问题进行权衡。当然对这一问题的处理方式也很简单，以问题为导向，论文不求大、不求全，而是在行文过程中遇到哪些问题就解决哪些问题。对于有些过于庞大且与论题略远的问题，采取则要论述的方式，以凸显论文的完整性。

很多人在提及学术论文写作之难的时候，都会提及过程中会有写不下去的阶段。但这个问题对我的影响似乎并不大。我记得我是在博士最后一年才开始正式提笔进行写作的,初稿大致花了三个月就已经完成。虽然这其中也遇到了很多困难,但总体上还算是比较顺利。因为在我看来,论文的写作不是整个博士论文写作的起点和开始,而是最后的收尾和冲刺。换句话说,写作是在前期准备足够充分且将大致的逻辑框架建构清楚之后将所有准备誊到纸上的过程。当然,准备充分也不一定意味着写作过程的顺利,如果遇到了那种写到一半就卡住,然后憋了好几天连方向都找不到的情况,多半说明在选题和准备阶段就没有打好基础。

事实上,我在读博士的前三年,已经大大小小写了很多篇小论文,而且这些小论文都基本上围绕着我毕业论文的选题展开,属于论题"问题域"的一部分。在最后的写作过程中,前面小论文中的很多东西完全可以直接用上。所以,写博士论文不必苛求完美,完美的准备工作是不可能的。在读博士前三年的时间里,自己一旦有了想法就要写下来,如果文思泉涌,可以先写出几篇小论文,而且不必在意这些小论文与最终的大论文之间的关系。这些小论文为最后的博士论文写作提供了非常重要的助力。

南朝时期的刘勰就曾说:"方其搦翰,气倍辞前;暨乎篇成,半折心始。何则?意翻空而易奇,言征实而难巧也。"无论之前想得多么充分,写作时都会遇到阻力,这是由写作这一行为背后所隐含的言意矛盾决定的。而且,博士论文写作中的这种阻力还经常会引发另一个问题,那就是每当论文写作受阻的时候,不仅会开始质疑自己的写作能力,甚至会质疑选题是否合理,这个论题是否值得进行下去。当然这种情况很有可能是,随着论文写作的展开,论文的论证过程离原有的理论预设越来越远,甚至在朝着相反的方向走。这种情况怎么办?首先,遇到这种情况非常正常,而解决的方法也很简单:不要怀疑自己,只管继续写下去,当写到一定程度的时候反过来再回头看当初的章节小标题,往往会发现可能有更适合的论题且引申出很多更为深入的问题。论文写作并不是写辩论讲稿,没有必要死守论题不放,而是要在多层面展开的分析中实现自圆其说。

七、撰写反思：避免理论陷阱

在写博士论文的时候，经常会不自觉地步入某种"理论陷阱"，而且进入陷阱之后自己可能还浑然不觉，直到毕业答辩的时候才会被老师质疑。接下来就针对这些"理论陷阱"谈谈避开的方法。

第一种陷阱是在写作过程中经常需要对诸如原因、影响等问题进行分类。而分类的依据很容易露出马脚，很容易被答辩老师问：你为什么要这么分类呢？分类的依据和标准是什么？为什么要参照这个标准分类而不是其他标准呢？是不是因为这个分类标准有助于你得出的结论呢？所以，在对现象进行分析的过程中，一定要注意的是分析背后的理论框架是什么。博士论文的专业性往往体现在，论文的语言表述不能只停留在现象层面，还必须得在你的专业知识和专业理论的指导之下，对这个现象背后的问题进行理论升华，找到这个现象背后对应的理论问题。一般而言，让论述分析深入的最简单的方式就是分析现象背后的原因，这里也应该注意一个问题，很多时候给出原因比较容易，但博士论文还应该分析的一点是，为什么是这些原因呢？是自己拍脑门想的，还是有根据的呢？而且有的时候分析原因往往要从几个层面出发，那为什么要分为这几个层面呢？不同原因之间的逻辑关系是什么呢？这些问题都需要在论述中清楚地呈现出来。

第二种陷阱是在写论文的过程中，经常会不自然地呈现出一种本质化的语言表述方式。比如"宋代是充斥着理学思想的时代""中国古代的审美是以主客二分为前提的"，这些表述乍一看好像没问题，但只要深究就存在很大问题：整个宋代都是充斥着理学思想的吗？"理学"这个概念是个可以"一言以蔽之"的概念吗？宋代人没有受到其他思想影响了吗？这些问题本来都是非常复杂的学术问题，而这样的表述却遮蔽了这些复杂问题。如果博士论文全文都充斥着这样的表述，那么很容易让人质疑论文整体的学术水准。所以这是在论文写作时需要时刻注意的。解决的办法很简单也很粗暴，那就是在写论文时努力做到每一句都是禁得住推敲的，写完每一句都要反问一下自己：这句话做出的判断恰当吗？有没有其他相关材料和问题被忽视？如果有，那就要查阅资料。这样的写作过程无疑是痛苦的，但这样的写作能在最大程度上确保论文的合理性和有效性。

第三种陷阱是历史与逻辑的张力关系。人文学科的研究，尤其是理论研究，经常会在叙述现象或梳理历史的过程中带有强烈的目的论色彩。也就是为了让自己的观点符合某个结论，努力将自己的表述与结论靠近。比如在叙述一个作家的写作特点的时候，往往会说作家的"早期特点""中期特点""晚期特点"，然后举出很多作品予以证明。但这样的写作背后的逻辑是，先预设出了"早中晚"三个时期及特点，然后从文献材料中找出相应的例子证明。这导致论文得出的结论并不是可观严谨的，相反带有很强的倾向性。而很多人即便论文写完了都还不自知，直到答辩时老师举出反例才意识到问题的严重性。解决这一问题的方法我认为应该从两方面入手，一方面要尽可能避免过于强烈的理论预设性，要努力从材料本身生发出观点，而不是用理论"切割"观点；另一方面要拓宽理论的视野，不要简单地用一种理论、一种框架、一种主义去理解材料，这样对材料的理解和阐释也会更加客观。

当然，学术论文水平提升的关键在于实践，即要在博览群书、广泛阅读的基础上多动笔、多练习。博士论文的写作过程就像是一场修行，如果想要实现最终的"涅槃"，必须有愿意坐冷板凳的决心，只有这样，才能"结虑司契，垂帷制胜"。

2022 年 5 月于北京

博士论文写作经验谈

杨　肖

2017年毕业于美国西北大学艺术史专业
现就职于中国艺术研究院

◆ 但我认为，如果一个艺术史研究者对某件作品本身毫无"感觉"，只因它是学界近期关注的对象而研究之，恐怕很难有所洞见，反倒容易得出看似"客观""理性"实则不贴合对象本身的"不及物"之论。

◆ 在写作的初始阶段，可以依照初步的写作大纲，将论文准备探讨的论题分为多个问题层次，再列出每个问题层次需要具体涉及的核心案例，然后，不妨先从材料掌握得最充分、思考得最深入的问题层次或核心案例写起，亦即从整部论文中自己感到论述起来最有信心的那个"局部"（章或节）入手。

收到修建兄稿约作"博士学位论文写作经验谈",第一反应是惶恐,并非故作谦虚,而是自觉并非"正面教材"。2017 年年初,我毕业于美国西北大学,获艺术史博士学位,可很长一段时间以来,自感并不擅长以长篇累牍的学术文字表述自己在艺术上的心得,总觉面对作品时的感悟如同吉光片羽,很难通过条分缕析的学术语言精准捕捉。回顾写作博士论文的经历,发现自己从来都不是个特别讲求"效率"的人,反而惯于任凭兴趣驱使,胆敢以一腔孤勇、一意孤行,做出一系列"舍近求远"的努力。可想而知,我在此间经历过无数困惑与彷徨的时刻,最终提交的论文"成品"也依然存在不少缺憾。若不曾享受到美国高校博士项目全额奖学金资助和学制时长所带来的物质保障和精神宽松度,若没有家人的大力支持,若不是于艺术和艺术研究诚然乐在其中,具有我这种思维和行为习惯的人恐怕很难如愿毕业。加之我在美国综合性大学攻读艺术史博士项目,从学制安排、课程设置到论文体例,国内外不同高校的要求都存在较大差异。有些美国高校(比如我就读的美国西北大学)一学年有秋季、冬季和春季三个小学期(quarters),在博士项目修课阶段(即博士项目的前两年或前三年),博士生必须在每个小学期修习 4 门研讨课并完成相应的课程论文。也有些美国高校和国内高校的学制相近,一学年只有两个长学期(semesters)但转念一想,之所以收到稿约,大概一是因为自己的毕业时间距今不长,可以相对清晰地"忆苦思甜",二是因为"东海西海,心理攸同",何况在高度全球化的今天,博士论文写作的基本规范和评判标准大致趋同。作为一个"过来人",标记出自己在博士论文写作中曾走过的直路与弯路,或能为即将或正在面临相似问题或处境的"后来者"缓解些许焦虑、提供少许参考。

一、保持良好心态

写作博士论文,就像攻克任何一项人生难关一样,首先需要有一个好心态，保持一颗平常心，积极主动、全力以赴，但切忌好高骛远、吹毛求疵。面对博士论文写作这件以往从未做过、一生可能也就只做一次的事，首先需要客观地评估自身能力，不可自视过高，如果在一开始将自己定位为天才型写作者，期待写出一部惊世骇俗的杰作，在写作过程中可能会产生极大的挫败感。倒不如时刻自警：写作博士论文的过程只是我迈入学术门槛、"成为"一名学者的初始阶段。以如此心态面对这项挑战，既可保持认真投入的状态，又可相对减少心理压力，有效缓解不断瞻前顾后、久久不敢动笔的拖延症。当然，诚有一些学者，其博士论文即其一生最重要的著作，如此也甚可哀。随着学力的增长，阅历的增加，境界必然提升，学术水平也会逐步提高，博士论文只是人生这一阶段初叩学术之门的总结而已，如此去定位博士论文写作，可能会心平气静一些。

二、选题与开题

选题是论文研究的大致方向和目标提示，这与我们进入博士论文写作阶段前具备的知识结构、研究兴趣、前期研究经验、研究资源等存在密切关系。我们在进入博士论文研究和写作阶段之前已具备的知识结构，一般形成于我们在攻读本科、硕士与博士学位期间所受的教育、家庭的熏陶等。研究兴趣往往就产生于日常阅读、艺术体验，以及课程论文写作过程中对相关领域学术史的阅读和掌握。也正因如此，此前完成的硕士论文或博士课程论文等前期研究经验，很有可能成为我们展开博士论文研究和写作的基础。为了保证博士论文的可操作性，在一定的时限之内完成论文并达到较高水准，还需考虑到研究所需的语言能力，以及在史料发掘、田野考察、人际网络等方面可利用的研究资源。综合考虑上述因素，能够有效地引导我们确定自己适合选择什么样的议题和研究对象来写作博士论文。

在 2009 年进入美国西北大学艺术史博士项目之前，我一直就读于国内综合性大学的中文系，2006 年毕业于北京师范大学中文系，获学士学位,2009年毕业于复旦大学中文系文艺学专业,获硕士学位。作为一名在攻读博士阶段才转入艺术史专业的文科生,我并未在国内高校接受过系统的艺术史学科教育,因此也没有写作过艺术史专业的本科和硕士论文。我对艺术的兴趣和实践,主要缘于家庭熏陶。受到父母亲影响,我从小喜爱画画和弹琴,虽在高考时报考了儿时最向往的中文系,但对绘画、音乐等艺术实践的喜爱不曾稍减。也因此,我在本科保研时选择了复旦大学中文系的文艺学专业,希望兼顾自己在文艺上多方面的兴趣。当时,复旦中文系文艺学专业的研究生课程主要为文学理论和艺术理论的精读讨论课,要求学生集中阅读一批中外重要文艺理论家和艺术史家的著述,然后对这些经典理论进行再研究。我主修的具体方向是艺术人类学,在阅读和分析经典理论的同时,相对注重对艺术作品原作及其产生和存在的原境进行实地考察等田野调查方法的运用。在此期间,对艺术史研究的强烈兴趣促使我在硕士三年级期间申请赴美攻读艺术史博士项目,有幸被美国西北大学艺术史系录取,并获得了博士全额奖学金资助。我在申请时提交的两篇写作样本(writing sample),一篇讨论明遗民绘画对倪瓒画作中空亭意象的挪用,是基于我的一篇硕士课程论文;另一篇讨论20世纪80年代以来中国水墨画中的城市与乡村,节选自我的硕士学位论文。这两篇文章的研究对象虽分属中国"古代"与"当代"艺术史,但都与我对"社会变动期艺术与政治关系"议题的研究兴趣相关。

进入博士项目后,尽管我对"社会变动中的艺术与政治"议题的兴趣依旧,但却很快将博士论文研究关注的历史时期转向了近现代。一方面,这源于我本人对近现代文学史和艺术史长期以来的阅读兴趣,另一方面,这也与我的导师胡素馨(Sarah E. Fraser)教授当时正在研究民国时期美术考古的课题有关。一旦选择"舍近求远"地研究自己在以往求学阶段并未深入研究过的晚清民国艺术史,就意味着必须走出舒适区,突破已有的知识结构,通过大量阅读来系统了解相关领域的学术史,总结前人研究提出的重要议题和方法论,在此基础上发展出自己的问题意识,以面对事物本身的研究态度，循着研究对象的事实逻辑，选择运用适当的研究方法。在博士项目的前两年，我在六个小学期中修习了艺术史系多位教授开设的十余门课程，内容涵盖欧洲、美洲、亚洲、拉丁美洲等世界不同地区的古代至现代艺术史专题，其中包括我的导师开设的近现代中国艺术史专题研讨课。另外，我跟随历史系三位研究近现代中国史和日本史的教授阅读了一批经典史学著作。同时，我在博士阶段的前三年内完成了指定难度的法语和日语课程，并通过了以这两种语言翻译学术文献的水平考试。这一方面是因为本系博士项目中期考核的内容之一，即通过两门学术外语的水平考试，另一方面也是在导师建议下为博士论文研究所做的准备，因为我准备开展有关民国时期留学艺术家的博士论文研究，所以能够借助词典顺畅地阅读法语和日语的一手文献和二手文献，属于必备的研究能力之一。

出于对感受力的珍视，我倾向于从兴趣而非学术热点出发选择论题与研究对象。这并不是说我们应该无视当今重要的学术思潮，相反，我们的兴趣本身就部分地形塑于我们的日常阅读经验，包括对近期重要学术著作的阅读经验。但我认为，如果一个艺术史研究者对某件作品本身毫无"感觉"，只因它是学界近期关注的对象而研究之，恐怕很难有所洞见，反倒容易得出看似"客观""理性"实则不贴合对象本身的"不及物"之论。毕竟"理性的东西之所以靠得住，正是由于它来源于感性"。对理论和方法的学习和运用也是如此，假如盲目地将某种时髦理论和方法套用在"不适用"的研究对象上，亦即缺乏对理论和方法有效性的反思，那么该理论和方法也并不会有助于我们对研究对象本身的理解。

根据个人兴趣选择的研究课题，究竟是否适合作为博士论文题目，还必须通过梳理相关领域和专题的学术史，来预判自己的研究在学术史中的位置。比如，博士二年级期末，我以留日中国艺术家丰子恺的《护生画集》创作为对象，以"*Taking Art as 'Skillful Means', Painting for a Republic of New Citizens：Visual Strategies of Feng Zikai's*

Buddhist-Inflected Impromptu Sketches（1920-1940s）"为题完成了博士资格考试论文（qualifying paper），通过了博士项目的中期考核。（此文中译版《艺术为"方便"，绘画为新民——论20世纪20至40年代丰子恺具佛教意味的漫画》后来发表于《文艺研究》2014年第2期）但我后来选择的博士论文题目和研究对象并不基于这篇资格考论文。在写作这篇论文的过程中，我系统阅读了丰子恺的文字著述和画作图录，也查阅了研究丰子恺的中英文专著和重要论文。在读过白杰明（Geremie R. Barmé）研究丰子恺的专著《丰子恺：艺术的逃难》[*An Artistic Exile: A Life of Feng Zikai*（1898-1975）]之后，我发现自己原计划通过解读丰子恺作品来讨论的民国佛教思想史问题，在这本著作中已被较深入地讨论过，而且其中有些观点与我的想法不谋而合。考虑到我当时并未发现新的一手材料，而针对现有材料，我能够提出的新视角与新解读也有限，并不足以撑起一整部博士论文的体量，因此，我决定另寻博士论文题目与研究对象。

每一个学术研究领域都有或长或短的学术史。针对我选择的研究领域，基于博士课程学习和日常阅读经验，我在读博期间产生过这样的感受：不同于传统的文史哲，也不同于艺术史学科中的西方美术史、中国古代美术史等其他研究方向，无论在国外还是国内，近现代中国美术史研究都还很年轻。我的导师原先主要从事中古时期的敦煌壁画（特别是粉本）研究，近些年才把研究重心从古代转向近现代。我们的同感是这个领域的现状既是挑战，也是机遇。特别是对于我这样的初学者来说，挑战在于"二手文献"有限，并无太多经典著作和优秀论文可作为初学阶段的写作范本或方法论参考。机遇则在于"一手文献"丰富，存在众多很有价值却尚未被发掘和研究的近现代艺术档案与案例。基于上述学术史认知，我决定在以下4个方面寻求论文研究和写作的着力点。

1. 不妨从前人不曾深入接触的材料做起；2. 在发掘新材料的过程中不必自我设限，可以打通美术作品和视觉文化现象之间的界限，关注此时期不同媒介领域图像之间存在的跨媒介互动；3. 应充分发挥自身优势，有意识地结合自己在文学史、文艺学、艺术人类学等领域的跨学科背景，在观照艺术本体的同时，广泛而恰切地运用人文社科的理论和方法；4. 近年来在全球史、微观史视野的影响下，历史学界在选题、研究和写作范式上发生的重大变化也引起了我的关注，我希望可以在博士论文中通过"见微知著"的个案研究，进入方兴未艾的跨文化美术史研究领域一探究竟。

我的博士论文题目是"*Between National Imagination and Social Critique: Female Figurations in Pang Xunqin and Fu Baoshi's Wartime Chinese Painting（1930-40s）*"，聚焦于民国时期留法艺术家庞薰琹和留日艺术家傅抱石的留学经历及其在抗战时期西南大后方的艺术实践，在跨学科、跨文化、跨媒介的视野下，将其艺术创作置于两个语境中进行考察：一是战时西南大后方学术与政治的互动，一是20世纪上半叶欧洲及东亚的艺术发展，呈现抗战时期社会政治和思想学术风气与艺术家创作观念及方法的关系。这个论文题目的拟定，包括具体案例的选择、研究角度和方法的大致确定，主要基于我的导师胡素馨开设的博士生专题研讨课（seminar）。2011年，胡老师开设了以"民族志之眼：边疆的艺术"（Ethnographic Eye: Art of the Frontier）为专题的一门研讨课，修课者有多位艺术史系与历史系的博士生，各自研究专攻的地域有东亚、欧洲、北美、拉美等不同侧重。大家在课上共同阅读了19、20世纪欧洲和东亚的相关图像和研究资料，进行了十余次集体讨论和独立报告，期末提交了以艺术家或视觉文化现象为个案的论文。我的博士论文选题正是在修习这门课程的基础上深化思考而提出的。正是在这门课上，我开始关注民国时期留法中国艺术家庞薰琹抗战时期流寓国统区西南大后方时期的创作，后来，有关庞薰琹的研究构成了我写作博士论文的核心案例之一。有趣的是，我在进入博士项目之前并未特别关注过庞薰琹，只知他是中国最早的现代主义艺术社团"决澜社"的发起人之一。在修习博士课程期间，我感兴趣的民国时期艺术与政治之关系、中国艺术的现代转型与世界艺术思潮之关系等问题，才使我关注起这位留法中国艺术家的探索，聚焦于此前较被忽视的庞薰琹"后决澜社"时期，尝试通过前人研究不曾充分运用的跨文化、跨媒介、跨学科的视野、理论和方法，考察庞氏在抗战时期国统区西南大后方的一系列艺术实验，着重探讨其"贵州山民图"系列绘画创作与古代中国职贡图传统、现代中国人类学民族志摄影图像之间的关系。（经修订，这项案例研究的中译版以《"职贡图"的现代回响——论20世纪40年代庞薰琹的"贵州山民图"创作》为题发表于《文艺研究》2019年第1期）

　　在拟定博士论文的议题和具体案例后，需要写作一份研究计划书（prospectus）提交给导师，其用途类似于国内博士生需要写作的开题报告。导师根据研究计划书内容，组建了能够给予我论文研究和写作指导的导师组暨博士论文答辩委员会。对于艺术史专业的博士生来说，在写作研究计划书时，除介绍论文选题、研究对象、文献综述、研究日程表、写作大纲等之外，还需按照本专业田野考察的要求，详细列出研究过程中计划实地考察的博物馆和美术馆藏品信息、计划探访的艺术家工作与生活旧址、计划进行口述史采访的艺术家或其后人等。我们将这些内容罗列得越详细，越有利于导师组的各位老师基于各自研究专长，为我们即将开始的博士论文研究和写作提供实质性帮助。比如，在我的开题答辩通过后，导师组成员安·冈特（Ann Gunter）教授立刻向我推荐了多部讨论德国现代民族国家崛起期间知识分子精英如何通过考古发掘、艺术史写作和文艺创作等方式构建现代民族国家身份的英文著作，以供参考和比较中德案例的异同；我的导师胡素馨教授则推荐我申请到盖蒂基金会"连结艺术史"研究专项资助（Getty's Connecting Art Histories Initiative），前往巴黎、东京、伦敦、柏林等地的博物馆、美术馆、档案馆等进行田野考察。若导师组中有成员不支持开题人的博士论文选题，就会在开题答辩环节对论题的学术价值或可操作性提出具体的质疑。一旦遇到这种情况，除非我们能在短时间内以更完善的研究计划书——甚至是已完成的部分章节初稿——

来打消导师们的疑虑，否则最好认真听取建议，适当调整甚至彻底改换题目。

三、撰写过程

通过了开题答辩，正式进入"A.B.D."（All But Dissertation）阶段，并不意味着一定可以按部就班地完成博士论文。博士论文的体量与学术专著不相上下，因此不易在一切都"胸有成竹"后"一挥而就"。"研究"（research）即辗转往复的"探寻"（search），我们在研究计划书中列出的写作大纲只是初步的思考框架，在实际的研究和写作过程中，无论是论文的结构安排，还是具体的章节标题，都可能随着研究推进而经历反复调整。一般来说，博士论文研究的推进很难仅靠"头脑风暴"实现，论文的思路逻辑往往在写作者将想法落实为文字后才变得更加清晰。即便要以一气呵成的方式完成正式写作，此前也需积累大量"灵感笔记"和"思路地图"。我的"灵感笔记"内容散碎而庞杂，包括日常阅读、观展、会议、讲座、师友交谈等不同场合的随感，只要遇到有可能与我的博士论文题目发生关联的信息，我就将它们随手记录在本子上。这是从我的导师那里学来的习惯，每次去博物馆、美术馆看展览，她必带的三样东西就是照相机、本子和笔。当然，如果不习惯这种略显古老的笔记方式，也可将各种碎片化灵感记录在平板电脑、手机等便携电子设备上，并以著作名、作者名、展览名或研究主题等对文档进行编目，以备检索之用。总之，不要放过任何可以给自己的研究和写作带来灵感的机会。"思路地图"即论文写作思路的平铺式图示，相较于线性排布章节标题的写作大纲，它能够更直观而精确地帮助我们梳理论文写作思路中存在的多重逻辑关系。

对于艺术史的研究与写作而言，需要同时注重感受力、实证性与理论性，所谓论从史出、史论结合是也，因此，不只是理论预设和推演方式会影响到论文结构框架，研究过程中的田野调查环节也极有可能造成论文思路的调整。以我的博士论文研究为例，其中涉及的艺术作品原件与历史档案分布于世界多地，包括巴黎卢浮宫和奥赛博物馆的馆藏作品及其档案、索邦大学20世纪20年代的校史和课程档案、日本东京文化财研究所档案、日本东京国立博物馆和日本京都国立博物馆的馆藏作品、伦敦大英博物馆的馆藏作品、中国台北"中央研究院"历史语言研究所档案等，出于签证申请流程、博物馆藏品参观条件等方面限制，我需要将这些田野考察旅行穿插在博士论文研究与写作中的不同阶段，而非集中在一段时期内全部完成。在此期间，我多次遇到过因新材料的发现而不得不提出新问题或必须调整论述角度的情况，随之而来的就是对论文框架和章节内容的反复调整。相应地，作为整部论文总述的导论部分，则需要留到最后再写，因为只要论文结构框架和章节内容还未定稿，导论的内容就总是悬而未决的。

在写作的初始阶段，可以依照初步的写作大纲，将论文准备探讨的论题分为多个问题层次，再列出每个问题层次需要具体涉及的核心案例，然后，不妨先从材料掌握得最充分、思考得最深入的问题层次或核心案例写起，亦即从整部论文中自己感到论述起来最有信心的那个"局部"（章或节）入手。我在博士论文写作中最感头疼的环节是论文结构框架的安排，以及各章节标题的提炼，而对我来说相对容易的环节是针对具体作品的细读分析。这或许是思维方式偏于"感性"的一种"善感"的体现——令我感到兴奋的总是具体而微、打动人心的作品细节。我可能会因敏感于作品细节的独特品质，产生对其技艺和意蕴的无限联想，甚至沉浸于"有趣"但不一定对博士论文写作"有用"的细节感受之中无法自拔。可是，若我们在写作博士论文中不事先对细读作品的具体角度进行严格限定，细读出的内容就有可能逸出整部论文的论域范围。这种偏题的情况一旦发生，为保证论文结构的合理性，就不得不缩减作为局部而存在的作品细读内容。和我有相似思维倾向的朋友，可能需要在博士论文写作过程中格外注意这个问题。如果我们在博士毕业后依然有志于学术研究与写作，完全可以把写作博士论文时不得不忍痛割舍掉的随感式内容留待将来发展成新的研究。

在博士论文写作过程中，最好能寻找一位来自其他专业的好友作为初稿读者，定期把已完成的章节初稿发给对方看，或与同届的好友结成写作伙伴，定期阅读彼此的章节初稿。如果对方来自其他专业，反而更有利于我们基于对方的反馈，进行文字表述上的调整，确保自己的论文对于具有同等学力的非本专业读者来说是普遍可理解的。对于用非母语写作的写作者，在将论文各章节发给导师组成员征求反馈意见之前，最好先通过校内写作中心（writing center）之类辅助论文写作的机构，聘请一位在校博士生兼职编辑，通读论文的各章节，并在与论文作者进行充分口头交流的基础上，修订完善论文的文字表述。

博士论文的写作如鱼饮水，冷暖自知，此中苦乐或不足为外人道也，即使记录些零星痕迹，或不过敝帚自珍而已。然而却之不恭，终于下定决心写了这篇经验谈，冀望对后来者有增上缘或逆增上缘的帮助吧。

博士论文：一种潜能的写作

尉光吉

2018 年毕业于中国人民大学哲学院美学专业
现就职于南京大学

- ◆ 比较可行的方案是边读边写，在写作的同时进行文献材料的研读。
- ◆ 所以，博士论文的写作，从某些方面看，似乎是一场漫无止境的苦炼，但就其作为一种写作的经历而言，它只对研究者提出一个要求，那就是把自己绝对地交给写作，把写作的一切交给写作本身。

如果学术写作能按一个人的生命进程得到相应的分期，那么，博士论文大概会是青年写作，哪怕论文完成之时，一个人已不再是青年。相比于日后将要踏上的漫长的学术研究之路，博士论文在学术生命中只是一个略显稚嫩的起步阶段，不论是其采取的研究方式，还是其达到的思想深度，博士论文终归与成熟阶段的写作保持着一定的差距。或许是由于这样的不成熟，博士论文甚至会被一个成功的研究者深埋在不愿回首的过去：在今日的荣光之下，它属于昔日的秘密……这当然是徒劳的后话，因为一位研究者只有在其达至成熟时，才能真正意识到自己曾经的不成熟，而对那些尚未成熟的青年写作者来说，他们未必能清楚地看见其所处阶段的局限。那么，提及这样一个不可避免的事实有何意义呢？对于每位研究者都要经历的这一不成熟，除了悲叹，还能做什么呢？

在其青年时代的一篇论学生生活的文章里，瓦尔特·本雅明写到，青年只有意识到一种已然丧失的伟大，并为之悲叹，才能让其生活发生根本的革新。对本雅明来说，悲叹（klage）是如此的重要，以至于他把这一行为归入了他命名的"青年形而上学"。在陀思妥耶夫斯基的《白痴》里，本雅明看到的正是这样一种悲叹。而如此的悲叹也化为了他自己的写作，甚至把写作变成一种悲悼（trauer）：他献给英年早逝的诗人好友弗里茨·海因勒的悼亡十四行诗，以及他后来关于德国悲悼剧（trauerspiel）的教授授职论文，就见证了一种悲悼的写作和一种悲悼的研究。就像他在致肖勒姆的信里肯定的那样——"悲叹只有在悲悼剧里才显现出其全部的语言荣耀"——青春的悲叹最终通向了严肃的悲悼。如果弗洛伊德对悲悼与忧郁的精神分析学研究值得采纳，那么，本雅明对悲悼的这一关注，或许已把他置于桑塔格所谓的"土星的标志"之下。但悲悼也好，忧郁也罢，重要的是那个被弗洛伊德称为"丧失"的东西，而在本雅明这里，丧失了的东西，用他的话说，意味着一种伟大。

就如本雅明悲叹青春本身的丧失，一个青年写作者也不得不悲叹自身能力的不成熟。尽管不成熟终将通往成熟，尽管在稚拙和生涩得以克服的漫漫道路上，写作者起初有限的能力日臻完善，但悲叹仍然必要，因为，正像本雅明所言，没有对丧失的悲叹，任何革新都不可能。而对写作者来说，其命中注定的不成熟，和与之相伴的青年阶段一样，构成了一种无可挽回的丧失。唯有当写作者意识到自身的不成熟是一种宝贵的丧失时，其研究才有可能获得革新的价值。然而，写作的不成熟在何种意义上构成了一种丧失，乃至于堪比伟大之物？

一

我是在什么时候确定博士论文的主题的？论文的选题无疑是写作开始之前最重要的一步，它需要一个经过深思熟虑的决定。有志于学术研究的人，或许应该早早地考虑这个问题，甚至在步入研究生阶段后，就着手准备。我当时接受的"硕博连读"计划就是这样安排的：在完成学业所要求的全部课程后，学生可以略过硕士论文的写作，直接步入博士论文的阶段，而为了顺利走完这一紧凑的过程，学生需要在硕士学习期间就考虑博士论文的选题。但实际上，并没有多少人敢于尝试或能够做到这样的跃进，至少在我那个时候，大部分接受硕博连读计划的学生更愿意按部就班、老老实实地首先完成硕士学位论文，然后才考虑博士论文的写作。这样的决定看似保守，却不无裨益：相比于更复杂、更严格的博士论文，硕士学位论文为学生提供了一个摸索研究方法和训练学术规范的绝佳机会，而且，对那些连读的学生来说，硕士学位论文无异于博士论文的前奏和预备，其后续的博士论文完全可以在硕士学位论文的基础上形成，但前提当然是两者在选题上的连续性。所以，预先尝试的硕士学位论文的主题已经为博士论文的研究打下基调了：理想情况下，博士论文的选题会在这一刻就埋下其思考的种子。

然而，真实的生命并不总按理想的方式进行。当时的我并不精于筹划，在决定写一篇硕士学位论文时，我没有对日后的博士论文做太多的考虑，毕竟硕士学位论文的开题离博士论文的启动还隔着很遥远的日子。我抱着一种尝试和练习的心态参与了硕士论文的准备工作，论文的主题来自我那时刚阅读完的乔治·迪迪-于贝尔曼讨论奥斯维辛集中营影像的一本书，我意图对其中涉及哲学的若干问题进行挖掘。尽管我还不能确定博士论文将以什么为主题，但我很清楚，这项关于影像的研究不足以扩展成一篇博士论文，它关乎一个特别的案例，而那时的我一直觉得，博士论文得关注某个更宏大的问题。所以，硕士学位论文的选题只能代表一个阶段性的单独实验，且很快就湮没在时间的忘川中。与硕士学位论文开题大约同一时期，我按要求提交了一份申请攻读博士学位的研究计划，对于未来博士论文的研究方向，我给出了一些刻意求新，因而在今天看来略显夸大的构想。我只记得那份计划包含了一种与听觉研究相关的兴趣，大概是由于我觉得听觉研究能在传统的视觉研究之外另辟一条蹊径吧，尽管我对这一全新的领域未做过多的探索。回头再看，不管是影像研究，还是听觉研究，我都没有在后来真正地付诸实践。这些随性而起、浅尝辄止的预备工作顶多能证明当时一种漫无目的的杂乱阅读的姿态，以及在研究道路的最终选择面前犹豫不定的心境。

  不过，我保持那样的姿态已有很长一段时间了。确切地说，那不只是一种阅读的姿态，它首先是一种翻译的方式。从我发现翻译之乐趣的那一刻起，我就迷上了此类漫无目的的阅读：不是满足于既有的汉语文献，而是寻找那些未被母语触及的陌异的外文文本。对人文学科的研究者来说，文献的阅读和理解一直是决定其写作之深度的关键因素。能读到优质的汉语学术译作当然是一件幸事，研究者不仅可以便捷地获取所需的文本，而且可以不受语言的阻碍，直接投入文本的研读。但对于一切真正厚重的研究来说，其相关的文献很难全部得到翻译，总会有未经翻译的外文文本摆在研究者面前，研究者甚至不得不想尽一切办法来获取某个罕见且重要的外文文本。外文文本的阅读总是艰难又缓慢，但任何有志于学术研究的人都不该回避这样的困难，也不该惧怕外文阅读的烦琐，因为这是一名学者必须经受的考验，是其能力的证明。我想，翻译提供了一种应对此类考验的方法，它或许是费时又费力的阅读，但除此之外，似乎没有什么能比它更好地让人进入文本所处的鲜活的语言血脉，把握其语句的原始的逻辑架构。最重要的是，翻译要求研究者用他自己的语言来阅读并重写那个陌异的文本，这会使他产生一种占有文本的错觉。虽然文本永远不可被占有，但正是在那一错觉的诱惑下，研究者敢于直面甚至追求文本阅读带来的风险。

我早早地被那一诱惑击中，开始动手翻译任何能激起我阅读兴趣的外文作品。如同本雅明笔下的闲逛者，我漫游于图书所构建的那座不存在的城市，图书馆的过道就是我眼中的拱廊街。很快，我绘制出我常去之地的路线图，并明确了指引这些路线的终极路标：法国理论。从后现代的鲍德里亚和利奥塔，时髦的朗西埃和巴迪欧，再到福柯和德里达，我搜罗印有这些名字的文本，并欣喜地翻译其中我觉得有意思的部分，无论主题是哲学、文学还是艺术。就这样，阅读的时光被献给了翻译的练习，由此，我不再惧怕那些以玄奥著称的理论，越是艰深的文字越是值得翻译的尝试，一条无尽的隧道在我面前敞开了大门。这漫游的旅程并非徒劳无获。一方面，翻译当然是为了阅读，是为了亲近那些看似离我遥远的非凡思想。另一方面，翻译也是为了替代写作，或不如说推迟写作，因为我深感自己在写作上的无力，而这样的无力又引发了焦虑：总渴望写出什么，却迟疑着无从下笔。在这般茫然不知所措之际，翻译给了我动笔的快感，平息了那生产不出语言的苦恼。或许，正是在翻译所要求的工匠般耐心的工作中，我渐渐找到了写作的感觉，而翻译所磨炼的语言最终也成了写作的惯用语言，那甚至不只是一种语言或一种表达习惯，而是一种探究的方式、一种思考的风格。不过，彼时写作仍未到来。

在提交硕士学位论文的题目后不久，一次意外的写作随翻译一起到来了。我受一份辑刊邀请，负责编译一期关于法国作家莫里斯·布朗肖的专题，除了翻译布朗肖本人的经典文论和关于他的研究文本外，我还需撰写一篇导读性质的论文。在此前漫游式的翻译里，我并未想过认真地研究这样一位思想者，确切地说，我总觉得研究他的时机还远未成熟。诚然，我被他晦暗的文风深深地吸引，享受着翻译对其话语秘密的破解，但对于他深渊般神秘的思想，我更愿保持一段虔诚的距离，宁可在研究的门槛前徘徊，也不敢贸然闯入。于是，那个专题的编译成了一次写作的契机。得益于前期的积累，翻译的部分很快就完成了，然后，经过数月的资料翻阅，我鼓起勇气写下了我对那位思想者的初步认识。这临时完成的写作自然带有些许赶工的意味，而我也没想过它会成为日后研究计划的起点。不管怎样，通过这次练习，我隐约地意识到，不同于悠闲的阅读和翻译，写作总与一种紧急的状态有关，它总在迫求的压力下得以完成，支配写作者的并非自主的意志，而是一种深刻的被动性。

在准备布朗肖专题的同时，我与出版社签约，接下了一项沉重的任务：翻译布朗肖的评论文集《无尽的谈话》。那时的我想必已被布朗肖彻底迷住，甘愿为这样一本我不敢说自己有十足把握的书，疯狂地赌上一把。由于合同限定时间的紧迫，我不得不放弃手头一切别的安排，包括那篇并非必需的硕士学位论文的写作。在某种意义上，突如其来的翻译取代了原定的写作，而此前犹豫不定的研究方向也渐渐明朗起来。在日复一日的翻译中，那个曾经晦暗如谜的人物对我变得亲切，一些由他的文本引出的值得追问的思想问题也时常在我的脑中浮现。由此，我对布朗肖的阅读不再只是出于一种试探的兴趣，而是导向了一种正经的研究。不过，当我花了近一年的时间，译完布朗肖的书时，我还未能自觉地意识到这点。直到不久之后，当我准备博士论文的选题时，我的导师点醒了我。事实上，关于论文的选题，我一直没有放弃某些宏大的幻想，为此还跟导师提过数次，但那些模糊的构想还不足以让我们真正地敲定题目。有一天，我们再次聊到这个话题，他得知了我翻译布朗肖作品的消息，于是认真地建议我把布朗肖作为论文的研究对象。"既然你已经译了这么多。"他告诉我。我一下子打消了那些不着边际的念头，决定论文将围绕布朗肖展开。回想起来，这不失为一个稳妥的选择，但更重要的是，它让我意识到学术研究意味着什么。从我下定决心围绕一位思想家进行基础研究的那一刻起，我就再也没法继续边走边看地漫游了，我必须告别阅读和翻译的悠闲生活，专注于眼前的写作，那样的写作既需要思索的耐心，也要求动笔的急迫。尽管漫游式的翻译让我获悉了一片广阔的研究领域，但博士论文终究不能以那些零散而杂多的面孔留下的粗略印象为基础，我只能从中挑选与我最亲近的那一人物作为深入挖掘的对象。当然，那一人物已长久地陪伴了我，就在我心无旁骛地翻译的途中，他的在场已默默地预示了他与我日后之研究的纠缠。也许，曾经在书城中的闲逛并非完全没有目的；也许，只有闲逛的轨迹才能指示出一条走出迷宫的宿命般的路线；也许，没有那样的闲逛，就不会有与那一人物的相遇……我觉得那段闲逛的时光自有它的意义，甚至在我步入博士论文的写作阶段而与那段时光作别之际，我仍相信它不会单纯地消逝，纵然成为一种值得悲叹的丧失，它也会作为一种潜能，永远地保留下来。

二

在博士论文写作期间，我把乔吉奥·阿甘本的《潜能》一书放在书架顶端的显眼位置，不时地拿出来翻阅。在其旁征博引的理论文章中，阿甘本的文字流露出一种难得的清澈和朴实的优美，令我忍不住把他的书作为我一心效仿的榜样。后来，我在他的自述里读到了其写作的秘密。他透露了其书房中存放的大量笔记，并称这些形式上未完成的笔记为其"研究实验室的本质部分"和"潜能的最为忠实的图像"。对他来说，不成熟的笔记，以潜能之写作的方式，构成了一种真正的研究。如今再看，我觉得，博士论文的写作也是这样一种潜能的写作，不仅是因为它保留着青年写作的本质的不成熟，更是因为它把那样的不成熟当作一种永恒的不可挽回的丧失，并把丧失本身当作写作的绝对条件：它不得不在成熟的丧失中勉强地完成，交出其难产的、早熟的果实。一篇通过答辩的论文当然意味着一件大功告成的作品，它是亚里士多德意义上的"实现"，但只要它的写作无法从根本上摆脱"不成熟"的烙印，它就仍被一种深刻的丧失标记，也就是被一种潜能的状态规定。确切地说，一篇完成的博士论文并不意味着某种因尚不成熟而处于潜在阶段的研究获得了实现的圆满，相反，就其仍未成熟而言，它只是潜能的非实现性本身的实现，即阿甘本所谓的"非潜能"的实现，故而，这一实现还保留了潜能的形式。正因为博士论文是借着绝对的潜能来写作，并把那样的写作当作潜能的体现，它才构成了本雅明意义上的丧失，以及丧失所引发的悲叹。如同本雅明的悲叹预设了丧失之物的伟大，不成熟的写作也有其不可取代的价值，并且，唯有它保持了自身的不成熟，它才具备那一价值。用阿甘本在某篇神学研究里的话说，不成熟状态代表的潜能恰恰通向了一种先于创造的拯救的价值。就像一切逝去之物，每一篇完稿的论文并非一个无懈可击的定论，而是静静地等待着未来的完善与拯救，而它的潜能，它的可拯救性，就是其研究的生命和意义之所在。

三

从一开始，博士论文的写作就透露着各方面的不成熟。尽管我及时地定下了选题，尽管我在研究之前做了大量的翻译工作，但这些还不足以把我的研究对象理论化。相比于问题研究，人物研究的范围更加明确，但仍需要一个切实可行的理论框架作为指引，从研究对象的复杂思想中提取相关的问题，因为没有问题，论文的写作就无法展开。由此产生了写作的首要困难：论文所要关注的问题及其解答难以得到有效的预设。在论文提纲的设计中，问题的提出本身往往尚不充分，诸多思路仅仅停留于初读文献所得的浅显感想，更别说预期结论的可靠与否了。这也导致了后续写作与初步构想之间的落差：当研究者真正深入文献后，总会有新的线索浮现，而这些线索可能会为论文提供不一样的写作思路和论证逻辑，乃至偏离或否定原先的路线设计。如此的反复变更和修正不可避免，不成熟的研究必须经历这样的绕道。

我仍保存着博士论文提纲的最早版本，后来的写作还留下了另外几个版本，但没有一个符合论文的最终面貌。回想起来，博士论文的写作具有一种不可预知的神秘性，就像一位画家提前勾勒好草图的线条，但在实际的绘制中，那些线条似有生命一般，随着探索的推进，时不时地发生变形，最后呈现出一幅意料之外的图画。我想，博士论文与一般论文的不同就在于此。通常，为了写一篇论文，研究者会在翻阅全部材料的基础上，尽可能地明确其将得出的结论，以及通向该结论所需的论证步骤。但博士论文的写作难以采用类似的策略，因为其体量远远超出了一般论文，研究者要在动笔之前就熟知全部文献的内容，这并不好实现。比较可行的方案是边读边写，在写作的同时进行文献材料的研读。对于某些艰深的文献，只读一遍显然是不够的，同一文献在写作中的每一次出现都召唤着一次新的阅读，而反复的读最终改变了既定的写。即便我完整地翻译了一部作品，即便我熟悉我所译的每一句话，但未必能够准确地理解这部作品包含的复杂意义，何况还有其他未被翻译的作品。甚至在写完论文后，当我再次阅读同样的文本时，我还会发现新的启示。不论多少次阅读都难以穷尽的东西或许就是文本拥有的思想潜能，而论文无非借着那样的潜能才被人不断地生产。只要潜能是无限的潜能，任何思想研究都排除了预备完毕的可能。但提纲和思路对论文来说总是必要的，研究者不得不去尝试预备那不可预备的东西，这构成了写作的一个悖论。

为了这不可能的预备，我踟蹰了好一段时间。因为在那时的我看来，博士论文代表了一项庄严的使命，值得极其用心的设计和无比精细的雕琢。这有点像古典时代的工匠们在正式出道之前必须完成的一件能够代表其技艺水平的作品，而这必定出色的作品在法语里被称为"chef-d'œuvre"，也就是今天所谓的"杰作"。杰作意味着一种理想化和完美化，意味着潜能的彻底实现。当我对论文抱着这样一种杰作的观念时，我总觉得，我还没准备好。首先，我收集着我所能找到的一切资料，不论是从图书馆借阅的文献，还是从国外购买的书籍，我甚至打印了从网上下载的全部电子文档。如此巨细无遗的收集当然免除了不少后顾之忧，使得我在任何时候想要查看大部分文献几乎随手可得，但事后再看，我也发觉，这庞大的整理工作耗费了过多的时间和财力，在实际的写作中，有不少文献的参考频率并不高，有些我压根就没用到。所以，为了减少不必要的思想负担，研究者应根据论文的主题对文献加以尽可能的精简，尤其是在写作中明确并保留那些最重要的基础文献，因为在写作的有限时间内，我后来发觉，能够阅读并真正消化的文献远没有设想的那么多，并且，最具价值的仍是一手文献，外加几个核心的研究文本。比如，在我看来，为我的布朗肖研究提供最大帮助的一直是那几位法国思想家：列维纳斯、德里达、拉库-拉巴特和拉波尔特，他们的文本如今仍是我灵感的重要来源。所以，关键是有所侧重而非面面俱到，是敢于把研究的赌注放到一部分精心挑选出来的文本上，舍弃那些缺乏创见，甚至千篇一律的平庸的材料。文献方面的如此限定必然意味着，论文的写作会遭遇它的限度、它的保留。这当然不是浅尝辄止，而是一种对待研究之潜能的方式：在研究的整体视角下，各个细节问题的探讨深度应服从文章主体的论证思路，哪怕有值得深挖的观点，若它不在行文的追问范围之内，其具体展开的潜能也不得不留给日后的写作。毕竟，论文不是信息的简单综合或观点的机械堆砌，而是思想的有机凝结。

现在想来，对文献的近乎偏执的、无止境的准备也是一种对写作的推延和逃避，大概是因为对论文的"杰作式"的设想成了我心头的一个沉重的包袱，困扰着我，令我迟迟不敢动笔。在翻译的经历之后，我又一次感受到了那种由写作触发的焦虑之情。对我的研究所涉及的法国理论来说，"写作"的概念本身就是一个像黑格尔的"精神"一样非凡的词，暗示着一项要求为之迷狂地献身的神圣事业。这尤其加剧了我内心的焦虑，出于对我所研究之理论的尊崇，我难道不该以那些理论所界定的写作为典范，在我的写作中践行这一崇高的理念吗？但那样的写作到底意味着什么呢？在以往阅读和翻译的经验中，法国理论的文本给人留下了一种高度炫技的印象，其艰涩的辞藻和浮华的修辞使得理论化的文字也充满了文学的诗意。尽管我深知，这一写作方式并不适用于研究它们的论文，尤其是一篇以表述得严谨和精确为目标的博士论文，但我内心并不愿意放弃这一写作的姿态，仍向往着模仿那些文字，在论述的抽象中寻得一份轻盈。久而久之，这成了一种执念、一种幻想。终于，在踟蹰了一段时间后，我动笔了。不过，当我有意按那样的文风来写作时，我意识到这并不容易，甚至难以为继。渐渐地，随着写作的推进，我放弃了对那一姿态的刻意追求，毕竟在写作本身的急迫之中，思考的内容比表达的形式更值得花费心力。而就在我专注于思考并努力将思考的果实转化为文字之际，我惊讶地发觉，有越来越多的想法需要写出来，正是这些想法像无形的手一样推动着整个写作，甚至要求我在某些地方采取必要的、华丽的表达。在这样的时刻，我才恍然明白"写作"一词在法国理论家，至少是我所研究的布朗肖，以及巴特、德里达等人那里，所具有的意味深长的含义。

写作是一个无人称的动作，一种非主体的经验，在纸上写字的并非某个具体的、实在的人，而是某种无名的、幽暗的力量，布朗肖将之形容为一种接近于死亡的、中性的东西，而写作者不过是恰巧遭遇它并被它捕获的那一个体。它不是突然闪现的灵感，不是启动写作、挥笔疾书的冲动，而是一个人沉浸于写作，受到写作的无意识引领时，他能深切地体会到的发自写作本身的神秘诱惑和无以抗拒的命令。博士论文的写作，如果能被称为这样一种意义上的"写作"，那么我想，它也会是一种享乐：不是说写作者通过辛勤的劳作获得了某种满足，而是说写作在其日复一日、持续不断的自主运动中生产出一种属于它自身的快感，写作者不过是服务于、服从于这一快感的生产。从这个角度看，博士论文的漫长写作有点像布朗肖说的写日记的体验，它把一个人置于一种本质的孤独之中，并在孤独所属的时间的缺席里，让人陷入写作的魅惑，成为写作的囚徒。图书馆的某张桌子，宿舍的狭小单间，何尝不是写作的秘密牢笼呢？但对研究者来说，为写作所困，不再意味着焦虑或苦恼，而是意味着解脱和幸福。所以，博士论文的写作，从某些方面看，似乎是一场漫无止境的苦炼，但就其作为一种写作的经历而言，它只对研究者提出一个要求，那就是把自己绝对地交给写作，把写作的一切交给写作本身。最终，写作者与其说在写作，不如说在过一种写作的生活。而在博士论文的写作中不知不觉形成的这一生活将成为研究者日后的基本生活。诚然，它是一种听命于写作之迫求的被动的生活，甚至是被动性（passivité）本身，但被动性，根据布朗肖的说法，恰恰意味着最高的激情（passion）。如同耐心的急迫，这悖论般的被动的激情决定了写作的持之以恒的可能性：坚持写，持续写，直到写完那冗长的论文……

四

写完？写作的结束？远远没有！尽管博士论文完成已有数年，我还是没有彻底地摆脱它。我继续着我对布朗肖的研究当然是一个重要的原因，但更重要的是，通过博士论文形成的写作的生活才刚刚开始。在那被动又激情的写作中，一种思想的潜能一直延续到了今日，不时地启发着我。博士论文不是一份使我受益的过去的遗产，或一笔不停地纠缠着我的幽灵式的债，相反，我会说，它属于未来。它不仅预示、召唤着未来的写作，照亮通向那一写作的隐秘道路，而且，在它所揭示的无穷潜能中，它就是构成未来之写作的东西本身。在这个意义上，我从一开始就不该对它抱有杰作的期待，事实上，我也无法对它抱有那样的期待：从我真正地邂逅写作的那一刻起，它就注定是一部永远向着未来敞开而无法终结的作品。杰作所预想的那一完美，那一完结，不会在写作中到来，正如《无尽的谈话》所肯定的："杰作的观念已经消失。"（Maurice Blanchot,

L'Entretien infini, Paris: Gallimard, 1969, P.583）不过，在杰作的退场留下的空位里，在不求完满的写作的空间中，仍有某种严格的形式之要求会把那个阶段所写的文字变成一篇规范的学位论文，如同巴尔扎克的小说《不为人知的杰作》里，一只堪称完美的优雅之脚会从画布的混沌中惊人地浮现。我想到了雅克·杜班对贾科梅蒂素描的评论："与其说未完成的作品，不如说无止境的作品。"（Jacques Dupin, Alberto Giacometti, Tours: Farrago, 1999, P.18）一篇不论是在其研究的主题，还是在其得出的思想上，都不断地引发后继之写作的博士论文，就是这样一幅已然成形却仍处于无限的诞生状态的素描。素描是绘画的潜能、作品的前奏，而如何把素描变成一件真正的绘画作品，则是博士论文在其尚不成熟的写作中寻求的艺术。噢，潜能的写作，无尽的写作。

编后记

在"编者絮语"的开头,提到2022年春季我们为中国艺术研究院博士研究生开设了一门论文写作课。那门课程结束之后,李修建撰有一篇《上课记》,发在公众号"垂纶记"上。因关系到本书编写动机,或许也有普遍参考价值,故附原文于此。

上学期,研究生院副院长、主管教学事务的郑光旭老师和我联系,让我和张颖给一年级的博士开设一门博士论文写作课。郑光旭老师是画家,毕业于俄罗斯列宾美术学院,东北人,讲话很幽默,做事有生气,我们不敢不从命。

如何上这门课,我和张颖商量过几次,都觉得这门课不好讲。做一次讲座,倒还容易,连着上4次,尤其是分开讲,内容容易重合。再说,各系都有开设论文写作课,如艺术学系,硕士的课,是侯样祥老师讲的,博士的课,是李玫老师讲的。孙伟科老师、张颖和我,也都给硕士讲过。其实,论文写作的基本原则和所要遵循的学术规范,任谁来讲,都大同小异。再讲几次,内容又会重复,效果未必理想。

张颖提到,北京大学艺术学院近年请她讲论文写作课,是提前布置题目,让学生课下准备,上课时学生主讲,她来评议,收效甚好。比如,有学生分析《文艺研究》近5年刊发的某门类的文章,涉及选题方向、学术热点、文章构架、年度趋势等,有大量数据支撑,绘成各种图表,借此可以学习一篇优秀论文的写法,把握学术前沿与动态。

我们觉得这种方式很好,可以借鉴。只是北大艺术学院为小班授课,人数不多,可以充分发言讨论。我们却有100多位博士,时间是个问题,必然非常紧张,但不妨一试。

这门课的名称叫"学术规范指导与写作",必修,一个学分,4次课,安排在了3月的每周一下午。2月22日,建了一个课程微信群,有120余人,正式学员100人左右,其他是旁听的。非物质文化遗产专业的陈宇峰是班长,是郑长铃老师的学生,踏实能干,由他组织协调相关事宜。

我们提前布置了任务,要求选取与专业相关的一篇或数篇优秀博士论文进行分析,可按专业分组,小组成员共同完成,挑选一人或数人汇报。此外,每位成员都需介绍自己的博士论文选题计划及大致思路。人员约100人,可分成16组,每次有4组汇报。

第一次课是在3月7日。3月2日,陈宇峰和我联系,说同学们对这门课有一些疑惑,主要是如下三个问题:1.课上汇报的内容是要结合自己毕业论文的选题来汇报吗?但是很多同学现在还处在和导师商讨论文选题的阶段,没有确定下来。是否可以大致介绍自己的想法?2.课上的汇报是小组的每个同学都要分别汇报,还是由一个同学代表全组进行汇报?3.第一次课汇报的4个小组要如何确定?是按照顺序来,还是最好找4个不同的专业来汇报?

我和张颖商量之后,回复他:第一,不必非要结合自己的论文选题，相关的或自己感兴趣的题目皆可。如论文选题还没确定，可以大致谈谈自己的方向和思路。第二，可以由一人汇报，也可以分别汇报，我们希望每个同学都能讲一讲。第三，初次汇报的4个组，由大家自行确定。

分组问题很好解决，陈宇峰根据专业做了安排。3月4日，宇峰又发来消息，说大家还没做好准备。张颖建议课程推迟一周，给大家充分的时间。我又问了几位同学，确实都没准备好。于是在群里发了如下消息。大家好，和一些同学交流了一下，大家好像还不太理解要汇报什么内容。由于我们是按专业分组，大家可以下载若干篇本院或院外同专业的博士毕业论文，比如按照每人三四篇的数量，进行精读，然后集体讨论，进行分析，形成汇报。要关注的问题之前已做过说明，可以关注如下问题：1. 研究对象。论题是否明确，选题的创新性和前沿性如何体现，问题意识是什么。2. 综述。对国内外相关研究的掌握情况如何，对它们如何做分类、概括和评价，是否明确阐述了前人的研究方法、研究价值，存在的不足或问题。3. 论文结构。可分析合理性、逻辑、层次等方面。4. 文献资料。可分析丰富、全面、可靠、新颖等方面。5. 观点。是否鲜明？有无明确合理的结论？在相关领域取得了哪些突破？具有怎样的学术价值？6. 语言。是否准确流畅？所用术语、引文、注释、标点、参考文献等是否符合学术规范？

张颖也鼓励众人，请大家积极准备，积极沟通，让课程切实发挥成效。并提醒大家，各组可通过腾讯会议等线上形式，自组织、自讨论后形成分工。她还诱之以利，"首次报告的各组同学，将有机会拿到更好的基础分。"我们之前商定，根据诸人的汇报情况打分，不再另布置作业了。

3月14日，第一次课。课程时间是下午1：30至4：30。本次由音乐学、艺术学、美术学和设计学的4组同学汇报，每组5人至7

人，共25人。时间非常紧张，限定每人发言5分钟，这样，4组的同学大约讲两个小时，我们再评议1个小时。

设想很美好。下午1：30，课程准时开始，我们二人开着摄像头，正襟危坐。我担当主持人，略述几句，便根据分组名单依次传唤大家发言。第一组严格遵守时间，行色匆匆，语速很快。后面的几组，有的同学便铺展开来，讲得多了。一般是分成两部分，先讲对所选博士论文的分析，再讲自己的博士论文选题。有的同学，题目还未定，便只讲前者。每组发言结束之后，先请张颖评议。她针对每个同学的发言以及自己的论文选题，都做出点评。她讲完之后，我再作补充。第一次课，大约下午5：30结束。

第二次课，3月21日，还是4组，由艺术学、舞蹈学、影视学和美术学的25位同学进行汇报。照例进行，待第三组结束，已近下午5：30。张颖家的宝贝狗渡边同学，已很不耐，坐不住了。其实我早就坐不住了，太累了。第4组推到了下次，考虑到时间不足，又加了一次课。因清明放假，3月27日，周日，第三次课，美术学（共两组）、艺术学和戏剧戏曲学的22位同学汇报。3月28日是第4次课，戏剧戏曲学有一位同学，剩下三组23人皆为美术学的。4月10日最后一次课，美术学和设计学的两组同学，共17人，本以为会结束得早，留点时间交流。不想从下午1：30上到6：40方才结束，终于结束了。

以下内容，算是我的上课体会。

5次课程，100余位同学做了汇报。绝大部分同学的汇报都颇精彩，他们对所选论文做了细致的阅读和深入的分析，就其选题、文献综述、论文框架、学术规范等进行评述，分析其优长，指出其不足，都很到位。依每人一篇计算，整个课程至少分析了100篇博士论文。如果认真听下来，至少会清楚，一篇优秀的博士论文是什么样子，在写作过程中应该避免哪些问题。

第三次课上，戏剧戏曲学的同学汇报的是集体成果。他们此前召开过两次会议，先是遴选论文，然后对所选论文进行认真研读，再通过腾讯会议集体讨论，大家充分发表意见，达成一致观点。他们表示，通过研读和讨论，大家收获很大，以后还会继续沿用这种方式切磋探讨。对此，我和张颖很感欣慰，给他们打了高分。

很多同学的汇报严重超时，我在课上告诉大家，我和张颖老师最初在战略中心工作，常做会务。我承担过两次摇铃的任务，规定每人发言时间为5分钟，到了第4分钟便摇铃提醒。以后大家毕业工作，在高校任教，或做其他工作，免不了开会发言，要严格遵守时间。如何在规定时间内把自己的核心观点清晰明白地表达出来，是一项需要锻炼的素质。

张颖对各位同学的点评极为中肯精彩。每组同学发言之后，她逐一评述，待她讲完，我再作补充。大多数时候，由于她的意见已经极好，我便附和几句，无须多言。针对每人的选题，她会给出自己的意见，有些感觉很不错，有些过大或者较偏，便建议提炼问题或更换题目。能够借鉴的研究方法，可以参考的相关文献，她都和盘托出，慷慨分享。她说，我们两位老师不计时间、不计报酬地为大家上课，就是希望能为大家提供切实的帮助，让大家学有所获。在这门课上，她一改往日不知怎么形成的严苛形象，对同学们不吝美言、鼓励有加，让人感动。

开课之前，2月27日，先请艺术学研究所两位年轻的研究人员王一楠和黄雨伦做了一次讲座，分享她们的博士论文写作经验，由我主持，张颖评议。她们二人精心准备，内容丰富而实用，讲述形神并茂，效果颇佳，哔哩哔哩直播有2万余人围观。研究生院也组织了各位同学观看，他们都表示获益很大。我当时有了一个想法，和张颖一拍即合，相关的成果，先卖个关子，敬请期待。

上课真是累。四五个小时的时间，只有我们二人开着摄像头，一动不动地盯着电脑，屏气凝神，听大家汇报。因为要做点评，而涉及的专业多，信息量大，大多是我们不熟悉的领域和内容，所以要全神贯注，动手动脑，边记边想。张颖说，"这活儿真累，我们全程精力高度集中，感觉像我们俩是答辩人。"上到后半段，我的体力渐不能支，每上一次课，我要休息两天才能缓过来。张颖的体力明显强于我，她休息一晚上便可以了，却也犯了腰疼病。前几日翻看王东杰的《乡里的圣人：颜元与明清思想转型》，感慨良多。颜元号习斋，"习"是他治学的特点。颜元推重强身健体，他是个武术高手，强烈抨击"天下无不弱之书生，无不病之书生"的萎靡现象。他认为，健身的要诀，在一个"动"字："养身莫善于习动，夙兴夜寐，振起精神，寻事去作，行之有常，并不困疲，日益精壮。"圣人之言，还是要听的。

结课之后，张颖说："我们互相发个'努力工作奖'。"我说："我写一篇《上课记》，纪念一下。"于是有了这篇小文。

文中说道："我当时有了一个想法，和张颖一拍即合，相关的成果，先卖个关子，敬请期待。""相关的成果"，便是这本书。

这本书得以快速成形并顺利出版，要感谢众多朋友的支持和帮助。

当我们把本书的策划方案与文化艺术出版社的王红总编辑交流之后，她很是爽利，当即支持。王总编辑素来靠谱、高效，令我们顿感踏实。

我们随后商定作者，分头约稿。本书的23位青年作者，专业涉及文、史、哲、艺各学科。他们毕业于国内外知名院校，在各自领域皆学有所成，斐然成章。每一位作者都痛快地接受了约稿，极为认真地投入写作，交上来的文稿质量颇佳，对于博士论文写作足能提供参考和指津，对此我们在"编者絮语"中已有所论。展卷阅读本书的朋友，知道我们所言不虚。

本书的责任编辑贾茜女士，对编辑本书付出了很多辛苦。在此一并致谢。

李修建　张　颖

2022 年 12 月 16 日